ro
ro
ro

Wenn Sie erfüllenden Sex nicht mehr dem Zufall oder den «perfekten Voraussetzungen» überlassen wollen, ist die beste Zutat *Sexbewusstsein*: Selbstvertrauen und Selbstsicherheit in Sachen Erotik und Achtsamkeit sich selbst und dem Partner gegenüber gehören ebenso dazu, wie zu erkennen, ob und wo es Störfaktoren in Ihrem Liebesleben gibt. Beatrice Poschenrieder erklärt anhand von Fallbeispielen aus ihrer Beratungspraxis, wie Körper, Geist und Seele beim Sex zusammenwirken, wie ein harmonisches Miteinander gelingen kann und wie Sie mittels Eigenanalyse und praktischer Übungen Ihr Sexbewusstsein optimieren können.

Beatrice Poschenrieder arbeitet als Beraterin und Therapeutin für Partnerschaft und Sex in Berlin, hilft ihren Klienten aber auch im gesamten deutschsprachigen Raum per Telefon und E-Mail. Darüber hinaus betreut sie seit 1999 Liebes- und Erotik-Kummerkästen im Internet. Durch ihre jahrelange Erfahrung und die Beantwortung Tausender von Anfragen weiß sie, wo es in den Betten (und anderswo) hakt. Auf *www.liebesberaterin.de* finden Sie Infos zur Autorin, zu ihrer Arbeit und ihren Büchern.

Beatrice
Poschenrieder

SEX-
BEWUSSTSEIN

So finden Sie
erotische Erfüllung

Rowohlt Taschenbuch Verlag

Originalausgabe
Veröffentlicht im Rowohlt Taschenbuch Verlag,
Reinbek bei Hamburg, Oktober 2011
Copyright © 2011 by Rowohlt Verlag GmbH,
Reinbek bei Hamburg
Umschlaggestaltung ZERO Werbeagentur, München
(Abbildung: © Max Power/Corbis)
Satz aus der Quadraat (PageOne)
bei Dörlemann Satz, Lemförde
Druck und Bindung Druckerei C. H. Beck, Nördlingen
Printed in Germany
ISBN 978 3 499 62737 8

Inhaltsverzeichnis

Einleitung

WAS IST SEXBEWUSSTSEIN?

Wenn ich Leute frage «Was ist am wichtigsten für tollen Sex?», bekomme ich zwar auch Antworten wie «ein guter Vibrator» oder «ein schalldichtes Schlafzimmer», mit Abstand am häufigsten jedoch «der richtige Partner» oder «ein erfahrener und tabuloser Partner». Wie kommt es dann bloß, dass in erstaunlich vielen Beziehungen, in denen der Partner gewiss der «Richtige» ist, der Sex nicht so toll ausfällt? Oder dass er mit jemandem, der alle Finessen beherrscht, dennoch völlig daneben sein kann?

In den fast 20 Jahren, seit ich mich beruflich mit «Partnerschaft und Erotik» befasse, habe ich festgestellt, dass einige Menschen viel öfter erfüllenden Sex haben als andere, und zwar auch mit einem nicht perfekten Partner (sofern man sich mag und anziehend findet) und unter keineswegs perfekten Bedingungen. Zutaten wie «Liebe», «Erfahrung» oder «Tabulosigkeit» sind sicher eine feine Sache, aber keine unabdingbare Voraussetzung – sondern eher, wie man mit sich, mit dem anderen und mit Sex an sich umgeht; unter anderem, ob man den Willen aufbringt, Zeit und Energie zu investieren und teilweise auch über den eigenen Schatten zu springen.

Wenn Sie erfüllten und erfüllenden Sex nicht mehr dem Zufall oder den «perfekten Voraussetzungen» überlassen wollen, dann ist die Hauptzutat *Sexbewusstsein*. Hierbei handelt es sich nicht um *eine* bestimmte Eigenschaft, es *setzt sich vielmehr aus mehreren Elementen zusammen*. Dieses Buch zeigt Ihnen ein Element nach dem anderen. Zuerst behandle ich sexuelles Selbstbewusstsein im Sinne von Selbstvertrauen und Selbstsicherheit: «Ich bin okay, mein Körper ist okay, und das, was ich im Bett mache oder nicht mache, ist okay.» Wer dies auslebt, muss allerdings auch gewisse Grenzen beachten, denn beim Sex im landläufigen Verständnis ist ja nicht nur ein anderer Mensch involviert, sondern man dringt auch in dessen intimste Bereiche vor, genauso wie man ihn in seine eigenen intimsten Bereiche lässt – körperlich wie seelisch. Daher spielt bei Sexbewusstsein auch immer eine Rolle, was «normal» ist und was nicht (bzw. was mehrheitlich, gesellschaftlich, kulturell als «normal» betrachtet wird und was nicht) und was man dem anderen sowie sich selbst zumuten kann. Denn obwohl viele aus Zurückhaltung zu geringe Ansprüche stellen, gibt es auch einige, die dem Partner definitiv zu viel zumuten.

Sexbewusstsein heißt aber auch, ganz bewusst mit Sex umzugehen: also ihn nicht einfach routinemäßig ablaufen zu lassen, ihn nicht als Mittel zum Zweck einzusetzen oder nur dumpfen Trieben ihren Lauf zu lassen (wobei Letzteres mitunter sehr gut sein kann, wenn es zur Situation passt – ungünstig ist nur, wenn es der einzige Sexstil ist). Stattdessen gilt es, achtsam mit sich, seinem Körper und seinem Partner umzugehen. Das gelingt aber nur, wenn man dabei nicht von Ängsten, Unsicherheit, Ärger, Egozentrik, Unlust, Müdigkeit oder ähnlichen Beeinträchtigungen regiert wird. Entsprechend setzt einer der Aspekte von Sexbewusstsein bei der Fähigkeit an, sowohl beim Partner als auch bei sich selbst zu erkennen und zu erspüren, was dem Zusammenspiel, dem Genuss und der Hingabe hinderlich ist. Weil sehr viele dieser Vorgänge unbewusst ablaufen, sind sie nur schwer zu durchschauen. Daher kennt man oft nicht einmal die Gründe, warum der Sex nicht so toll ist, wie er sein könnte, geschweige denn findet man die richtigen Lösungswege. Ihr Bewusstsein für solche Vorgänge zu schärfen, ist eines der Anliegen dieses Buches. Und um dann auch Störfaktoren zu ändern bzw. neue Wege zu wagen, benötigt man wiederum sexuelle Selbstsicherheit – und damit schließt sich der Kreis.

Kurzum: Es gibt nicht *das eine* Rezept, um Sexbewusstsein zu erlangen – es ist ein Prozess, in dem viele Faktoren zusammenwirken, ineinandergreifen und sich gegenseitig ergänzen. Einiges, was ich auf den folgenden Seiten anführen werde, kennen und leben Sie vielleicht längst, anderes wird Sie womöglich dazu anregen, Ihr Bewusstsein zu erweitern und sich selbst sowie Ihren Partner besser verstehen zu lernen.

Somit liefert Ihnen dieses Buch kaum konkrete Anleitungen für Sexpraktiken – es geht im Kern um die Psychologie von Sexualität und um das Zusammenspiel zwischen Körper, Geist und Seele. Und um allzu viele theoretische Erklärungen zu vermeiden, erläutere ich etliches anhand realer Beispiele: Fälle aus meiner Beratungspraxis, die mir im persönlichen Gespräch sowie telefonisch geschildert wurden, sowie Briefe und Mails aus meinen Kummerkästen. Neben ausführlichen Kommentaren zu den individuellen Fragestellungen finden Sie auch hieraus abgeleitete Tipps und praktische Übungen.

Die Personen und Sachverhalte, von denen ich berichte, sind alle echt, zum Schutz der Betroffenen habe ich lediglich die Namen und andere persönliche Angaben geändert. Übrigens: Viele, die meine Hilfe suchen, kommen nicht als Paar, sondern als Einzelperson auf mich zu.

Kapitel 1

SIND SIE SEXUELL SELBSTBEWUSST?

«Ich weiß, wie man einen Mann sexuell um den Finger wickelt», sagte mir kürzlich eine Freundin, «ich kann z. B. diesen Trick mit der Perlenkette um den Penis, ich kann Kondome mit dem Mund überstreifen und ich habe einen Tabledance-Kurs absolviert.» Eine andere berichtet mir ständig davon, wie sie es mit wechselnden Liebhabern auf Küchentischen treibt, bis sie zusammenbrechen (die Tische und manchmal auch die Liebhaber). Obwohl ich Frauen, die das alles draufhaben, von Herzen beglückwünsche: Ich gehöre nicht unbedingt dazu – nicht mehr. Und tabulos bin ich auch nicht; da halte ich es mit dem Spruch: Wer für alles offen ist, kann nicht ganz dicht sein. Doch ich verurteile die wilden Feger keineswegs, genauso wenig verspüre ich Neid oder Minderwertigkeitsgefühle. Ich und Sex – das ist heute ein sehr entspanntes Thema. Wenn ich welchen habe, gehe ich so damit um, dass er mir Spaß macht (und meinem Freund auch, nehme ich an, zumindest will er viel davon). Natürlich ist nicht jeder Akt ein Feuerwerk (das wäre ja auch anstrengend), geht mal einer daneben, ist's auch wurscht, und wenn wir mal eine Zeitlang wenig Sex haben, mache ich mir auch keine Sorgen.

Ich werde auch Ihnen nicht das Ziel nahelegen, zur perfekten Liebhaberin oder zum Sexgott zu werden, wie manche Bücher das empfehlen. Denn ich will Sie weder stressen noch unter Druck setzen. Ebenso wenig werde ich Ihnen raten, alle Hemmungen fallen zu lassen, denn Hemmungen haben auch ihren Sinn – das werden Sie noch sehen. Stattdessen werde ich Ihnen erklären, wie Sie ein gutes Gespür und Bewusstsein für Ihre Sexualität, Ihre körperlichen Reaktionen und Ihre ganz eigenen Zusammenhänge erlangen. Damit Sie noch genauer erkennen können, ob Sie Ihr volles persönliches Potenzial schon entfaltet haben – egal wie das aussehen mag und welche Ansprüche andere diesbezüglich hegen – und damit Sie sich mit Ihrer Art und im Sex mit Ihrem Partner jederzeit wohl fühlen. Denn trotz aller sexuellen Befreiung: Wir sind sexuell noch lange nicht frei, das Unwohlsein lauert überall.

Vor kurzem hielt ich in Berlin einige Vorträge zum Thema «Sex für Gestresste». Eine gute Bekannte verschickte fleißig Einladungen in ihrem Freundeskreis, der überwiegend aus modernen, erfolgreichen, selbstsicheren Großstädtern besteht, die mitten im Leben stehen zwischen Berufs- und Freizeitstress. Sie war davon ausgegangen, dass die Fragestellung gerade bei ihnen auf Interesse stoßen würde. Doch nicht einer kam, stattdessen erntete sie etliche angesäuerte Reaktionen nach dem Motto «Denkst du etwa, ich hätte das nötig?!»

Ein ähnliches Unbehagen ergreift sehr viele, wenn sie in einen Sexshop gehen, die Erotik-Abteilung einer Videothek oder Buchhandlung betreten, einen Sexratgeber kaufen oder ihn gar in der Öffentlichkeit lesen; einige fühlen sich auch sehr unwohl dabei, vor dem Partner aufreizende Unterwäsche zu tragen, ihm eine ungewöhnliche erotische Phantasie zu erzählen, Sextoys zu besorgen und mit ihm gemeinsam zu benutzen, zusammen einen Pornofilm anzuschauen usw. Woher kommt dieses Unbehagen? Nun, man könnte ja den Eindruck erwecken, dass man da ein Defizit habe oder dass man «geil» oder «auf Sex aus» sei.

Kann schon sein, dass andere das denken. Aber wer auch im Sexuellen über echtes Selbstbewusstsein verfügt, stört sich nicht besonders daran, der steht dazu: Na klar habe ich Sex! Und ich tue sogar aktiv etwas dafür, damit es noch besser wird!

Darf ich Ihnen ein Selbstexperiment vorschlagen? Setzen Sie einfach mal spaßeshalber einige der oben genannten Beispiele um und beobachten Sie, wie Sie sich dabei fühlen. (**Mein Tipp** an Frauen: Erkunden Sie, ob es in Ihrer Nähe einen Erotikshop für Frauen gibt.)

Können Sie mit Leichtigkeit und gelassener Überzeugung vor Ihrem Partner und anderen Menschen dazu stehen, dass Sexualität ein ganz natürlicher Teil Ihres Lebens und Wesens ist? Für den Sie auch Wagemut und Energie aufbringen? Oder gehören Sie eher zu den etwa 95 % der Menschen, bei denen das nicht ganz zutrifft? Willkommen im Club! Denn diese Stufe zu erklimmen ist gar nicht so einfach. Manchen fällt es leichter, weil sie schon von Haus aus eine ordentliche Portion Selbstwertgefühl und *Un-Verschämtheit* mitbringen. Bei den meisten von uns wurde das jedoch nicht grade gefördert. Jeder Mensch bringt eigentlich zwei seelische Grundbestrebungen mit auf die Welt: erstens nach persönlichem Wachstum (einschließlich Entfaltung) und Autonomie, zweitens nach Verbundenheit mit anderen. Diese Bestrebungen treten nicht nur häufig in direkten Konflikt miteinander – etwa ob man sich in einer bestimmten Situation lieber anpassen oder seine eigenen Interessen vertreten sollte –, sie werden auch noch von Anfang an derartig von außen gebremst und beschnitten, dass bei den meisten Erwachsenen von der einen und / oder der anderen nicht mehr viel übrig ist.

«Zu Selbstbewusstsein wurde ich nicht gerade erzogen», eröffnete mir die schüchterne Vera (30) bereits zu Anfang unserer Beratung, «aber das hat bestimmt nur wenig mit meinen sexuellen Problemen zu tun.»

Doch, und ob! (Wie sehr es gerade bei Vera zutrifft, werden Sie im Verlauf der nächsten Kapitel noch sehen.) Ohne Selbstbewusstsein ist es nämlich kaum möglich, zu seiner Sexualität zu stehen und seine eigene Art ganz selbstverständlich zu leben. Da dies ein enorm wichtiger Teil von Sexbewusstsein ist, gehe ich hierauf als Erstes ein.

Damit Sie mit den Begriffen nicht durcheinanderkommen, nenne ich das selbstbewusste «Zu-seiner-Sexualität-Stehen» im Folgenden *Sex-Selbstsicherheit*. Und diese braucht man unter anderem für die Bett-Kommunikation, um Wünsche zu äußern, den Partner zu korrigieren und zu lenken, Neues auszuprobieren, ein gesundes Maß an sexuellem Egoismus an den Tag zu legen – und genau in diesen

Punkten hakte es bei Vera. Aber sie sind allesamt extrem wichtig, um ein hohes Lustlevel zu erreichen, teils auch den Orgasmus. Das erklärte ich auch Vera, denn beides erlangte sie mit ihren bisherigen Partnern nicht, obwohl sie von Natur aus eine kräftige Libido hat.

«Sven fragte mich neulich, ob ich auf meine Kosten käme», erzählte Vera mir. *«NEIN!!! Das habe ich ihm aber nicht gesagt.»*

«Warum nicht?», hakte ich nach, *«das wäre doch die beste Gelegenheit gewesen, Sven zu sagen, was Ihnen fehlt. Immerhin sind Sie schon über ein Jahr zusammen.»*

«Ich will ihn nicht verletzen. Außerdem weiß ich nicht, ob es nicht doch an mir selbst liegt, dass unser Sex nicht gut ist. Vielleicht stell ich mich auch einfach zu blöd an.»

Vera suchte den «Fehler» in erster Linie bei sich selbst. Etwas in ihr glaubte, dass Sven sie nicht mehr mögen würde, wenn sie ihm etwas Unbequemes sagte und Ansprüche stellte. Er wusste das alles aber gar nicht, er war vielmehr der Meinung, für sie sei alles in Ordnung. Warum sollte er dann etwas anders machen?

Vera wiederum ging immer davon aus, dass Sex ja eine natürliche Sache sei, also «von selbst» laufen müsse. Dass man folglich gar nicht so viel reden und korrigieren müsse, wenn zwei Menschen sich lieben. Da der Sex mit Sven holperte, war ihre Befürchtung: Entweder unsere Liebe ist nicht stark genug, oder wir sind sexuell halt nicht kompatibel. Auf die schlichte Einsicht, dass der Sex für sie nicht gut war, weil sie ihn einfach machen ließ und ihre eigenen Bedürfnisse nicht einbrachte, kam sie gar nicht. *Einer der ersten Schritte zu mehr Sex-Selbstsicherheit kann darin bestehen, sich selbst davon zu überzeugen, dass man sich einbringen darf.*

Diese Erkenntnis allein reicht aber noch nicht aus. Denn in Ihrem Kopf und Verhalten wird es nur dann verankert, wenn Sie es auch in die Tat umsetzen. Das sagte ich auch Vera und fügte hinzu: «Binden Sie Ihre Ideen und Wünsche schrittweise stärker in Ihr aktives Handeln ein. Dazu gehört freilich auch, Fehlschläge zu riskieren und hinzunehmen. *Was einen selbstbewussten Menschen von einem zu wenig selbst-*

bewussten unterscheidet, ist unter anderem Risikobereitschaft sowie die Einstellung, dass es okay ist, wenn einmal etwas misslingt.»

Mein Tipp (nicht nur für Vera, sondern auch für Sie): «Sie verringern die Gefahr von Fehlschlägen, indem Sie sich nicht überfordern. Ansonsten erscheint die Hürde zu groß, und man schreckt davor zurück. Sind die Schritte hingegen klein und für Sie machbar, ist die Chance auf Erfolgserlebnisse deutlich höher.

Außerdem: Lassen Sie sich nicht entmutigen, wenn Ihr Partner nicht gleich mitzieht, nicht sofort versteht, worum es geht, oder eine ablehnende Reaktion zeigt. Viele Menschen empfinden Änderungen als unbequem, manche sind womöglich insgeheim verunsichert. Versuchen Sie es an einem andern Tag noch mal, vielleicht auf eine andere Art.»

«Für Sie ist das leicht, Sie können das aus dem Effeff», seufzte Vera. Das stimmt, doch das war ja nicht immer so. Es hat lange gedauert, und ich wünschte, jemand hätte mir viel früher all das beigebracht, was ich heute weiß. Man denkt zwar das ein oder andere Mal, dass man schon über absolut genug Sex-Selbstsicherheit verfügt. Aber oft genügt ein einziges Ereignis, das zeigt, dass es damit gar nicht so weit her ist, etwa weil es recht erschütterbar ist. Und dann kann es zu kleinen oder großen Krisen kommen, die unter Umständen sogar eine bleibende Unsicherheit oder gar Störung auslösen. Ich spreche hier keinesfalls von Vergewaltigung und Missbrauch, sondern von Ereignissen, die eigentlich gar keine größere Erschütterung auslösen müssten, oder auch von Dingen, die Menschen mit echter Sex-Selbstsicherheit gar nicht erst passieren würden, weil sie rechtzeitig Grenzen setzen oder anders mit bestimmten Themen umgehen.

Ein Beispiel kommt aus meinem eigenen Leben: Ab 16 sammelte ich meine ersten sexuellen Erfahrungen. Ich hatte einen sehr netten ersten Freund, mit dem ich eine nette Sexualität entwickelte. Nach ein paar Jahren trennten wir uns, und im Lauf der Zeit sammelte ich mit anderen Jungs weitere Erfahrungen, die okay bis gut waren. Mitte

20 hatte ich dann einen Freund, den ich sehr liebte, sodass es mir wichtig war, ihm rundum zu gefallen. Doch er kritisierte mich heftig: Ich sei im Bett total langweilig, und meine Intimzone sehe «fies» aus (was dann auch unsere Trennung einleitete). Von da an rannte ich mit einem Sexkomplex durchs Leben, stellte plötzlich alle vorigen Erfahrungen in Frage und zermarterte mir das Hirn, ob andere das ebenso empfunden hatten und das auch in Zukunft so empfinden würden. Das brachte mich dazu, den Männern beweisen zu wollen, dass ich eine tolle Nummer im Bett sei – infolgedessen veranstaltete ich zu viel Zirkus, war mit dem Gefühl zu wenig bei meinem Partner und bei mir selbst und ging mit einigen zu wenig sensibel um. Heute tut mir das wirklich leid.

Die Lehre, die man daraus ziehen kann: *Je wichtiger für uns das Thema oder der Partner, desto stärker und nachhaltiger kann unser Selbstbewusstsein ins Wanken gebracht werden.* In welchem Ausmaß das passiert, hängt allerdings davon ab, wie stark die eigene innere Basis ist (mehr dazu ab S. 28).

Eine solche Erschütterung widerfährt beileibe nicht nur jungen Menschen, wie ich es damals war, oder schüchternen Personen wie Vera. Einer meiner ehemaligen Klienten, Udo (53), hielt sich über Jahrzehnte (!) für einen begnadeten Liebhaber, der *jeder* Frau Ekstase und Höhenflüge bescheren kann («Ich habe alles erlebt, ich weiß, wie's läuft, mir kann keiner etwas erzählen»). Dieser Mann geriet letztlich an eine Frau, die ihm sehr deutlich zeigte, dass er sie nicht befriedigen konnte, dass sie aber durchaus in der Lage war, anderweitig vielfache Orgasmen zu erlangen. Das stürzte ihn in eine solche Krise, dass er eine anhaltende Erektionsstörung sowie eine Depression entwickelte. Sein Selbstbild vom *Superlover* war keiner echten Sex-Selbstsicherheit entsprungen, sondern das Produkt einer Selbsttäuschung, so dass es durch die erlebte «Ent-Täuschung» in sich zusammenfiel wie ein Kartenhaus (mehr dazu in Kapitel 6).

Echte Sex-Selbstsicherheit beruht auf einer starken inneren Basis

Die «Zutaten» sind unter anderem:

- Selbstliebe
- innere Stabilität (siehe S. 28)
- Fähigkeit, auf gute Art Grenzen zu ziehen (siehe Kapitel 5)
- Fähigkeit, auf gute Art seine Bedürfnisse zu äußern (siehe Kapitel 11)
- Erfahrung – die sich vor allem durch Mut und Offenheit stetig erweitern lässt
- Wissen über die Sexualität von Männern und Frauen im Allgemeinen, über die eigene und die des Partners im Speziellen sowie über körperliche und seelische Grundlagen (siehe Kapitel 2).
- positive Rückmeldungen – die man nur bekommt, wenn man auch die Fähigkeit besitzt, auf den Partner einzugehen. Von daher haben auch Achtsamkeit und Einfühlungsvermögen einen großen Anteil am Ganzen (siehe Kapitel 9).

Zu all diesen Punkten werden Sie in diesem Buch noch sehr viel mehr erfahren.

Auch bei meiner Klientin Ines (25) würden Sie nie denken, dass sie praktisch keine Sex-Selbstsicherheit hat. Im Alltag ist sie eine extravagante Erscheinung: eine kleine, sehr zarte Schneewittchen-Schönheit, modern und stilvoll zurechtgemacht, ungemein gebildet und eine gut verdienende Künstlerin. In ihrer Sexualität jedoch knirscht es an allen Ecken und Enden. Was sie selbst am meisten stört, ist, dass sie fast nie Lust hat, zu wenig feucht wird, ihr der Verkehr Schmerzen bereitet und sie zudem andauernd befürchtet, ihrem Freund Jens im Bett zu wenig «bieten» zu können. Jens wiederum stört, dass sie weder das Liebesspiel einleitet noch einzelne Elemente initiiert und dass sie niemals leidenschaftlich-hemmungslos wird, sondern durchweg wie ein braves Engelchen wirkt: leise, zurückgenommen, ihn lieb anlächelnd. Warum das so ist, werden Sie noch erfahren. Auf jeden Fall besaß Ines bis vor kurzem nicht einmal genug Selbstbewusstsein, um Jens zu bremsen, wenn ihr beim Sex etwas zu viel wurde oder sie Schmerzen dabei hatte.

Ein anderes Beispiel ist Andreas (40): Stünden Sie ihm gegenüber, sähen Sie einen großen, attraktiven Mann im edlen Anzug mit tadelloser Haltung, der in jeder Chef-Etage eine gute Figur machen würde. Doch dieser beruflich sehr erfolgreiche und überaus liebenswürdige Mensch ist im Sexuellen «klein mit Hut».

Andreas wandte sich an mich, weil er im Begriff war, aus seiner Ehe auszusteigen, und ich ihm dabei helfen sollte herauszufinden, ob er das durfte. Der Entschluss fiel ihm wahnsinnig schwer, weil er seine Frau als Menschen nach wie vor sehr mochte und sie drei Kinder hatten. Trotzdem hatte er sich zwei Jahre zuvor auf eine andere Frau eingelassen und sich immer mehr in sie verliebt. Eigentlich ist Andreas kein typischer Fremdgänger: 22 Jahre lang war er ein treuer und guter Partner gewesen. Ich fragte ihn, was seine Gattin (Anne, 39) hätte tun können, damit er sich gar nicht erst auf die andere Frau eingelassen hätte. Er sollte alle Gründe auflisten. Er dachte ein Weilchen nach und sagte:

«Erstens hat Anne mit jedem Baby mehr zugenommen, und ich habe mich nicht getraut, ihr zu sagen, dass sie mit jedem Kilo Übergewicht weniger attraktiv für mich wird. Seit dem dritten Kind hat sie einen Bauch wie im siebten Monat. Das stört sie zwar auch selbst, aber sie tut nichts dagegen. Sie hat sich außerdem seit langem nicht mehr sexy angezogen, sich auch nicht mehr für mich hübsch gemacht. Ich hatte insgesamt das Gefühl, es ist ihr egal, ob ich sie begehre, weil sie mich auch nicht mehr begehrt – ja, dass sie mich nicht mal mehr so richtig als Mann sieht.

Zweitens hätte sie mir zeigen müssen, dass sie mich auch körperlich noch mag, indem sie mich manchmal in den Arm nimmt, mich küsst oder mit mir schmust.

Drittens war unser Sex so kreuzbrav und langweilig, dass er mich nicht mehr gereizt hat. Es war mehr eine Art Pflichtübung, der wir zweimal im Monat nachgekommen sind. Wenn wenigstens mal ein bisschen gegenseitiger Oralsex oder mehr als nur eine Stellung drin gewesen wäre ...»

Ich wollte es genauer wissen: «Wie – wolltest du nicht auch irgendwelche Spezialpraktiken oder mal Sex im Wald oder etwas in der Art?»

«Nein. Nur das, was ich gesagt habe ... Oh Mann», stöhnte er genervt, «im Beruf bin ich so durchsetzungsfähig, aber in Sachen Sex habe ich offenbar überhaupt kein Selbstbewusstsein. Meinst du, ich hätte auch nur einmal den Mund aufgekriegt, um ihr zu sagen, was mir nicht gefällt? Nein. Stattdessen hab ich einfach weiterhin mit ihr geschlafen, obwohl ich überhaupt keine Lust dazu hatte. Weil es sie beunruhigt hätte, wenn wir keinen Sex mehr gehabt hätten. ‹Augen zu und durch›, habe ich mir gedacht. Das Blöde daran, sich auf so eine Art selbst zu vergewaltigen, ist aber, dass man einen regelrechten Widerwillen dagegen entwickelt – sogar dem Menschen gegenüber, den man doch eigentlich lieben möchte.»

Hier wird deutlich, wie eng Selbstbewusstsein und Selbstliebe zusammenhängen. Andreas brachte sich selbst so wenig Liebe entgegen, dass er innerhalb der 22 Jahre mit Anne seine Bedürfnisse weder ernst nahm noch sich selbst zugestand. Die unbewusste Überzeugung dahinter: Es steht mir nicht zu, erotische Wünsche zu haben und mich dafür einzusetzen.

Dem leistete seine Frau leider auch Vorschub, indem sie den Sex streng limitierte. Wenn Andreas auch nur im Ansatz vom gewohnten kleingesteckten Rahmen abweichen wollte, wurde er in seine Schranken verwiesen; und das gar nicht so oft mit Worten, ein Nein lässt sich auch auf Hunderte nonverbale Arten ausdrücken.

Nur einmal wagte er einen Sonderwunsch an sie zu richten: Nach der Schwangerschaft und der Geburt des ersten Kindes hatten Andreas und Anne fast ein Jahr lang keinen Sex mehr; er fragte sie, ob sie sein «Dingsbums» per Hand oder Mund ein wenig stimulieren könnte – sie verzog das Gesicht und entgegnete genervt: «Auch das noch!»

Die Botschaft, die Andreas interpretierte: «Was willst du mir da Schreckliches zumuten? Wie kannst du bloß so egoistisch und rücksichtslos sein?!» Danach behelligte er Anne, da er ohnehin schon so wenig Sex-Selbstsicherheit besaß, erst recht nicht mehr mit seinen

Bedürfnissen. Konfliktscheue Menschen wie Andreas können mit einer solchen Duldungshaltung durchaus viele Jahre lang durchs Leben kommen. Aber unterdrückte Grundbedürfnisse lösen sich nicht einfach in Luft auf. Sie hocken in unserem Innern und lauern darauf, sich ihren Weg nach draußen bahnen zu können. Bei manchen kommen sie dann in versteckter oder verzerrter Form zum Vorschein (etwa durch übermäßigen Alkohol- oder Tabakkonsum, zu viel Essen, Kaufsucht, Arbeitssucht, ständige Gereiztheit, Aggressivität, häufige Herabsetzung des Partners o. Ä.). Und bei manchen führen sie eben dazu, dass sie fremdgehen oder sich in jemand anderen verlieben.

Es bleibt festzuhalten, dass das öffentliche / berufliche, das private / innerpartnerschaftliche und das sexuelle Selbstbewusstsein eines Menschen völlig unterschiedlich ausgeprägt sein können. Und oftmals wirkt es auch nur so, als ob bei jemandem diese Facetten gut ausgeprägt seien.

Umgekehrt gilt aber, dass alles, was Ihr allgemeines Selbstbewusstsein, Ihr Selbstwertgefühl und Ihre innere Stabilität stärkt, auch Ihre Sex-Selbstsicherheit verbessert. Allerdings dürfen Sie sich darin nicht vom Partner abhängig machen! Etwa erwarten, dass er einen Mangel an Selbstwertgefühl durch aufbauende Worte, Komplimente, Liebesbeweise und -bekundungen ausgleicht. Keine Frage: Falls Sie mit jemandem zusammen sind, der Sie permanent niedermacht (durch Worte, Gesten, Mimik und Verhalten), weil er sein Mini-Ego darauf aufbaut, Sie das aber nicht ganz realisieren, wird es ziemlich schwierig für Sie sein, sich nicht runterziehen oder einschüchtern zu lassen. Aber Sie sind es sich selbst schuldig, dies nicht mehr zuzulassen – auch wenn das die Trennung bedeutet.

Natürlich kann ich Ihnen hier keine komplette Anleitung für mehr Alltags- oder Rundum-Selbstbewusstsein liefern – das würde spielend ein weiteres Buch füllen –, aber ein paar wertvolle Hinweise:

Der Unterschied zwischen Selbstsicherheit, Selbstwertgefühl, Selbstvertrauen und Selbstbewusstsein:

- **Selbstsicherheit** ist in erster Linie das, was man *nach außen* verkörpert: sicheres Auftreten, sichere Körpersprache, sicheres Sprechen usw. (natürlich spiegelt sich darin auch Ihr innerer Zustand – aber zu einem gewissen Grad kann man Unsicherheit auch durch lässiges, dominantes oder festes Auftreten überspielen).
- **Selbstwertgefühl** kommt von *innen* – es basiert auf der tiefen, praktisch unerschütterlichen Überzeugung, etwas wert und liebenswert zu sein, sich selbst anzunehmen (was gesunde Selbstkritik keineswegs ausschließt).
- **Selbstvertrauen** und Selbstwertgefühl sind sich sehr ähnlich, Selbstvertrauen bezieht sich aber stärker auf das Handeln und Wirken eines Menschen: «Ich traue mir etwas zu und vertraue darauf, dass es gut so ist.»
- **Selbstbewusstsein** liegt zwischen den drei vorgenannten Begriffen und hat auch viel mit Bewusstsein zu tun: «Ich bin mir meiner selbst bewusst: was ich kann, was ich nicht kann, was ich will, was ich nicht will, und ich vertrete dies auf eine Weise, die mich selbst und alle um mich herum wohlwollend und respektvoll behandelt.»

Apropos «sich selbst respektvoll behandeln»: Luise (18) wendet sich an meinen anonymen Internet-Kummerkasten:

«Liebe Beatrice,

ich bin sehr verzweifelt. Ich habe seit vier Monaten meinen ersten richtigen Freund. Da ich noch Jungfrau bin, hat er gesagt, ich soll mir Zeit lassen. Doch seit ein paar Wochen spüre ich schon, dass er zu drängeln anfängt. Derweil habe ich mich auf Petting eingelassen. Jedes Mal wenn ich bei ihm übernachte, zieht er mich aus und macht Andeutungen, dass er mit mir schlafen will, und ich komme mir überrumpelt und bedrängt vor. Er legt sich auf mich, lässt mir überhaupt keine Freiheit (ich fühle mich dann ganz eingeengt!), fängt an, mich so hektisch zu küssen, dass ich gar nicht mehr wegkann, und will mich fingern, was mir eigentlich mehr weh tut, als dass es mir etwas bringt.

Es ist einfach alles total unromantisch und kalt. Ich liege da wie ein Stück Fleisch, über das er sich hermacht. Habe ich irgendwie Komplexe?»

«Dein Selbstbewusstsein könnte durchaus größer sein», antworte ich ihr, «denn dann würdest du ihm klipp und klar sagen, wie du dich dabei fühlst und was er lassen soll.»

«Wie soll ich ihm denn klarmachen, dass er viel zu hektisch ist und ich mich dadurch bedrängt fühle? Ich will ihn ja nicht verletzen.»

Ich entgegne: «Lieber lässt du dich auf eine unangenehme Art behandeln? Hilfe, nein, das kann's nicht sein!»

«Ja, stimmt», schreibt sie zurück. «Mich ärgert ja, dass er nicht merkt, dass mir seine ruppige Art nicht gefällt, aber irgendwie fühle ich mich auch schuldig.»

Luise denkt, sie sei ihrem Freund Sex schuldig und vielleicht sogar, dass sie dabei auch noch Lust zeigen sollte. Stattdessen sollte sie aber lieber ihre Verärgerung ernst nehmen. Der junge Mann überrumpelt, bedrängt, drangsaliert sie, und anscheinend ist er zu aufgeregt oder zu erregt, um auf ihre Signale zu achten, die ihm deutlich sagen müssten, dass es ihr nicht gefällt.

Aber es liegt ein Stück weit auch an ihr: Er kann ja nur so vorgehen, weil sie es zulässt! «Mädel», schimpfe ich mit ihr, «warum zum Teufel liegst du denn da wie ein Opferlamm auf der Schlachtbank? Warum wehrst du dich nicht? Und warum sagst du ihm nicht, wie er es besser machen könnte?»

«Woher soll ich das wissen, wenn ich vor ihm nur flüchtige Flirts gehabt habe. So blöd es auch klingen mag, ich habe keinen Vergleich», wendet sie ein.

Das ist zwar ein Argument, aber eben nur bedingt. Wer sich selbst respektvoll behandelt, benötigt keinen Vergleich mit anderen, um zu wissen, was er mit sich machen lässt und was nicht. Offenbar hat noch niemand Luise erzählt, dass Sex etwas ist, was auch ihr gefallen muss (und kann), nicht nur dem Mann.

Sexuelle Selbstbehauptung muss keineswegs egoistisch sein. Denn der andere kann ja auch ganz freundlich nein sagen oder eine Alternative anbieten.

Scheu vor Selbstbehauptung

Die meisten Betroffenen, die sich damit schwertun, haben aus der Kindheit Überzeugungen verinnerlicht wie «Wenn ich mich selbst behaupte, wird man böse auf mich» und / oder «meinen Wünschen wird sowieso nicht entsprochen» (also setze ich mich erst gar nicht der Gefahr einer Zurückweisung aus). Und Probleme mit der Selbstbehauptung dehnen sich fast immer auch auf das Sexuelle aus. Und zwar mit eher unguten Folgen …

Andere wiederum gestehen sich zwar zu, Sexwünsche zu haben und diese auch an ihre / n Partner / in zu richten, aber nicht das Recht auf Paarsexualität, falls der andere nicht mehr mitmacht – so wie Helmut (56), der mir schreibt:

«Meine Frau und ich sind 31 Jahre verheiratet. Den letzten Geschlechtsverkehr hatten wir vor fünf Jahren. Auch schon davor gab es sehr selten Sex. In den ersten Jahren unserer Ehe habe ich schon eine Eheberatung vorgeschlagen, aber meine sonst recht liebe Frau hatte dafür nie ein Einsehen, leider.

Ich darf zärtlich zu ihr sein. Vor einigen Jahren befriedigte sie mich noch mit Hand und Mund. Seitdem tut sie aber auch dies nicht mehr. Sie sagt, dass sie das nicht brauche, sie komme ohne Sex aus. Sie weiß, dass ich Nähe, Zärtlichkeit und Sex sehr vermisse. Ich liebe sie sehr, mache ihr Geschenke, bin geduldig und zärtlich mit ihr.

Nun habe ich mich schon auf Partnersuchportalen eingetragen, aber eigentlich mag ich nicht so recht, ich schäme mich. Und so habe ich mich auch noch mit keiner anderen Frau getroffen.

Ich war jetzt mal allein bei einem Therapeuten. Der schlug mir käuflichen Sex oder Trennung vor. Als Christ schäme ich mich noch mehr. Meine Frau könnte ich auch nicht verlassen – oder doch? Ich weiß es nicht. Soll ich mal eine Gruppentherapie machen?»

Ich antworte ihm: «Gruppentherapie? Was versprechen Sie sich davon? Dass man Ihnen sagt, wie Sie es schaffen, für den Rest Ihres Lebens keinen Sex mehr zu haben? Das wäre natürlich Unsinn.

Eine Gruppentherapie würde nur dann Sinn ergeben, wenn Sie dort lernen, sich zu behaupten, sich im Zweifelsfall auch zu trennen und auf eigenen Füßen zu stehen, wenn grundlegende Bedürfnisse in der Partnerschaft nicht erfüllt werden. Und genau das ist ja offensichtlich der Fall.

Sie haben innerhalb einer festen Beziehung ein Recht auf eine gemeinsame Sexualität. Natürlich haben Sie kein Recht, das zu erzwingen. Aber Sie haben das Recht, die Partnerschaft aufzulösen, wenn Ihnen schon seit langer Zeit jegliche Form von körperlicher Verbindung verweigert wird, obwohl Sie durchaus bereit wären, auf die Wünsche ihrer Partnerin einzugehen und / oder fachliche Hilfe (etwa Eheberatung) hinzuzuziehen. Bei einer lang anhaltenden Verweigerung ist die Chance sehr gering, dass das gemeinsame Liebesleben wieder ins Rollen kommt. Und wenn es so ist wie bei Ihnen – seit fünf Jahren kein Sex mehr! –, dann wird das nichts mehr mit der Erotik zwischen Ihnen und Ihrer Frau, falls Sie einfach in der Ehe steckenbleiben (warum sollte Ihre Frau ihr Verhalten überdenken oder ändern, wenn Sie sowieso dableiben?).

Deshalb verstehe ich, warum der Therapeut Ihnen käuflichen Sex oder Trennung vorschlug. Wobei ich persönlich den Gang zu einer Prostituierten nicht so gut finde, denn ich nehme an, Sie wünschen sich nicht nur Sex, sondern er soll auch mit Liebe und Intimität verbunden sein.

Sie sind erst 56; wenn wir davon ausgehen, dass Sie 90 werden: Wollen Sie für die nächsten 34 Jahre ohne Sex, ohne Erotik, ohne körperliche Zuwendung verbringen? Wo ist bloß Ihre Selbstliebe? Wenn man jahrelang in einer unerfüllten Beziehung bleibt, statt zu gehen, ist der Grund niemals nur Liebe – sondern auch Abhängigkeit, Angst vor dem Alleinsein, Angst davor, auf sich allein gestellt zu sein, usw.

Eine intensive Einzeltherapie wäre der geeignete Weg, um an diesen Dingen mit Ihnen zu arbeiten und um Sie darin zu bestärken, Ihren Weg zu finden und Ihr Lebensglück in die Hand zu nehmen.

Möglicherweise fände Ihre Frau sogar ihre Lust auf Sie wieder, wenn Sie diese Stärken entwickeln würden (was allerdings auch die Stärke beinhaltet, ohne Ihre Frau leben zu können).»

Zurück zu Andreas und seiner Frau Anne, die ihn zu späteren Beratungssitzungen ein paar Male begleitete. Sie hatte Probleme, über Erotik zu sprechen und überhaupt wahrzuhaben, warum dieses Thema dazu geführt haben sollte, dass Andreas' Gefühle für sie eingeschlafen waren. Wie ihr Ehemann verfügt auch Anne über keine gute Sex-Selbstsicherheit, auch wenn sie das lange Zeit nie so gesehen hätte – weil sie es nie hinterfragt hatte und weil von ihr nie etwas anderes gefordert worden war als das kleine bisschen, das sie zu geben und zu leben bereit war. Erst als es ihr zum (Trennungs-) Verhängnis wurde, fing sie an zu begreifen, dass sie in diesem Bereich viel versäumt hatte. Was sie nicht sah und ich ihr so deutlich nicht sagen wollte: Andreas und sie waren sexuell auf der Stufe von 16-Jährigen stehengeblieben, und sie steht dort immer noch. Von der selbstbewussten, selbstbestimmten, lustvollen und experimentierfreudigen Sexualität vieler 39-jähriger Frauen ist sie meilenweit entfernt.

Als ich in einem meiner Workshops von Andreas und Anne erzählte, rief eine Teilnehmerin angriffslustig: «Aber wenn sie damit glücklich ist, auf ihrer Stufe stehenzubleiben, wieso sollte sie das nicht dürfen? Das kannst du ihr doch lassen, oder?»

Na sicher darf sie das. Aber ihr guter Ehemann ist weg, bei einer anderen, bei und mit der er seine Bedürfnisse ausleben darf. Er *darf nämlich auch.*

Wenn in einer Paarbeziehung beide Partner ein sehr niedriges Level an sexueller Entwicklung und an Lust haben, ist das kein Problem. Doch das kommt wirklich selten vor. Ausgesprochen viele Menschen kommen zu mir, weil sie darunter leiden, dass innerhalb ihrer festen Beziehung nicht einmal ihre sexuellen Grundbedürfnisse erfüllt werden, geschweige denn ihre Sonderwünsche. Und immer entwickelt dieses Leiden eine beziehungssprengende Gewalt: Es erzeugt Frust, Wut, Groll, mindert die Zuneigung und verführt dazu, seinen Bedarf anderweitig auszuleben. Die Anschauung, dass man der Ehe und der Familie zuliebe doch bitte schön zurückzustecken und sich damit abzufinden habe, dass man keinen oder keinen guten Sex hat, ist lange überholt. Sie hat schon früher schlecht funktioniert, und heute funktioniert sie gar nicht mehr, denn die Gelegenheiten, sich auszuleben, haben um ein Vielfaches zugenommen.

Auch in zwei anderen Punkten wäre Anne eventuell besser damit gefahren, ihre Sex-Selbstsicherheit zu hinterfragen und daran zu arbeiten: Erstens entging ihr eine Menge Spaß. Zweitens liebte sie Andreas ja, und sie hatte (bzw. hätte) im Lauf der Jahre an unzähligen seiner Gesten, an seiner Mimik, seinen Andeutungen und vielem mehr erkennen können, dass er sich sexuell weit mehr wünschte, als er bekam. Würde man dann normalerweise, wenn man seinen Partner liebt, nicht versuchen, sich mehr in seine Richtung zu bewegen? Es geht ja beileibe nicht darum, dass er sich etwas Extremes von ihr gewünscht hätte.

Aber warum kam sie ihrem Mann in dieser Hinsicht nicht entgegen, obwohl sie ihn liebte? Die Antwort ist: Weil sie Angst vor erwachsener Sexualität hat; genaugenommen eine ganze Reihe an – überwiegend unbewussten – Ängsten: etwa, dass sie die Anforderungen einer solchen Sexualität nicht erfüllen könnte (also Angst davor, zu versagen und nicht zu genügen); dass sie dann «bestimmte Sachen machen» müsste (inklusive einer diffusen Angst vor Schmerzen, Demütigung u. Ä.); oder dass die Dinge überhandnehmen könnten und dass sie sich dann zeigen müsste (was u. a. Scham erzeugen würde sowie Angst, das eigene «anständige» Selbstbild zu verlieren).

Leider ist Angst mitunter stärker als Liebe. Genauer gesagt: Manchmal werden wir stärker von unseren Ängsten gesteuert als von Liebe und Trieben.

Was uns Menschen am stärksten beherrscht ...

... ist nicht etwa Trieb, innerer Antrieb, Wut, Egoismus oder Ähnliches, sondern Angst. Die meisten Ängste sind uns nicht einmal bewusst, weil sie praktisch schon immer Teil unserer Denkmuster sind – etwa die menschlichen Ur-Ängste vor dem Unbekannten / Ungewissen, vor Ablehnung und vor dem Ausschluss aus der Gemeinschaft. Bei zu wenig Selbstbewusstsein, Selbstwertgefühl und Selbstsicherheit funken sie uns viel zu häufig dazwischen und bewirken, dass wir weder klar denken können noch zu guten Lösungen finden.

Ines, Udo, Vera und Andreas haben eines gemeinsam: Sie stellen unter anderem einen zu hohen Anspruch an sich selbst. Eine tief verankerte Grundannahme in ihnen, die sie kaum einmal klar benennen können, lautet: «Wenn der andere mich nicht gut findet, kann ich mich selbst nicht akzeptieren und werde auch nicht akzeptiert.»

Auf einer noch tieferen Ebene glauben sie: «So wie ich bin, bin ich nicht gut genug, deshalb muss ich ziemlich viel tun, um gut genug zu sein.» Das ist den Betroffenen kaum je bewusst, wirkt aber in ganz viele Lebensbereiche hinein.

Hausaufgabe: Machen Sie Ihre heimlichen Emotionen ausfindig
Hinter fast allen «Blockaden» und inneren Widerständen verbergen sich Ängste. Und hinter Wut, Gereiztheit und Druck-Machen stehen neben Ängsten auch Frustration, Enttäuschung und / oder Traurigkeit. Es lohnt sich, seine wahren Emotionen ausfindig zu machen, denn solange sie im Untergrund rumoren und einen unbewusst lenken, hat das weit üblere Folgen, als wenn sie einem bewusst sind.
Hier einige Tipps, um ihnen auf die Schliche zu kommen:
Tipp 1: Die Hintergründe hängen nicht nur mit einschneidenden Erfahrungen Ihres Erwachsenenlebens zusammen, sondern fast immer auch mit Vorgängen aus der Kindheit (ich werde Ihnen im Folgenden noch viele Beispiele dafür liefern). Und nicht nur das: Viele von uns rutschen in Situatio-

nen der Unsicherheit oder Überforderung sogar automatisch in bestimmte (gewohnte) Verhaltensweisen zurück, die eher in die Altersstufe der Kindheit oder Jugend gehören (etwa Aggression, Trotz, Verkriechen, sich kleinmachen).

Wenn man es schafft, sich davon bewusst zu lösen und sich zu beruhigen, sodass das Gehirn wieder eine Denkfähigkeit bekommt, die Erwachsenen entspricht, erhöht sich die Chance, dass man auch erwachsen reagiert. (Allerdings gibt es Menschen, die so gut fahren mit ihren kindlichen Automatismen – wie Hysterie, Wutanfälle, emotionelle Ausbrüche, Zickereien, Schmollen, impulsives unüberlegtes Handeln, Überempfindlichkeit –, dass sie hartnäckig daran festhalten und Plattitüden von sich geben wie «Ich bin eben noch nicht so unsensibel wie die meisten anderen» oder «Ich habe halt noch ein Stück Kind in mir bewahrt».)

Tipp 2: Verborgene Ängste und Gründe für «Blockaden» bekommt man manchmal heraus, indem man in einer ruhigen Stunde aufschreibt, was passieren könnte, wenn das Problem gelöst oder einfach nicht mehr vorhanden wäre. Beispielsweise:

«Das Unangenehme / Bedrohliche daran, wenn wir ein richtig gutes Sexualleben hätten, wäre …»

«Was passieren könnte, wenn ich bei ihm endlich zum Orgasmus käme, wäre …»

«Wenn meine Frau / mein Mann sexuell sehr aufgeschlossen und erfahren wäre, müsste ich befürchten, …»

Versuchen Sie, möglichst mehrere Mutmaßungen zu notieren, denn es trifft selten nur eine einzelne zu. (Mehr zum Thema «Widerstände aufdecken» liefern die nachfolgenden Kapitel.)

Innere Stabilität

besteht vor allem aus drei Komponenten:

1. Selbstwertgefühl, das unter anderem die Überzeugung beinhaltet: «Ich bin zwar nicht perfekt, aber im Großen und Ganzen in Ordnung» – weswegen man auch Nachsicht gegenüber sich selbst und anderen übt.

2. Urvertrauen in die Welt: «Alles wird gut – und selbst wenn mal etwas schiefläuft, ist die Welt letztlich in Ordnung und mein Leben ebenso; und wenn andere nicht so reagieren, wie ich das gern hätte, haben die Ursachen dafür entweder mit ihren eigenen Problemen zu tun oder mit etwas, was ich ändern kann (z. B. meinen eigenen Umgang mit ihnen)».

3. die Fähigkeit, sich zu beruhigen: «Etwas versetzt mich zwar gerade in Unruhe, aber ich bemühe mich jetzt erst einmal um Fassung, damit ich wieder klar denken kann. Denn egal, was auch kommen mag: Ich werde es schaffen, damit klarzukommen.» (Zu diesem Aspekt zählen auch Akzeptanz, Geduld und abwarten zu können, ohne negative Gefühle zu entwickeln, sowie die Fähigkeit, sich abzulenken.)

Wer sich von Ereignissen, Umständen und von anderen Menschen *unverhältnismäßig lange* aus dem Gleichgewicht werfen lässt, hat zu wenig seelische Stabilität – damit einher gehen zum Teil auch Ungeduld, Kontrolldrang, Grenzüberschreitungen, Mangel an Respekt. Das betrifft z. B. Udo und Klaus, die sich beide für selbstbewusste Macher halten (Klaus werden Sie im nächsten Kapitel kennenlernen) – aber durch die Weigerung ihrer Frauen, sexuell nach ihren Vorstellungen zu «funktionieren», wird Udo depressiv, und Klaus ist tagelang schlecht gelaunt.

Ines wiederum schildert: «Als ich ausnahmsweise mal die Initiative ergriff, meinte Jens, er habe gerade nicht genug Lust. Eigentlich ist das ja sein gutes Recht, aber ich war total verletzt. Der Abend war gelaufen, und ich war noch eine Woche lang geknickt und gekränkt.» So eine Dynamik erschwert natürlich zusätzlich die Sex-Kommunikation zwischen den beiden! Der Partner spürt ja die Überempfindlichkeit und traut sich kaum noch, etwas zu tun oder zu sagen, was beim anderen unliebsame Reaktionen hervorrufen könnte.

Ich riet sowohl Udo und Klaus als auch Ines, intensiv an ihrer seelischen Stabilität zu arbeiten.

Udo, der sich gern mit dem Attribut «sehr sensibel, also einfühlsam» schmückt, erwiderte daraufhin, ich erwarte wohl von ihm, dass er sich ein «dickeres Fell» zulege, also «stumpf und unsensibel» werden solle. Beides ist nicht richtig. Wie viele Menschen, verwechselt er Überempfindlichkeit mit Sensibilität im Sinne von Einfühlungsvermögen. Fakt ist: Es gibt Menschen, die in sich ruhen, inneres Gleichgewicht haben, also sich weder vom Partner noch von anderen leicht aus dem Lot bringen lassen, und dennoch mit großer Feinfühligkeit und Empathie ausgestattet sind. Ihr Gespür für Verletzungen und Unfairness ist ebenso hoch wie das der Empfindlichen. Der Unterschied besteht darin, dass sie ruhig bleiben oder sich ganz schnell beruhigen und einen guten Weg finden, damit umzugehen; zudem sehen sie keine Angriffe und «feindlichen Pfeile», wo keine sind.

Klarheit ist letztlich besser

Selbstbewusstsein im Alltag zu leben ist in der Regel viel einfacher als in sexuellen Kontexten. Wer unabhängig genug ist, kann z.B. ohne weiteres «sein Ding durchziehen» und seinen ganz eigenen Stil verfolgen, wie er mit seinem Leben und seinen Angelegenheiten umgeht. Im Zusammenleben mit einem Partner oder Familienangehörigen ist das nicht mehr ganz einfach – wegen der großen Nähe. Und noch weniger einfach ist es beim Sex innerhalb einer Paarbeziehung. Es gibt zwar auch hier Menschen, die «einfach ihr Ding durchziehen», doch das führt unweigerlich zu Problemen (z.B. wenn der Partner dann den Sexboykott einläutet: teils *direkt*, indem er schlichtweg nein sagt, teils *indirekt*, durch Lustlosigkeit, Funktionsstörungen der Geschlechtsorgane, Schmerzen, Erkrankungen usw.). Eine weit größere Anzahl von Menschen jedoch mutet dem Partner zu *wenig* zu, oft nicht mal die eigene Sichtweise. Denn sie befürchten, schlecht dazustehen, den anderen zu verstören, unter Druck zu setzen oder negative Reaktionen zu erzeugen. Ob das wirklich eintritt, hängt zwar ganz wesentlich davon ab, *wie* man sein Anliegen vorbringt (dazu mehr in Kapitel 11), aber viele, denen das nicht bewusst ist, verlegen sich aufs Abwarten, auf indirekte Signale oder Anspielungen. Im Sexuellen wird unheimlich viel «gemauschelt», das muss nicht das Schlechteste sein, führt aber häufig dazu, dass man nicht oder falsch verstanden wird.

Klarheit ist für Sexbewusstsein ein zentraler Punkt! Je mehr Klarheit herrscht, desto sicherer und selbstverständlicher kann man selbst und kann ein Paar mit Sex umgehen. (Ich meine damit allerdings nicht, den anderen ungefiltert mit Spezialwünschen und Kritik zu konfrontieren! Behutsamkeit und Taktgefühl sind gerade hier unverzichtbar.) Klarheit bedeutet in diesem Zusammenhang: sich darüber klarwerden, was man wirklich will; wo die eigenen Grenzen sind; ob und wie weit man seine Grenzen öffnen / erweitern möchte; wie man den Partner bzw. seine Aktionen und Reaktionen empfindet. Es geht aber auch darum, sich bewusstzumachen, ob man in dem einen oder anderen Bereich unsicher ist oder «ambivalente» – also widerstreitende – Gefühle hat (z. B., dass man etwas will und gleichzeitig nicht will). Übrigens: Eine Unsicherheit oder Ambivalenz muss nicht unbedingt aufgelöst werden; man kann auch erst mal einfach akzeptieren, dass sie da ist.

Klarheit umfasst zudem, dem Partner all diese Dinge klar zu kommunizieren. Ein Bekannter von mir schwärmte einmal über seine Ex-Partnerin: «Das Sexuelle mit ihr war einfach toll.» Ich wollte wissen: «War sie jederzeit und zu allem bereit?» Er lächelte: «Nein. Das Tolle war, wie klar sie mit Sex umging. Sie sagte z. B.: ‹Du kannst von mir eine Menge kriegen, aber keinen Analsex. Sag mir, was du möchtest, und ich sage dir, ob ich es dir geben kann.› Und wenn sie Lust auf Sex hatte oder auch keine, teilte sie mir das ebenso entspannt mit.»

Unsicherheiten und Ambivalenzen, die den Beteiligten nicht klar sind, kommen letztlich auf die eine oder andere Weise trotzdem zum Tragen (etwa durch Widerstände, Schuldgefühle, Aggressivität oder inneren Rückzug). Meist lösen sie dann noch mehr Unsicherheit sowie zusätzlich Ärger und Frust aus. Daher empfiehlt es sich, gleich offen dazu zu stehen, dass gewisse Dinge manchmal eben nicht gut laufen, dass man selbst Defizite hat oder Mist gebaut hat – wer ist schon perfekt? Hier ist ein *Selbstakzeptanz-Mantra* nützlich: *«Selbst wenn ich …, bin ich okay und bringe mir Achtung entgegen.»*

Ein freundliches Nein ist meist besser als ein Ja, hinter dem Sie nicht wirklich stehen. Geliebt werden Sie trotzdem.

«So bin ich eben» – wirklich?

Genauso wie unsere Gewohnheiten, Wertvorstellungen und Prinzipien ist vieles von dem, was wir als unsere «Natur» empfinden, keineswegs angeboren, sondern erworben (etwa indem wir es viele Jahre lang von den Eltern vorgelebt bekommen haben und es inzwischen als so selbstverständlich empfinden, dass wir es weder in Frage stellen noch ändern). Anderes hat sich dynamisch aus unserem Lebensumständen und unseren individuellen Anlagen heraus entwickelt. Wer etwa als Kind zu wenig beachtet wurde, wird sich später wahrscheinlich entweder zu sehr anpassen oder zum Einzelkämpfer werden. Wer regelmäßig einen lieblosen Umgang in der Familie miterlebt hat, könnte später enge Bindungen und Intimität meiden. Wer viel gemaßregelt wurde, wenn er Dinge in Eigenregie versuchte, wird später tendenziell passiv und zurückhaltend, stellt sich dann oft «blöd» an oder sitzt Dinge einfach aus. Wenn einem die Mutter sehr vieles buchstäblich «aus der Hand genommen» und nur selten zugelassen hat, dass man die kleinen und großen Dinge seiner Lebenswelt selbst erprobt, entwickelt man kaum Vertrauen in sich selbst und zu wenig Forscherdrang.

Mein Rat: Fangen Sie an, sehr vieles an sich, was Ihnen selbstverständlich vorkommt, zu hinterfragen!

Erreichen Sie mit Ihrer Art häufig nicht das Gewünschte? Beobachten Sie andere Menschen, die im Zwischenmenschlichen erfolgreicher sind – was zeichnet sie aus? Bitten Sie Ihren Partner und Nahestehende ganz konkret um Tipps, was Sie an Ihrer Art und Ihrem Verhalten ändern könnten oder vielleicht sogar sollten.

Fragen Sie sich selbst und andere: Stehe ich mir selbst im Weg? Wenn ja, auf welche Weise? Und wie könnten Sie sich selbst helfen?

Auf die letzte Frage erwidert Vera: «Mich selbst voll annehmen und die Ansprüche an mich selbst reduzieren; mich mehr abgrenzen, meine Meinung sagen, mich durchsetzen.»

Natürlich geht das nicht von einem Tag auf den anderen; doch die Erkenntnis und der Vorsatz bilden die Basis für eine allmähliche Veränderung.

Kapitel 2
WISSEN SIE BESCHEID?

Einer der Bausteine von «(Sex-)Bewusstsein» ist «Wissen». Ich bin immer wieder erstaunt, wie oft Wissenslücken den Weg zur Erfüllung verbauen. Damit meine ich sowohl theoretisches Sexwissen (etwa dass Männer und Frauen eine unterschiedliche Erregbarkeit haben und welche Faktoren sie beeinträchtigen können) als auch ganz konkretes Wissen über die eigene Sexualität und die des Partners, das man sammelt, indem man einander mit Neugier und Akzeptanz erforscht ... und immer wieder neu erforscht, da sich Vorlieben und erogene Zonen mit der Zeit ändern können.

Übung «Gegenseitige Körpererkundung»: Sie legen sich entspannt hin, und Ihr Partner erprobt an Ihnen eine Stunde lang alle möglichen Liebkosungsvarianten von Kopf bis Fuß – und zwar vor allem an den nichtgenitalen Körperstellen! Und Sie geben laufend Rückmeldung, wie es für Sie ist. Danach (oder beim nächsten Mal) sind Sie der Forscher und Entdecker.

Man kann sich zwar in den Sex stürzen und nur seinen Instinkten freien Lauf lassen, aber damit gelangt man meist nur auf das Level von Tieren. Das mag manchen Leuten vollauf genügen, die meisten stellt es aber nicht zufrieden. Auch *Learning by doing* ist ein gangbarer Weg, der aber spätestens dort an seine Grenzen stößt, wo es um neue Partner oder kompliziertere Vorgänge wie Lust, Orgasmus, Erektion geht. So glauben etwa unheimlich viele Menschen, der aktuelle Partner müsse so reagieren wie die Verflossenen, wie sie selbst oder so, wie sie es von anderen und in Filmen «gelernt» haben.

Fehlinformationen darüber, wie man selbst oder der Partner sexuell «funktionieren» sollte, können das Selbstwertgefühl und die Beziehung enorm belasten. Ein anschauliches Beispiel liefert Marcel (25):

«Etwas verstört mich und vor allem meine Freundin: Meine erogenen Zonen sprechen praktisch nicht an oder sind kaum vorhanden. Obwohl ich sie über alles liebe und begehre, zeigt mein Körper bei Küssen oder Streicheln zu wenig Erregung. Und wenn sie mich mit der Hand befriedigen will, gelingt es mir nicht zu kommen. Meine Brustwarzen, mein Bauchnabel, Rücken und Nacken reagieren kaum. Meine Lendenregion ist auch nicht sonderlich erogen. Mein Hals und meine Ohren reagieren teilweise, sind oft aber auch einfach nur kitzelig. Was kann ich tun? Kann ich diese Körperteile irgendwie sensibilisieren? Gibt es Therapien oder erfolgversprechende Übungen?

Auf der anderen Seite bin ich durch die kleinste Berührung meines besten Stücks, durch schöne Küsse, durch engen Körperkontakt mit ihr sofort erregt (solche Erektionen können sich dann über Stunden halten), und beim Verkehr komme ich auch. Den Akt selbst können wir auf Stundenlänge ausweiten, ich kann aber auch nach einer Minute mit ihr zusammen kommen. Nur der Rest geht leider nicht. Da sie schrecklich frustriert ist und die Schuld bei sich selbst sucht, habe ich Angst, dass sie mit einem anderen Mann etwas anfängt, um Selbstbestätigung zu bekommen.

Meine Finger reagieren stark, aber diese Stelle findet sie nicht erotisch! Sie möchte, dass meine Brust-, Bauch- und Lendenregion empfindsam sind, bzw. erzählt sie mir von Freundinnen, deren Partner durch Brustwarzen-Stimulationen kommen; oder nach wenigen Minuten durch Handjobs.»

Hm, wie sie das wohl fände, wenn er will, dass sie an Stellen erregbar ist, die ihr selbst nichts geben? Die eigene Verunsicherung darf auf keinen Fall dazu führen, den Partner als fehlerhaft abzustempeln!

Sowohl Marcel als auch seine Freundin erliegen zwei Irrglauben: Erstens: Jeder sollte die gleichen erogenen Zonen haben. Zweitens: Wenn man seinen Partner liebt und begehrt, sollte man auf all seine Berührungen wunschgemäß reagieren.

Marcel ist bei weitem nicht der einzige, dessen erogene Zonen begrenzt sind. Das wäre nur dann ein Problem, wenn dadurch der Sex mit ihm unmöglich wäre. Aber dem ist ja keineswegs so! Er hat durchaus sehr reizbare Zonen (Penis, Finger, teilweise auch der Hals und die Ohren). Dass es sich hierbei nun nicht um diejenigen handelt, von denen seine Freundin meint, dass sie bei ihm reizbar sein sollten ... Nun ja, vielleicht sollte sie es mal so sehen: Sie ist mit ihm im Bett, nicht mit einem Haufen anderer Männer oder mit dem «Durchschnittsmann».

Hinzu kommt, dass 99 von 100 Männern nicht durch Brustwarzen-Stimulation zum Höhepunkt gelangen. Und sehr viele Männer (ich schätze ein Viertel, vielleicht sogar ein Drittel) kommen auch nicht durch die Hand ihrer Partnerin. Marcel ist ja auch ohne all das zufrieden und glücklich mit ihr. Und wenn seine Finger erregbar sind – na wunderbar! Dann soll sie die Finger nehmen! So kann sie ihn sogar an tausend anderen Orten als im Schlafzimmer antörnen.

Dass Marcels Hals und Ohren kitzlig sind, kann zweierlei bedeuten: entweder, dass die Berührungen seiner Freundin zu sacht sind oder dass er sich einfach entspannen und es geschehen (also kitzeln) lassen sollte, wenn sie ihn dort streichelt – oft schlägt es nach einer kurzen Weile in Wohlgefühl um. Die beiden sollten das mal ausprobieren – aber bitte ohne jeglichen Leistungsdruck.

Denkanstoß für Sie: Gehen Sie in sich und überprüfen Sie, ob Sie eventuell auch Annahmen über sich selbst oder den Körper und die Sexualität Ihres Partners hegen, die sich beim genaueren Hinsehen als falsch erweisen.

Beispielsweise halten es etliche Männer für selbstverständlich, dass Sex immer mit einem Orgasmus enden sollte – ansonsten ist es in ihren Augen «kein richtiger Sex». Und das übertragen sie auch auf die Frau. Nicht selten führt dies geradewegs zu Frustrationen, Missverständnissen und unerotischer Zielstrebigkeit. Weit verbreitet ist auch der Irrglaube, der Höhepunkt der Frau müsse eigentlich genauso leicht und «mechanisch» herbeizuführen sein wie bei den meisten Männern.

Die Recherchen zu meinem Orgasmus-Ratgeber *Stöhnst du noch oder kommst du schon* bestätigten allerdings die Erfahrungen, die ich seit vielen Jahren als Sexberaterin mache: Mindestens drei von vier

Frauen haben oft oder sogar immer Mühe mit dem Kommen, vor allem beim Sex zu zweit. Der Hauptgrund liegt schlicht darin, dass wir Frauen keine besonders orgasmusfreundliche Anatomie haben.

Komischerweise haben Vertreter beider Geschlechter Probleme, das anzuerkennen, stattdessen schieben sie den «Schwarzen Peter» der Frau zu: Sie ist zu gehemmt, zu verkrampft, nicht entspannt genug oder sonst irgendwie «gestört», heißt es dann. Aber: Wenn das tatsächlich die Gründe wären, hätten Männer genauso viele Orgasmusprobleme – wenn nicht noch mehr! Denn eines kann ich mit Sicherheit sagen: Männer setzen sich im Bett noch stärker unter Druck und sind noch unentspannter – und sie stehen den Frauen in puncto sexueller Unsicherheit in nichts nach! Auch wenn sie das selten zeigen, sodass im Allgemeinen eher der Eindruck entsteht, dass für sie der Sex immer *easy* ist.

Ein anderes weitverbreitetes Vorurteil besagt, dass alle Männer auf ihr Gemächt und «aufs Bumsen» fixiert seien. Tatsächlich aber können Männer eine vielfältige und reiche Sexualität haben – manche haben diese nur noch nicht entdeckt oder meinen, bestimmte Rollenvorgaben erfüllen zu müssen.

Karin ist lustlos, und Klaus weiß Bescheid

Klaus (46) beklagt sich in der Beratung, seine Frau Karin sei «verklemmt», gebe ihm viel zu wenig Sex, und das bisschen, das sie ihm gebe, sei lahmer Blümchensex und das Gegenteil von leidenschaftlich. Sie sei ausgesprochen prüde und katholisch erzogen worden. Sein Hauptanliegen: *«Erst jetzt, nach 14 Jahren, sagt sie mir, dass sie noch nie durch mich gekommen ist. Nun ist ja auch klar, warum sie immer so lustlos ist, so ein schlechtes Verhältnis zu ihren Geschlechtsorganen hat und so wenig Leidenschaft zeigt. Sagen Sie mir, wie ich sie zum Orgasmus bringen kann, dann gibt sich ja auch der Rest.»*

Sie können sich sicher schon denken, dass Klaus gewaltig auf dem Holzweg ist und dass all diese Fehlannahmen ihn von der Suche nach den wahren Ursachen abhalten – wodurch das Problem bestehen bleibt! Unter anderem verwechselt er Ursache und Wirkung: Karins Lust bleibt nicht aus, weil sie nicht kommt, sondern sie kommt nicht, weil ihre Lust ausbleibt. Und warum hat er es 14 Jahre lang versäumt, seine Annahmen über Karins «Verklemmtheit» mal auf ihren Wahrheitsgehalt zu überprüfen? Schade. (Denn diese Ehe war nicht mehr zu retten.) Es ist auch höchst erstaunlich, dass er in all den Jahren nicht gemerkt hat, dass seine Frau beim Sex mit ihm keinen Orgasmus hatte.

Was mich schon beim Erstgespräch – das ich mit Klaus allein führe – stutzig macht, ist seine Anmerkung, dass seine Frau sich in seinem Beisein selbst befriedigt. Das passt nicht zu dem Bild, das er von ihr zeichnet.

Dann kommt Karin (43) zur Einzelsitzung: Eine sehr körperbetont gekleidete Frau mit kupferrot gefärbter Mähne stolziert auf hohen Hacken schwungvoll durch meinen langen Flur und platziert sich raumgreifend mitten auf der Beratungs-Couch – nicht grade das, was man sich unter einer verklemmten Frau vorstellen würde. Und sie redet sehr offen: Ja, sie wisse genau, was ihr Mann sexuell wolle und was ihm fehle. Sie sei im Übrigen durchaus in der Lage zu häufigem und auch sehr leidenschaftlichem Sex mit allem Drum und Dran, inklusive Orgasmen – aber das lebe sie mit ihrem heimlichen Liebhaber aus. Mit ihrem Mann sei das nicht möglich. Er habe kaum Ahnung, wie Frauen sexuell ticken und wie man mit ihnen umgehen müsse – es würde ihn auch herzlich wenig interessieren, obwohl er an der Sache, also Sex, sehr interessiert sei: *«Wenn es nach ihm ginge, würden wir es jeden Tag tun, und egozentrisch, wie er nun mal ist, schließt er immer nur von sich auf andere und denkt, ich müsste eigentlich das Gleiche gut finden wie er.»*

Gar nicht wenige Männer und Frauen gehen ohne jegliches Hinterfragen davon aus, dass ihre Art von Sex genau die richtige ist. Klaus glaubt, dass sexuell offene Menschen täglich Lust hätten und dass eine «normale» Frau in der Lage sein sollte, beim Sex mit ihm einen Orgasmus zu haben. Andreas' Frau Anne wiederum ist überzeugt, dass Sex für eine gute Ehe völlig nebensächlich ist. Sie hält ihren reduzierten Missionarsstil für die Norm und alles, was darüber hinausgeht, für übertrieben, eklig oder abartig.

Mit solchen Haltungen tut man nicht nur dem Partner unrecht, sondern erstickt auch die Entwicklung einer gemeinsamen Form von Sex, die für beide schön und erfüllend ist, im Keim. Oft kommt es in der Folge auch zu Funktionsstörungen, weil man sich selbst oder dem anderen gewisse Normen aufzwingt. So geschehen bei Thomas, stolze 40 Jahre alt, der von seiner 34-jährigen Freundin so niedergemacht wurde, dass er ernsthafte Sexprobleme bekam ...

Wenn Frauen sexuell Terror machen, werden Männer lendenlahm

«Ich bin seit dreieinhalb Jahren mit Dörte zusammen und liebe sie, aber leider gibt es ein ziemliches Problem. Es ging schon los, als wir erst sechs bis sieben Monate zusammen waren: Meine Potenz ließ nach. Ich habe einige Ideen, woher es kommen könnte, aber keine Lösung.

Sie hat mich bereits zu Beginn unserer Beziehung oft an ihrem Ex-Freund gemessen, der sie wohl sexuell ziemlich beeindruckt hat und an den ich, selbst als es noch gut lief, nie herangekommen bin. Sie ist sehr emotional und kann ziemlich wütend werden. Wenn der Sex nicht so lief wie von ihr gewünscht (Verkehr nicht lang genug, Penis nicht hart genug), hat sie das auch immer sehr deutlich bemängelt. Und seit es teilweise nicht mehr so klappt, kommen richtig wütende Reaktionen von ihr, auch Kommentare, ich sei kein richtiger Mann und Ähnliches. Tritte gab's auch schon.

Zurzeit habe ich natürlich im Sexuellen keinerlei Selbstwertgefühl. Ich würde sagen, ansonsten ist mein Selbstbewusstsein unterdurchschnittlich, aber keine Katastrophe. Beruflich stehe ich sehr gut da, habe viel erreicht. Aber in der Beziehung fühle ich mich insgesamt oft überfordert. Dörte hat seelische Probleme und keine Freunde. Ich habe das Gefühl, ich muss gleichzeitig ihr Vater, ihr bester Freund und ihr Partner sein. Und als Partner auch noch der perfekte Liebhaber.

Dazu gehören Erwartungen wie, dass ich sie immer begehren muss, dass dann auch mein Penis immer schon ohne Animation steif ist und dass mein Begehren stärker als meine Versagensangst sein soll. Kann es wirklich sein, dass ich sie eigentlich gar nicht begehre und damit auch nicht wirklich liebe?»

«Beantworte du es mir!», fordere ich Thomas auf. «Begehrst du sie, findest du sie sexy? Oder woran hakt es? Überlege auch, ob dein Begehren daran gekoppelt ist, dass du dich wie ein richtiger Mann fühlst – das ist bei vielen Männern der Fall.»

«Ja, das stimmt», nickt er. «Ich denke schon, dass ich sie liebe. Sie bedeutet mir unheimlich viel, ich mache auch sehr viel für sie. Ob ich sie begehre und sexy finde? Am Anfang sehr, nach der vielen Kritik ist das weniger geworden.»

«Das solltest du ihr sagen, und zwar genau so», empfehle ich ihm.

Dann klopfen wir ab, ob auch körperliche und äußere Faktoren seine Erektionsfähigkeit mindern. Thomas lebt und ist gesund, beim Onanieren erreicht sein Penis immer 100 Prozent Härte; er hatte mit den vorigen Partnerinnen und zu Beziehungsbeginn noch keine Potenzstörungen, sondern erst als der Sexdruck und die kränkenden Vergleiche seitens der Freundin immer massiver wurden. Hier ist also ein deutlicher Zusammenhang erkennbar.

> Wenn Störungen der «sexuellen Funktionen» (vor allem der Genitalien) und der Lust nicht körperlich bedingt sind, drücken sich darin bestimmte Gefühle aus; diese Gefühle mögen uns durchaus bewusst sein, trotzdem bewegen sie uns eventuell nicht zu Änderungen (etwa aus Angst, die Beziehung zu gefährden). Oder sie sind eher unbewusst, dringen also aus verschiedenen Gründen nicht ins Bewusstsein (etwa weil es zu schmerzhaft bzw. zu unangenehm wäre oder weil es das seelische Gleichgewicht oder die bisherige Grundeinstellung ins Wanken brächte).

«Sehr verständlich, dass du Erektionsschwankungen hast», erkläre ich ihm. «Dörte mag zwar irritiert sein, doch das gibt ihr keineswegs das Recht, so mit dir umzugehen – es ist unsensibel und taktlos, dir die Sexleistungen ihres Ex-Freundes unter die Nase zu reiben und dich abzuwerten, wenn du im Bett nicht dein ‹Soll› erfüllst, dich zu beschimpfen und sogar zu treten. Ist dir klar, dass das für die meisten Männer ein hinreichender (und völlig berechtigter!) Grund wäre, sich zu trennen?», merke ich an. «Sie wird wütend, weil schon kleine Aussetzer deines Penis an ihrem Selbstwertgefühl kratzen (‹Er findet mich nicht sexy genug›), aber dass ihr Verhalten dich tief verletzen und dein Selbstwertgefühl angreifen könnte, bedenkt sie keinen Moment, oder? Ich wüsste ja zu gern, wie sie sich fühlen und reagieren würde, wenn du etwas Entsprechendes mit ihr machen würdest! – Weiß sie, dass deine Aussetzer von ihren Vergleichen und emotionalen Ausbrüchen herrühren?»

«Ich habe es ihr vor längerer Zeit mal gesagt, aber nur im Ansatz, weil ich nicht wollte, dass sie sich schlecht fühlt», gibt Thomas zurück.

«Lieber lässt du zu, dass sie dir schlechte Gefühle macht?»

«Na ja, ich habe halt ein schlechtes Gewissen, weil ich ihr sexuell nicht genug bieten kann. Sie sagt, dass Sex eines der wichtigsten Dinge in einer Beziehung ist. Und dass das eben auch klappen muss. Und dass eine Frau vom Mann sexuell begehrt werden muss, sonst stimmt etwas in der Beziehung nicht. Da ist sie eben sehr verwöhnt, weil sie in ihrer bisher einzigen Beziehung (die über vier Jahre ging) praktisch jeden Tag Sex hatte. Und zwar so, dass sie richtig geflogen ist.»

Mich wundert nicht, dass sie vor ihm nur eine einzige Beziehung hatte, doch das behalte ich für mich, stattdessen erkundige ich mich nach der Sex-Frequenz innerhalb des letzten halben Jahres. «Im Durchschnitt ein- bis zweimal die Woche», lautet Thomas' Antwort. Ich bitte ihn daraufhin, mir einen typischen Akt vom Vorspiel bis zum Nachspiel zu beschreiben.

«Den typischen Sex-Akt gibt es bei uns eigentlich nicht, da bringe ich schon viel Variation rein», erklärt er. «Sehr charakteristisch ist, dass Dörte von einem Mann erwartet, ‹genommen› zu werden und dass die Initiative von ihm ausgeht. Nach dem Sex liegen wir uns in den Armen und streicheln uns noch.»

«Bist du in der Lage, ihr einen Orgasmus zu verschaffen?»

«Ja, fast immer. Zum Teil auch, während ich in ihr bin. Mehrmals hintereinander ist bei mir aber nicht mehr so, zweimal geht oft noch, aber nicht mehr viermal oder so, wie in meinen jüngeren Jahren.»

«Du denkst, du müsstest immer noch so ein Stehaufmännchen wie ein 20-Jähriger sein und dass du Dörte zu wenig bietest. Lass dir von einer Fachfrau versichern: Du ‹bietest› absolut genug. Wie viel und was gibt sie dir denn im Bett?»

«Na ja, wenn wir mal dabei sind, bin ich zufrieden. Das Problem ist eher, dass es für sie nicht so ist, wie sie es von früher kennt, und diese Erwartung, dass alles erst mal von mir ausgeht.»

«Was könnte deine Partnerin – Dörte oder jede andere Frau – tun, um deine Erektion zu unterstützen? Und weiß Dörte das? Wenn ja: Tut sie es?», hake ich nach.

«Ich möchte auch stimuliert werden», erwidert Thomas. «Dörte weiß das auch, findet es aber unmännlich und fühlt sich dann auch selbst nicht begehrt genug. Deswegen tut sie es kaum.»

«Wie oft hast du beim Sex mit Dörte Erektionsausfälle? Und wie genau sehen die aus?»

«Nur selten ist es gar keine Erektion. Meist ist das Glied nicht ganz steif. Fast immer klappt es beim zweiten Versuch. Insgesamt ist es vielleicht bei jedem dritten Mal ein Problem.»

«Das alles ist absolut noch im Bereich des Normalen. Ich finde nicht, dass du ein Problem hast», betone ich. «Jetzt staunst du, oder? Meist hast du ja eine Erektion, wenn auch nicht immer ganz steif. Aber stell dir mal vor, du hättest eine Partnerin, die insgesamt nicht mehr so feucht wird wie eine 20-Jährige und die bei jedem dritten Mal ein wenig zu trocken ist. Würdest du erwarten, dass sie allein schon vom Anblick deines nackten Körpers und vom Fummeln an deinem Penis feucht wird? Würdest du ihr etwa vorwerfen, dass etwas mit ihr nicht stimmt? Und dass deine Exfreundin immer und dauernd extrem feucht war? Vielleicht solltest du's Dörte so begreiflich machen. Hinzu kommt, dass das Verhalten deines Penis sogar etwas sehr Gesundes hat: Er sagt: ‹Mit dieser Frau will ich nicht unbedingt verbunden sein!› Sag mal ... wehrst du dich eigentlich nicht gegen diese rüde Behandlung?»

«Normalerweise kann ich erst mal gar nicht reagieren, bin wie versteinert. Aber einmal habe ich gesagt, dass ich das sehr hart finde und mich das verletzt. Dörte meinte dann, dass es ihr leidtut, aber dass das nicht normal sei, und sie betont, wie lange das jetzt schon so geht und dass sie das nicht ewig mitmachen kann. Warum sollte sie noch bei mir sein, wenn sie mich nicht lieben würde? Da könnte sie sich ja wirklich etwas Einfacheres suchen.»

«Ganz im Gegenteil, du könntest dir etwas Einfacheres suchen», widerspreche ich. «Du bist ein attraktiver Mann im attraktivsten Alter, feinfühlig, intelligent, hast einen sehr guten Beruf. Für dich wäre es leichter, eine bessere Partnerin zu finden, als für Dörte einen neuen Partner. Und mit ‹bessere Partnerin› meine ich: eine warmherzige Frau, die du nicht dauernd emotional auffangen musst und die dir im Bett Verständnis und Wärme entgegenbringt, anstatt dich im wahrsten Sinne des Wortes ‹zur Schnecke zu machen›. Ich sage das nicht unbedingt, damit du dich von ihr trennst (wobei es auch eine Überlegung wert wäre), sondern damit du viel mehr Selbstbewusstsein entwickelst und mehr Grenzen ziehst, anstatt dich von ihr unter Druck setzen und erniedrigen zu lassen.

Die meisten Frauen würden nicht so einen Sexterror wie Dörte veranstalten und gingen mit dir liebevoll um, selbst wenn es ab und zu einen ‹Hänger› gibt, zumal wenn alles Weitere gut läuft. Und weil sie nie erwarten würden, dass der Mann wie eine Maschine funktioniert.

Dass Dörte und ihr Exfreund über vier Jahre lang angeblich fast jeden Tag Sex hatten, wage ich zu bezweifeln. Und dann soll der Sex auch noch jedes Mal heiß gewesen sein? Ich denke eher, dass sie hier ein nicht ganz reales Bild von ihrem hochpotenten Exlover zeichnet, um dir eins auszuwischen. Sie scheint unterbewusst sehr wütend auf dich zu sein – und zwar, weil sie sich zu wenig begehrt und daher auch zu wenig geliebt fühlt. Das hat aber überhaupt nichts mit deiner tatsächlichen Zuneigung zu ihr zu tun, als vielmehr mit ihrem Mangel an Selbstwertgefühl.

Es ist aber nicht deine, sondern ihre ganz eigene Aufgabe, mit ihren Defiziten ins Reine zu kommen! Ich denke, sie bräuchte eine Therapie; die wird sie aber nicht einmal in Erwägung ziehen, solange du dir praktisch alles gefallen lässt.

Außerdem ist Dörte der Überzeugung, sie sei von euch beiden die Sex-Expertin. Tatsache ist jedoch, dass sie nicht besonders gut Bescheid weiß. Denn sonst wüsste sie unter anderem,

- dass bei der Mehrzahl der Männer ab Mitte oder Ende 30 die Erektionsfähigkeit nachlässt, sodass sie nicht nur schwankende Erektionen haben (mal härter, mal weicher), sondern sie ebenso wie Frauen fast immer ein Vorspiel brauchen. Wer noch mit 34 Jahren denkt, dass jeder 40-Jährige ‹von selbst› eine stahlharte Erektion bekommen und mehrmals hintereinander ‹können› sollte wie mit 20, ist ein wenig unbedarft. Und wenn Dörte dich dauernd an ihrem Ex-Freund misst, der damals sicher jünger war als du heute, und vielleicht keinen anstrengenden Job hatte, dann spricht das auch nicht unbedingt für sie. Eigentlich hättest du dir das vehement verbitten müssen – auf jeden Fall solltest es ab jetzt tun;

- dass eine ausbleibende oder nur halbsteife Erektion kein ‹Beweis› für mangelndes Begehren und / oder mangelnde Liebe ist;

- dass (auch) ein Mann sich begehrt fühlen muss, um sich selbst als sexy wahrzunehmen. Und dazu gehört auch, dass eine Frau regelmäßig die Initiative zum Sex ergreift. In eurem Alter ist es so, dass diese etwa gleich oft von Männern und Frauen ausgeht;

- dass es keineswegs unmännlich ist, wenn du Stimulation brauchst. Wie sieht denn ihr Männerbild aus? Geprägt von einem ‹Zucht-bullen›? Und statt immer nur auf ihre eigenen Befindlichkeiten zu starren (‹sie findet es unmännlich und fühlt sich selbst dann nicht begehrt genug›), sollte sie sich auch einmal mit deiner Sexualität, deinen Bedürfnissen und deinen Reaktionsweisen befassen. Das darf man von einer Frau ihres Alters durchaus erwarten. Dörtes emotionale Reife entspricht eher der eines Teenagers.

Lass dich also bitte nie mehr von ihren unwissenden und abwertenden Kommentaren verunsichern. Denk dran, dass die meisten Frauen viel liebevoller mit dir umgehen würden und dass du das auch verdienst.»

Wie gut wissen Sie über sich selbst Bescheid?

Die Grundfragen lauten: Warum reagiere ich manchmal so und manchmal wieder anders? Warum reagiere ich zum Teil anders als die anderen? Beziehungsweise: Habe ich denn überhaupt einen Vergleich zu anderen? (Hinweise des Partners sind durchaus ernst zu nehmen, es sei denn, er will einen damit manipulieren.) Und schließlich: Wie gut kenne ich mich selbst eigentlich?

Jenny (25) fragt z. B.: «Warum bin ich manchmal irgendwie nicht orgasmusfähig? An manchen Tagen weiß ich schon während des Vorspiels, dass ich nicht kommen werde. Der Sex mit meinem Freund ist eigentlich super, daran kann es also nicht liegen.»

Bei Frauen sind Lust und körperliche Reizbarkeit im Durchschnitt störanfälliger und stärkeren Schwankungen unterworfen als bei Männern; die wichtigsten Faktoren sind:

- die Zyklus-Phase: Viele Frauen sind an den Tagen rund um den Eisprung herum am empfänglichsten für Sex und kurz vor oder während der Periode am wenigsten;
- der Erregungsgrad: Bei der Mehrzahl der Frauen sprechen, solange sie insgesamt zu wenig erregt sind, auch die Sexualorgane

nicht gut an. Wenn also der Intimbereich oder die Brüste einer Frau nicht gut auf Stimulation reagieren, macht der Partner es entweder nicht richtig, das Vorspiel hat sie nicht genug in Wallung gebracht oder sie ist aus anderen Gründen nicht «in Stimmung» (Müdigkeit, PMS, Einnahme von Antidepressiva, Zimmertemperatur zu niedrig usw.).

Stimmen Ihre körperlichen Grundlagen?

Alles, was Ihren Körper und Ihre Gesundheit beeinträchtigt, beeinträchtigt auch Ihr Sexleben. So auch die oben genannten Faktoren. Dass Unwohlsein, körperliche Beschwerden oder die (Neben-)Wirkungen von Medikamenten sich auch auf die Erregbarkeit auswirken, ist kein Wunder: Wenn Ihr Körper müde oder betäubt ist oder schmerzt, kommen erotische Reize nicht in ihrer vollen Intensität im Gehirn an. Diesen Effekt hat auch das Rauchen, weil es nicht nur die Blutgefäße verengt (und damit die Sensibilität der Haut und der Genitalien beeinträchtigt), sondern auch die Hormonproduktion empfindlich stört. Und wenn die Hormone im Ungleichgewicht sind, läuft das Sexuelle auch nicht rund. Überhaupt alles, was die Durchblutung ungünstig beeinflusst, behindert erotische Empfindungen; dazu gehören auch Erkrankungen wie Diabetes, bestimmte Nervenleiden, zu hoher / zu niedriger Blutdruck, Herz- und Gefäßerkrankungen usw.

Mein Tipp: Wenn Sie Ihre Lust und Ihre erotischen Möglichkeiten nicht unnötig einschränken wollen, dann

- tun Sie es nicht nur spätabends kurz vorm Einschlafen,
- rauchen Sie möglichst gar nicht,
- begrenzen Sie Alkohol auf einen Drink am Abend,
- meiden Sie Drogen und wenn möglich Medikamente wie Antidepressiva, starke Schmerzmittel, Betablocker,
- lassen Sie sich regelmäßig von einem Arzt durchchecken.

Ein gewaltiger Störfaktor, den man nicht unterschätzen sollte, ist Übergewicht. Von der deutschen Bevölkerung über 21 sind zwei Drittel (!) der Männer und mehr als die Hälfte der Frauen übergewichtig, ein Fünftel der Männer und Frauen sogar fettleibig. Es ist kein Geheimnis, dass Übergewicht körperliche Aktivitäten mühsamer macht. Entsprechend wird dann auch der Sex anstrengender, weitere Folgen wie Störungen im Hormonhaushalt, Verlust der Libido, Orgasmus- und Erektionsprobleme und Ähnliches nicht zu vergessen (mehr dazu in Kapitel 10).

Ich appelliere auch an Sie, gezielte Informationen einzuholen und Ihre Wahrnehmung dafür zu schärfen,

- auf welche Reize Sie gut ansprechen und auf welche nicht,
- was Ihre Ansprechbarkeit mindert und
- ob das auch von bestimmten Zeiten abhängt (etwa Tageszeit, Jahreszeit, Zyklusphase).

Seien Sie experimentierfreudig in Bezug auf sich selbst, machen Sie Ihre Grenzen ausfindig, und zwar auch indem Sie diese manchmal ganz bewusst übertreten – um Ihren Sex-Horizont zu erweitern, aber auch um herauszufinden, wo Sie tatsächlich einen Grenzstrich ziehen.

Berühren und stimulieren Sie sich selbst auf möglichst viele verschiedene Arten (nicht nur im Intimbereich, sondern an allen möglichen Stellen), und testen Sie auch Zutaten wie Öl, Lotion, Federn und Sexspielzeug.

Informieren Sie sich umfassend über weibliche und männliche Anatomie sowie die unterschiedliche Sexualität. Ein Hinweis sei mir erlaubt: Einschlägige Inhalte aus dem Internet, Sexmagazine und Pornos sind meist ebenso wenig verlässliche Informationsquellen wie Online-Foren, denn hier wird leider sehr viel Unsinn verzapft. Lesen Sie lieber Sexratgeber (meine zum Beispiel!).

Er weiß nicht Bescheid, sie gibt nicht Bescheid

Kommen wir noch einmal zu Vera (30), die beim Sex mit ihrem Freund Sven keinen Höhepunkt erreicht. Als wichtigste Ursache ließ sich ausmachen: Weder das Vorspiel noch der Verkehr sind nach ihrer Fasson. Durch ihren Mangel an Erfahrung und Selbstbewusstsein ist ihr nicht klar, dass die eintönige und kurze Vorbereitung gar nicht ausreicht für eine starke Erregung (und in der Folge auch für einen Orgasmus) und dass es keineswegs unbescheiden oder unnormal wäre, wenn sie ein anderes und längeres Vorspiel einforderte.

«Auf welche Arten versucht Ihr Freund, Sie zum Kommen zu bringen?», frage ich sie.

«Er stimuliert mich mit seinen Fingern an und in der Vagina, aber nur kurz», erzählt Vera. «Er versucht, beim Koitus seinen Orgasmus hinauszuzögern. Er denkt, ich komme dabei am besten – anstatt vielleicht besser vorher. Er sagte mal, dass wir jetzt schnell das Kondom nehmen sollten, bevor ich komme. Dabei war seine Handstimulation grade so schön!»

Veras Freund denkt (wie sehr viele Leute), jede Frau könne durch Verkehr einen Höhepunkt erlangen, wenn der Mann nur lang genug durchhält. Und sie wiederum sagt ihm nicht einmal in den beschriebenen Situationen, dass seine Wege für sie nicht passen.

Ich stelle Vera eine Frage, die fundamental wichtig ist, aber so schlicht, dass viele Menschen nicht darauf kommen, sich das explizit zu fragen: «Was hätten Sie beim Sex gerne anders? Das heißt auch: Wovon hätten Sie gerne mehr, wovon weniger?»

Vera hat es bisher übergangen – so sehr war sie darauf konzentriert, ihrem Freund zu gefallen. Nun denkt sie nach und antwortet schließlich: «Ich wünsche mir, dass Sven nicht nur den Fokus auf meine möglichst schnelle Erregung richtet und dann eindringt. Ich hätte gerne ein viel längeres Vorspiel, das mehr Körperstellen einbezieht, z. B. eine Massage am Rücken oder sanftes Streicheln und Stimulieren der Haut allgemein. Einfach, damit ich mehr entspannen und mich wohl fühlen kann.

Außerdem behält er die ganze Zeit dieselbe Stellung bei, ich hingegen würde lieber häufiger wechseln. Ich mag es zu experimentieren und Abwechslung! Und ich hätte es gern, wenn er mich an Brust und Klitoris stimuliert, während er in mir ist. Aber er ist so beschäftigt – ich glaube, das ist ihm zu viel. Und ich habe Angst, er könnte mich und meinen Körper zu kompliziert finden.»

Ich ermutige Vera: Alles, was sie sich wünscht und beschreibt, ist völlig normal für eine Frau und kann einem Mann ohne weiteres zugemutet werden. Ich weiß zwar, dass es Typen gibt, denen schon zehn Minuten Vorspiel zu viel ist und die lieber flugs zur Sache kommen. Aber zum Glück sind sie zunehmend in der Minderheit. Denn ich muss zur Ehrenrettung der Männer sagen: Die meisten sind lernfähig und bereit, viel zu tun, um ihre Partnerinnen im Bett glücklich zu machen.

Ines: Keine Lust auf Sex und Schmerzen beim Verkehr

Das leider sehr verbreitete Thema «Schmerzen beim Verkehr» kann viele Gründe haben. Der häufigste ist ein niedriges Erregungsniveau und eine wenig lustvolle Einstellung gegenüber Sex und den eigenen Genitalien. Oft sitzen diese Probleme sehr tief, so dass es der Hilfe einer Fachfrau (oder eines Fachmannes) bedarf, um an den jeweiligen Kern heranzukommen. Bei Ines, der zarten 25-Jährigen, forsche ich unter anderem nach Wissenslücken, die mit ihren Problemen zu tun haben könnten. Und tatsächlich: Auch ihr war bisher nicht richtig bewusst, dass das Vorspiel für sie nicht passt und dass mehrere Ängste zur Verengung der Scheidenmuskulatur führen. Sie nennt zwar als einen der Gründe für ihre Schmerzen ihre Neigung zu vaginaler Trockenheit, weiß aber nicht, woher diese kommt. Wir finden mehrere mögliche Ursachen:

1. Erregungsmangel und Beckenbodenverkrampfung bremsen die Durchblutung der Intimzone, die dann zu wenig Vaginalsekret produziert.
2. Vermutlich hat Ines ein hormonelles Ungleichgewicht, denn sie isst zu wenig, ist zu dünn, und ihre Periode ist unregelmäßig.
3. Sie nimmt zu wenig Flüssigkeit zu sich – dann ist der ganze Körper unterversorgt (also auch die Scheide).

4. Sie trägt zu oft Slipeinlagen, Tampons, zu enge Kleidung.
5. Sie hatte mehrere Scheideninfekte, die medikamentös behandelt wurden.

Ines hat noch eine Idee: «Könnten meine Trockenheit und der Lustmangel zudem an der Pille liegen? Ich nehme sie seit über zehn Jahren.»

Die Pille kann zumindest Mit-Verursacherin solcher Vorgänge sein, aber dann entstanden diese bereits in den ersten Monaten der Pilleneinnahme und waren vorher nicht zu verzeichnen. (In solch einem Fall müsste eine Frau zum Gynäkologen gehen, ihm all ihre körperlichen Veränderungen schildern und ihn um ein anders zusammengesetztes Präparat bitten). Dies trifft bei Ines allerdings nicht zu.

Es gibt jedoch auch Frauen mit dem gegenteiligen Problem. Hanna (35) klagt: *«Ich bin wohl zu dumm für Sex und verzweifle langsam. Mein Problem ist, dass jeder Penis immer wieder aus meiner Scheide rutscht, völlig unabhängig von Stellung oder Rhythmus. Das passiert mir schon mein ganzes ‹Sexleben› lang. Dann muss es ja wohl an mir liegen! Was mache ich bloß falsch?»*

An Dummheit liegt es ganz bestimmt nicht, sondern einfach daran, dass ihre Scheide zu weich und zu offen ist. Und das wiederum liegt daran, dass sie zu wenig Scheidenmuskulatur hat und diese auch nicht benutzt. Das Gute ist: Das lässt sich ganz leicht trainieren! Dann wird die Scheide nicht nur viel «fester», sondern die Frau kann sie auch bewusst noch enger machen und damit den Penis regelrecht «ergreifen». Das fühlt sich für beide toll an. Und der Orgasmus wird mit gestärkter Muskulatur auch intensiver (für beide!).

Schmerzen und Potenzprobleme nur wegen der Vorhaut?

Mario (37) berichtet: *«Ich habe seit meiner Kindheit ein Problem, das mich zunehmend belastet, zumal ich seit einem Jahr eine Freundin habe, mit der ich eigentlich viel und guten Sex hätte, wenn nicht meine Vorhaut klemmen* würde. Im Normalzustand kann ich sie schlecht zurückziehen, im erigierten gar nicht. Ich hatte auch schon als Kind Entzündungen, die aber bald wieder abklangen.

Beim Sex hatte ich schon immer Schmerzen, die aber erträglich sind, wenn meine Partnerin sehr feucht ist und / oder ich ein Kondom benutze, weil dann die Vorhaut an Ort und Stelle gehalten wird. Allerdings erschlafft mein Penis auch öfter mittendrin oder schon vor dem Eindringen.

Meine Freundin verträgt wegen einer Allergie keine Kondome, außerdem geht davon ihre Lubrikation zurück, also ist sie nicht mehr feucht genug. Nun habe ich schon mehrmals beim Sex mit ihr kleine Risse in der Vorhaut bekommen, die sich bisweilen entzünden, und dann können wir wieder wochenlang keinen Sex haben. Zu allem Überfluss habe ich das Gefühl, dass die Schmerzen beim Akt und die Erektionsschwächen immer schlimmer werden, auch wenn ich mal keine Entzündung habe.

Kann man denn auch ohne Arzt etwas tun? Bisher dachte ich, solange ich keine Probleme habe, bräuchte ich auch nichts zu unternehmen.»

Tatsache ist, dass Mario sogar schon sehr lange ein massives Problem hat: eine ausgeprägte Phimose (Vorhautverengung). Ich verstehe wirklich nicht, warum Männer ein Leben lang mit einem schmerzenden Penis herumlaufen und sich vor dem Arztbesuch drücken. Wir Frauen rennen alle naselang zum Gynäkologen und lassen ihn in unseren intimsten Bereichen herumfuhrwerken.

Im Grunde hätte man Mario schon als Kind beschneiden müssen. Die Sache hat nämlich noch einen Haken: Lässt sich die Vorhaut schlecht zurückziehen, kann man den Bereich darunter auch schlecht säubern. So können sich dort Keime ansammeln, die wiederkehrende Entzündungen begünstigen, durch die wiederum das Gewebe brüchig und rissig wird. Wenn diese Risse dann vernarben, wird das Gewebe enger und büßt deutlich an Elastizität ein, weswegen immer mehr «Sollbruchstellen» entstehen.

Für Mario wird das Problem zunehmend drängender, seit er viel Sex hat, und das ohne Kondom. Er riskiert dabei nicht nur, seine Freundin mit einer Entzündung anzustecken, sondern auch, dass sein Penis mit der Zeit vollends funktionsuntüchtig wird. Einer meiner Ex-Freunde hatte auch eine Phimose: Er musste oft den Sex abbrechen, weil er Schmerzen an der Eichel hatte, und manches Mal war er nicht in der Lage, einen Orgasmus zu erlangen. In zwei von drei Fällen hatte er noch nicht mal eine richtige Erektion, das heißt, der Penis war am Schaft zwar hart, aber im vorderen Drittel so weich, dass er nur ganz vorsichtig stoßen konnte. Das alles hatte zur Folge, dass der Sex mit ihm keinen richtigen Spaß machte! Wie Mario verdrängte auch er die Notwendigkeit einer Behandlung. Als ich ihm das alles sagte, ging mein Exfreund tatsächlich zum Urologen, der ihm meine Diagnose bestätigte und zu einer sofortigen Beschneidung riet. Er ließ es machen und ist total froh darüber; heute ärgert er sich sogar, dass er sie nicht schon viel früher hat vornehmen lassen.

Eine Beschneidung ist ja nichts Großes, es ist nichts weiter als ein ambulanter Eingriff. Die Wochen danach sind zugegebenermaßen etwas unangenehm, aber dann – ah, welche Wohltat! – kann man endlich unbeschwert verkehren!

Drei Monate später meldet Mario Vollzug:

«Hi, Beatrice,

aufgrund deines Ratschlags war ich beim Urologen und habe mich zügig beschneiden lassen. Inzwischen liegt der Eingriff acht Wochen zurück, alles ist gut verheilt. Doch leider habe ich immer noch Erektionsprobleme und teilweise Schmerzen, wenn auch in abgeschwächter Form. Oft klappt es anfangs wunderbar, es fühlt sich gut an, doch dann merke ich, wie mein Penis erschlafft (trotz schnellerer Bewegungen). Wir haben alles Mögliche probiert, was Stimulation und Stellungen betrifft. Zunächst habe ich vermutet, dass ich durch die Phimose noch auf Angst vor Schmerzen beim Verkehr konditioniert war sowie darauf ‹schlappzumachen›. Doch diese Faktoren sind ja nun aus dem Weg geräumt.»

Richtig: Es handelt sich hierbei tatsächlich um eine Konditionierung! Und die hat nur teilweise mit Angst und der Psyche etwas zu tun. Denn wenn z. B. eine Vorhautverengung über einen langen Zeitraum bestand, stellt sich der Körper allmählich darauf ein, dass es ab einem bestimmten Erregungsgrad oder ab einer bestimmten Dauer der Erektion weh tut. Und um diese Schmerzen zu vermeiden, gewöhnt sich der Penis an, «rechtzeitig» zu erschlaffen.

Wie bei allen alten Gewohnheiten kann es lange dauern, bis sich der Körper (oder das Unbewusste) auf etwas Neues einstellt und es in das «Körpergedächtnis» übergegangen ist. Sprich: Man kann nicht erwarten, dass so kurz nach der Beschneidung alles reibungslos läuft. Es wird noch eine ganze Weile dauern (teilweise bis zu einem Jahr), bis Körper und Unterbewusstsein realisiert haben, dass wirklich keine Gefahr mehr besteht. Man kann jedoch gelegentlich versuchen, den Penis zu überlisten, und zwar mit Hilfe eines Penisrings, denn der hindert das aufgestaute Blut daran, wieder in den Körper zurückzufließen.

Gehirnökonomie

Wenn Sie mehr über die Funktionsweise des Gehirns wissen, können Sie die eigenen Denkweisen und Reaktionen (noch) besser durchschauen. Für den Urmenschen war es überlebensnotwendig, möglichst schnell zu reagieren und dabei wenig Energie zu verbrauchen. Daher ist auch das Gehirn genau darauf angelegt. Ab Tag 1 Ihres Lebens beginnt Ihre individuelle Programmierung. Die Einordnung der Wahrnehmungen wie auch die Verhaltensweisen, die Sie schon ganz früh gelernt und / oder schon zigmal wiederholt haben, hinterlassen im Gehirn Milliarden kleiner Verknüpfungen: Und mit steigender Häufigkeit wird regelrecht eine Art Datenautobahn angelegt. Auf dieser Autobahn können Impulse von außen natürlich sehr viel schneller bearbeitet und in Gedanken oder Reaktionen umgewandelt werden. Sie können davon ausgehen, dass etwa 98 bis 99 % dessen, was Sie den ganzen Tag lang denken, einordnen, fühlen, bewerten und tun, automatisiert abläuft, ohne dass Sie groß überlegen. Würden Sie das nämlich jedes Mal tun, bräuchten Sie ein Vielfaches an Zeit und Energie (denn auch die Leistungen des Gehirns verbrauchen welche).

Und nun stellen Sie sich einmal vor, wie sehr diese Programmierung Sie auch in Ihrer Sexualität beeinflussen kann. Wenn Sie es z.B. sehr oft mit sich selbst tun (weit öfter als mit einem Partner), hat Ihr Körper entsprechend gelernt, auf welche Art er kommen kann – und dies wirkt sich selbstverständlich auch auf seine bzw. Ihre Reaktions- und Verhaltensweisen beim Sex zu zweit aus. Umgekehrt gilt auch, dass Dinge, die Ihr Körper und Ihr Gehirn nicht gelernt haben, unter Umständen erst mal keine Reaktionen oder zumindest nicht die erwünschten hervorrufen. Das bedeutet wiederum: Wenn Sie in Ihrer Sexualität etwas ändern wollen, gelingt das meist nur durch häufige Wiederholungen.

Bei Menschen, die sich schnell auf Neues einstellen, ist das Gehirn darauf trainiert, dass immerzu etwas Neues passiert. Sprich: Je experimentierfreudiger und aufgeschlossener jemand ist, desto besser kann er auf die Andersartigkeit des Partners oder auf Veränderungen der äußeren Bedingungen reagieren. Wenn man hingegen gern gewohnte Wege beschreitet, weigert sich das Gehirn schnell, etwas «anderes» zu akzeptieren und zu integrieren. Man empfindet das andere dann als anstrengend oder vielleicht sogar als bedrohlich, ist also unflexibel. Denn die meisten Menschen sind auch so strukturiert, dass ihnen das Unbekannte ein bisschen Angst macht und/oder sie überfordert. Das läuft dann bei jemandem, der sich zudem nicht viel zutraut, als Parallelprogramm im Gehirn nebenher ab und flüstert demjenigen ein (meist ohne dass er es bewusst wahrnimmt): «Das kann ich nicht, das mag ich nicht, das wird mir jetzt zu viel, das geht mir gegen den Strich.»

Wenn nun eine Person sehr lange an einer bestimmten Form von Sexualität festhält, dann wird sie im Laufe der Zeit solch ausgebaute Datenautobahnen entwickelt haben, dass es für den jeweiligen Partner sehr schwierig sein wird, sie zum Abweichen vom Gewohnten zu bewegen. Beschränkt sich das auf die Missionarsstellung im Dunkeln und ein bisschen Petting mit der Hand, beraubt diese Person sich selbst und ihren Partner der wunderschönsten Erfahrungen.

Ein etwas anders gelagertes Beispiel: Wenn ein Junge im Teenageralter weder behutsam von Erwachsenen aufgeklärt wurde noch sich mit gleichaltrigen Mädchen an das Thema herantasten konnte und in erster Linie auf Pornografie (meist aus dem Internet) als Informationsquelle zurückgegriffen hat, dann gibt es in seinem Gehirn eine gewisse Voreinstellung für Sexualität, die eben ‹pornomäßig› ausgelegt ist. Das heißt, das vorsichtige «Schritt für Schritt»-Tempo, das für so junge Menschen am besten passt, kennt er nicht, und er konnte auch nie lernen, wie man sich beim Sex aufeinander einstimmt. Dieser Junge wird erwarten, dass Sex so abläuft, wie er es im Internet gesehen hat: dass er all diese Dinge auch von echten Partnerinnen bekommt, dass er dieselben Standards erfüllen muss wie die Männer in diesen Darstellungen. Und es steht zu befürchten, dass er mit einer ähnlich unpersönlichen Konsumhaltung an das ganze Thema herangehen wird. Von Mädchen aus Fleisch und Blut wird er wahrscheinlich keine allzu positiven Reaktionen bekommen, stattdessen eine Menge Unverständnis, Abwehr oder auch Beschimpfungen.

Außerdem wird er auch selbst spüren, dass da irgendetwas fehlt. Er wird sich, selbst wenn er einmal seinen «gewohnten» Sex bekommt, irgendwie leer fühlen. Denn eigentlich sind beim Sex ja auch Gefühle bzw. die Seele involviert, doch sie erhalten bei Pornosex keine reelle Chance. Noch etwas kommt hinzu: Vermutlich hat der Junge aus unserem Beispiel auch unzählige Male zu den Bildern aus dem Internet onaniert, sodass er fast nur noch auf diese speziellen mentalen und körperlichen Reize reagiert. Das traurige Ergebnis wurde mir schon oft berichtet: der Junge und später auch der erwachsene Mann wird nicht mehr durch eine ganz normale Frau und das zärtliche Zusammenspiel mit ihr erregt, kann dabei auch nicht kommen, es sei denn, er befriedigt sich selbst und stellt sich dabei seine Porno-Inhalte vor oder nötigt seine Partnerin zu etwas, was dem entspricht (diese Mechanismen betreffen auch viele Erwachsene; prägnante Beispiele finden Sie auf S. 56 f., 81 f., 108 f. und in Kapitel 13).

Zurück zum (Sex-)Alltag: Wie bereits angedeutet, ist es von Nutzen, seine automatisierten und gewohnten Abläufe ab und zu genauer unter die Lupe zu nehmen, anstatt sie blindlings für «normal» und angebracht zu halten. Denn sie können sich entscheidend darauf auswirken, ob Sex entspannt und erfüllend wird oder nicht.

Wie aber deckt man nun die eigenen Programmierungen auf, um sie gegebenenfalls zu ändern? Am besten funktioniert es, indem Sie sich entweder mitten im Akt sozusagen von außen beobachten wie ein Fremder oder sich kurz danach noch einmal in den genauen Ablauf hineinversetzen und sich fragen: *Was* ist *wie* gelaufen und wie hätte es eventuell auch *anders* laufen können? Und wenn es auch anders hätte laufen können, *warum* lief es dann genau so, wie es lief? Damit diese Selbsterforschung gelingen kann, müssen Sie sich Stille und die notwendige Zeit zugestehen, um sich tief auf den Erinnerungsvorgang einzulassen.

Stellen Sie sich z. B. ein Paar vor, dessen Beischlaf-Ablauf komplett ritualisiert ist: Die Frau bekommt etwa zehn Minuten des Vorspiels, das bei ihr (vermeintlich) am besten «funktioniert», sodass ihr Intimbereich einigermaßen bereit ist. Dann dringt der Mann ein, und sie haben Verkehr, bis die Frau eine Art mechanischen Orgasmus hat (Ja, das gibt's, auch wenn das sonst eher Männer erleben). Daraufhin stößt er schneller, um auch seinerseits seinen Höhepunkt zu erleben. Diese beiden haben ihre Körper darauf programmiert, durch ein bestimmtes Procedere zu kommen. Aber eigentlich kann man bei diesem standardisierten Ablauf gar nicht mehr von «Orgasmus» und «Höhepunkt» reden. Es handelt sich eher um genitale «Plopps», die weder besonders erfüllend noch befriedigend sind. Indes wissen sie auch nicht so recht, wie sie es anders machen könnten.

Natürlich ist es ein wenig störend oder unbequem, sich mitten im Akt Gedanken über seine inneren Vorgänge zu machen, aber es kann überaus nützliche Informationen liefern:

- «Was läuft bei mir eher automatisch ab?» (Etwa, dass einer von beiden sich kaum bewegt und abwartend ist.)
- «Wie fühlt sich das, was da passiert, für mich an?», um es dem Partner mitzuteilen: «Genaugenommen ist das, was wir grade machen, ein bisschen langweilig / nicht wirklich erregend / fühlt sich nicht so gut an» oder Ähnliches.

Im nächsten Schritt könnten sie dann versuchen zu erspüren, was sie eigentlich bräuchten, um auf ein höheres Level an Lust und Ekstase zu gelangen. (Das gilt unbedingt auch für den Mann! Denn höchstwahrscheinlich sind auch bei ihm weder die Erregung noch der Orgasmus besonders intensiv.)

Solch ein Innehalten, Hinterfragen und Anstoßen von Veränderungen ist immer darauf angewiesen, dass die betroffenen Partner offen miteinander kommunizieren und sich erlauben, solche Cuts zu setzen.

Ich empfinde beim Sex zu zweit wenig, aber beim Onanieren genug

Eine weitere interessante Kombination aus Wissenslücken und Konditionierung zeigt das Beispiel von Steffen (29): Er hat schon immer Erregungsprobleme beim Verkehr mit Partnerin, weil er dabei zu wenig spürt (egal wie lange und in welcher Stellung). Daher bleibt sein Penis auch nicht immer komplett steif und der Spaß auf der Strecke. Hingegen beim Onanieren sind seine Empfindungen und die Erregung sehr intensiv. Er mutmaßt, dass es daran läge, dass er beim *Selfservice* die Vorhaut schön auf und ab bewegen kann, während sie beim Koitus mit seiner Freundin zu wenig bewegt wird. Er habe schon probiert, «den Penis so in sie hineinzustecken, dass die Vorhaut über der Eichel bleibt. Das hat aber auch nicht geholfen.»

Ich sage ihm, dass Männer, die beschnitten sind, ja auch genug spüren, um in Fahrt zu kommen und die Erregung beizubehalten. Ich hake nach, ob seine Empfindungen durch den Gebrauch von Kondomen gedämpft werden, doch er benutzt keine. Auch die Frage, ob er möglicherweise Opfer sexuellen Missbrauchs geworden ist – denn in diesem Fall stellt die Psyche sexuelle Empfindungen oft einfach ab –, verneint er.

Ich hake nach: «Hast du dir eine bestimmte Art zu onanieren angewöhnt, die deutlich von der Stimulation durch Verkehr abweicht, z. B. sehr kräftig, sehr schnell?»

«Ich umfasse die Vorhaut sehr eng und schiebe sie über die Eichel, ziemlich schnell, sonst entsteht kein geiles Gefühl», antwortet er mir. «Übrigens ist meine Eichel am vorderen unteren Rand permanent etwas wund.»

Es stellt sich heraus, dass er mehrmals täglich vor dem PC onaniert. «Allerdings hole ich mir nur ‹einen hoch›, während ich Pornos ansehe. Ich versuche dabei immer, nicht zum Orgasmus zu kommen, weil ich mir den sozusagen aufheben möchte für den Sex mit meiner Freundin.»

Bei Steffens Problem kommen mehrere Faktoren zusammen:

- Meine Erkundigung nach seinen genauen Penis-Maßen ergibt, dass seine Eichel und der obere Teil des Schaftes sehr schmal sind, weiter unten hat er deutlich mehr Umfang. Beim normalen Vaginalverkehr, bei dem sich der Penis in der Scheide auf und ab bewegt, wird diese durch den breiteren Schaft sozusagen geweitet, wodurch sie für die Eichel dann etwas zu weit ist. Ein Lösungsweg bestünde darin, dass er bei jedem Stoß den Penis ganz herauszieht und wieder eindringt. Das erfordert allerdings außer Übung auch die richtigen Stellungen. Langsames Stoßen dürfte generell günstiger für ihn sein, weil die Scheide (bzw. die Partnerin) dann mehr Zeit hat, sich wieder zu verengen. Er kann außerdem seine Freundin bitten, ihre Scheide rhythmisch anzuspannen (Anleitungen hierzu finden Sie in meinem Buch Sex für Faule und Gestresste).

- Steffen onaniert viel zu häufig. Es ist anzunehmen, dass die Zahl der Stunden, die er mit Onanieren verbracht hat, um ein Zigfaches höher liegt als die Zeit, die er dem Verkehr mit Partnerin widmet. Daher hat sich sein Penis extrem an die Stimulation per Hand gewöhnt: eng und sehr schnell. Eine vergleichbare Stimulation erreicht man mit der Partnerin natürlich kaum (es wäre auch nicht besonders schön für die Frau). Zudem hat er seinen Unterleib auch noch gezielt darauf trainiert, nicht zu kommen!

  Steffen muss sich entscheiden, ob er mit dem Onanieren aufhört und seinem Körper und Gehirn die Chance gibt, beim Paar-Sex allmählich mehr zu empfinden, oder ob er das Onanieren nicht lassen kann und sein Leben lang beim Sex zu zweit zu wenig spürt. Leider wird es nicht ausreichen, das Onanieren nur einzuschränken, zumal das bei einer Sucht nicht funktioniert (und wir können davon ausgehen, dass es bei Steffen eine Sucht ist). Eine genaue

Anleitung, um den Penis von «Pornonanie» auf echten Sex umzustellen und wieder sensibler zu machen, findet sich ebenfalls in meinem Buch *Sex für Faule und Gestresste*.

- Die wunde Stelle an Steffens Eichel trägt zu den Empfindungsstörungen bei. Ich vermute, dass auch sie dem übermäßigen Onanieren zu «verdanken» ist. Trotzdem muss er damit zum Urologen, denn es könnte auch ein Ekzem oder eine Entzündung sein.

- Er muss sich trauen, sich beim Paar-Sex im «Zieleinlauf» ganz auf sich und seine Lust zu konzentrieren – es ist ja in der Regel nur kurz!

Kapitel 3

KOMMEN DIE PROBLEME VON AUSSEN – ODER VON INNEN?

Zu Sexbewusstsein gehört auch Problembewusstsein, denn über kurz oder lang sieht sich jedes Paar mal mit sexuellen Problemen konfrontiert. Nehmen wir an, Sie lesen dieses Buch, weil auch Sie eins haben. Vielleicht liegt das Problem aber auch bei Ihrem Partner – das denken Sie jedenfalls (Sie werden später erfahren, dass dies ein häufiger Irrtum ist). Oder einer von Ihnen beiden hat aus Sicht des Partners ein Problem, sieht das selbst aber gar nicht so, sodass es erst zu einem wird, weil der andere es problematisiert. So sagt z. B. fast jede dritte Frau: «Von mir aus müsste ich keinen Sex haben, ich könnte genauso ganz darauf verzichten.» Für eine solche Frau stellt es also überhaupt kein Problem dar, wenn innerhalb ihrer Partnerschaft der Verkehr zum Erliegen kommt – für ihren Partner vielleicht schon. Es kann sein, dass er es mit sich abmacht, seinen Trieb unterdrückt oder von eigener Hand stillt; wahrscheinlicher jedoch ist, dass er seiner Frau zusetzt oder fremdgeht, und dann hat sie letztlich doch ein Problem. Eine andere Variante ist, dass man selbst ein Problem hat, es aber auf den Partner projiziert. So erklärt mancher Mann seine Erektionsprobleme damit, dass seine Gefährtin halt nicht (mehr) sexy genug, zu ungeschickt, zu verklemmt ist. Warum tut er das, obwohl das nicht gerade die feine englische Art ist? Vielleicht weil seine Angst überwiegt, als inkompetenter Liebhaber oder als jemand mit einem sexuellen Defizit dazustehen.

Sprich: Ob man ein Sexproblem hat und als wie groß man es empfindet, ist zuallererst eine Frage der Perspektive. An mich wenden sich z. B. viele Frauen, die ihre zögerliche Erregbarkeit oder ihr wankelmütiger Orgasmus gar nicht stört, aber wehe, sie sind mit einem ungeduldigen oder sehr ehrgeizigen Mann zusammen. Der deklariert das schon mal ganz flugs als Störung.

Manche Menschen wiederum spähen ausschließlich nach *äußeren* Auslösern des Problems, das ist schließlich einfacher, als die Gründe in sich selbst, im Partner, in der Beziehung oder in seelischen Tiefen zu suchen. Die Schuldigen sind schnell ausgemacht: Erkrankungen, Stress, die hellhörige Wohnung, die Pille und vieles mehr.

Es ist zwar gut und wichtig, äußere Problemauslöser ausfindig zu machen, denn sie können durchaus einen großen Einfluss auf Lust und Sex haben. Einige dieser Auslöser haben Sie schon in Kapitel 2 kennengelernt oder mit Hilfe der dort beschriebenen Tipps bei sich selbst ausfindig machen können. Nur darf es Sie nicht daran hindern, auch einen forschenden Blick auf Ihre Person und Ihre Beziehungsdynamik zu werfen.

Ein weiterer Lösungs-Blockierer ist die leider typisch menschliche Neigung, nur nach *dem einen* Grund zu suchen (dann bräuchte man bloß noch die passende Lösung, und alles wäre in Butter!), egal ob das nun ein äußerer Faktor ist oder ein innerer. Die Fixierung auf *«dieses eine»* behindert aber das Erkennen weiterer Ursachen und des Gesamtzusammenhangs.

Kurzum: Die Wahrheit ist in der Regel viel komplexer. *Bei Sexproblemen spielen immer mehrere Gründe gleichzeitig eine Rolle, die oft schwer zu erkennen sind und sich gegenseitig auch noch bedingen oder verstärken.* Das soll Sie aber keinesfalls entmutigen, sodass Sie es gar nicht erst angehen; Hauptsache, Sie packen es an irgendeinem Ende an und dröseln es langsam Schritt für Schritt auf.

Ihr Partner hat ein Sexproblem oder Sie haben eins … Was tun?

Als eine der ersten Maßnahmen gilt es: Nicht in eine Angriffs-, Abwehr- oder Fluchthaltung verfallen, sondern Ruhe bewahren! Denn solange Sie sich in Panik, Angst, Wut oder in einem ähnlichen emotionalen Aufruhr befinden, werden Sie dazu tendieren, Dinge so zu tun und zu sagen, dass sie der Problemlösung kaum dienlich sind und Sie sie danach womöglich bereuen. Sie dürfen Ihrem Partner sagen, dass Sie besorgt, bestürzt, verwirrt, verunsichert sind und warum. Aber bitte machen Sie ihm in keiner Form Vorwürfe oder Druck, werden Sie auch nicht verletzend. Denn das hilft niemandem weiter.

Meine Tipps:

- Schreiben Sie die Angelegenheit am besten auf, als ob Sie mir, der Kummerkastentante, schreiben wollten. «Liebe Beatrice, ich habe folgendes Problem ...»
- Als Nächstes gilt es zu akzeptieren, dass Sie ein Problem haben. Solange Sie es verdrängen, verharmlosen, auf etwas anderes / jemand anderen schieben, wird es sich weder richtig packen noch zufriedenstellend lösen lassen. Und das Verdrängen und Beschönigen kostet zusätzlich Energie; vielleicht muss man sogar Ausreden erfinden, oder der Körper übernimmt das für einen. Dann kostet es nicht nur unnötig Energie, sondern löst sogar noch Unmut beim Partner aus.

  Also: Erkennen Sie an, wenn Sie ein Problem haben (oder mehrere), und stehen Sie dazu.
- Bringen Sie das Problem in einem klar formulierten Satz auf den Punkt. (Bei mehreren Problemen formulieren Sie mehrere Sätze.) Sprechen Sie den Satz (oder die Sätze) erst einmal laut für sich selbst aus.
- Konkretisieren Sie in einem nächsten Schritt Ihr / e Problem / e.

Die zarte Ines sagt z. B. als Erstes über sich: «Ich habe halt keine Libido.» Seltsamerweise verspürt sie im volltrunkenen Zustand (der selten vorkommt) sehr große Lust und kann sich dann auch richtig gut gehenlassen. Eine konkretere Formulierung wäre also: «Ich bin durchaus fähig zur Lust, aber alles Mögliche bremst sie (und mich) aus.» Und auf Nachfrage präzisiert sie noch weiter: «Ich habe sehr selten von mir aus Lust auf meinen Freund, erreiche auch beim Akt mit ihm zu wenig Lust, was sicher zum Teil an den Schmerzen liegt, aber auch an etwas anderem.»

Auf geht's zur Ursachensuche!

Wie bereits erwähnt, gibt es immer mindestens zwei Ursachen für ein Problem, eher noch einige mehr. Oft fertige ich für meine Klienten eine Zeichnung an: In die Mitte eines großen Blattes Papier kommt ein Kreis, in dem die Problemfrage steht. In Ines' Fall: «Warum habe ich keine Lust auf Sex, obwohl ich ein Liebesleben mit Jens möchte?» Von diesem Kreis gehen rundherum sechs Striche ab, an die wir nach Möglichkeit je eine Ursache schreiben; gegebenenfalls verbinden wir die Ursachen, die miteinander zu tun haben, durch Linien, und notieren hinter einigen Ursachen noch deren Hintergründe.

Bei Ines werden aus den sechs Strichen im Nu sogar zehn Striche, und ich male noch drei dazu, weil ich spüre, dass da noch mehr kommen wird, was sich noch nicht offenbart. Fasst man ihr Mindmap in Worte, ergibt sich folgendes «Bild»:

Warum hat Ines keine Lust auf Sex, obwohl sie ein Liebesleben mit Jens möchte?

Zunächst machen wir folgende mögliche Ursachen aus:

- Sie hat oft Stress.
- Das Vorspiel ist zu kurz.
- Der Vaginalverkehr bereitet ihr meistens Schmerzen, danach brennt es im Intimbereich.
- Die Schmerzen führen zu weniger Lust, wodurch wiederum schneller Schmerzen entstehen – ein Teufelskreis.
- Sie leidet unter häufigen Infektionen im Intimbereich.
- Die Einnahme der Pille könnte sich negativ auswirken.
- Sie schläft öfter mit ihm, als sie eigentlich von sich aus möchte.
- Sie schämt sich. («Ich habe Hemmungen, nackt zu sein, und fühle mich unwohl, wenn er mich beim Sex sehen kann.»)
- Sie bekommt den Kopf nicht frei und kann ihre Gedanken nicht abstellen. («Ich denke nicht nur an Alltagskram, z. B. was ich

noch alles machen muss, sondern beobachte mich auch selbst beim Sex.»)
- Sie kommt selten zum Orgasmus.

Die möglichen Ursachen hinter den Ursachen:
- Sie ist nicht ausreichend erregt und feucht (und Gleitmittel hilft nur begrenzt).
- Sie hat Angst vor Überforderung.
- Sie hat eine ambivalente Einstellung zum Sex. («Vielleicht sehe ich Sex unterbewusst als etwas Fragliches an?»)
- Sie hat Untergewicht, was vermutlich hormonelles Ungleichgewicht bedingt.
- Sie bringt ihrem eigenen Körper zu wenig Liebe entgegen. («Liegen die Gründe womöglich in meiner Kindheit?»)
- Sie hat relativ wenig Erfahrung mit Männern und Sex.
- Sie hat generell Probleme mit Männern und Angst vor Nähe.
- Dass sie nicht abschalten kann, könnte unter anderem an ihrem Perfektionismus liegen.

Im nächsten Schritt wird zu jedem der Punkte mindestens einen Lösungsansatz gesucht. Was sich konkret umsetzen lässt, sollte auch möglichst bald umgesetzt werden, denn mit jedem gelösten Teil-Problem wird es leichter, auch die anderen anzugehen.

Eine der ersten Maßnahmen kann und sollte eine ärztliche Abklärung der körperlichen Ursachen sein. Ich schicke Ines also erst einmal zum Frauenarzt und zum Urologen. Beide Ärzte bescheinigen ihr, dass organisch alles in Ordnung ist. Der Urologe empfiehlt Beckenbodentraining (wofür ich ihr bereits eine Anleitung mitgegeben hatte) sowie weitere psychotherapeutische Betreuung. Und auch der Frauenarzt macht etwas, zu dem ich Ines bereits im Vorfeld geraten habe: Er überweist sie zum Endokrinologen (Facharzt für Hormone), weil sie deutliches Untergewicht hat.

Wir begeben uns derweil auf die weitere Ursachensuche, und ich frage Ines, ob sie ihren Freund nicht sexy findet, ob er sexuell zu viel fordert, nicht auf sie eingeht oder Ähnliches. «Ich finde ihn definitiv sexy!», antwortet sie. «Und er ist sehr liebevoll und verständnisvoll. Er drängt mich auch nicht und nimmt meine Zurückweisungen gelassen hin. An ihm kann es nicht liegen. Ich kann mich einfach nicht fallen lassen, es zulassen und genießen.»

«Wie häufig habt ihr Sex?», möchte ich von ihr wissen.

«Einmal die Woche, früher öfter. Jens findet das aber nicht schlimm. Er sagt, seinetwegen könnte es auch nur einmal im Monat sein, Hauptsache, es ist schön für uns beide. Er macht mir also in dieser Hinsicht gar keinen Stress – den mach ich mir eher selbst, weil ich fast jede Berührung als Annäherungsversuch deute, der Sex einleiten soll.»

Viele äußere und innere Problemursachen kann ich schon erkennen, wenn ich mir einen typischen Sexakt beschreiben lasse. Bei Ines und Jens läuft es folgendermaßen ab:

«Meist geht es so los, dass er entweder direkt sagt, er will gern mit mir schlafen, oder wir beginnen uns zu küssen, und ich merke, worauf es hinauslaufen soll. Dann wandert seine Hand entlang meines Körpers direkt in meinen Slip; wenn wir schon im Bett liegen, fängt es fast immer direkt damit an. Er stimuliert mich, bis ich leicht erregt bin; klappt das nicht ganz, frage ich ihn dann für gewöhnlich, ob er nicht jetzt ‹reinwill›. Haben wir das Gleitgel vorher noch nicht benutzt, kommt es nun zum Einsatz, dann dringt er in mich ein und wir haben Verkehr. Wenn er fertig ist, liegen wir meist noch ein bisschen nebeneinander. Das war's eigentlich. Die Stellung bestimme derzeit eher ich, weil ich weiß, wann es weniger weh tut. Alles ein wenig mechanisch, wie ich finde. Darüber haben wir auch schon gesprochen, nur ist unsere Kreativität anscheinend nicht sehr ausgeprägt.»

Bereits anhand dieser Schilderung kann ich Ines einige Ratschläge geben:

«Einer der Gründe für die Schmerzen beim Sex und das Brennen danach ist, dass *du selbst* zu wenig auf dich eingehst. Statt darauf zu achten, ob du erregt genug bist und wie du dorthin kommst, richtest du dein Augenmerk zu sehr darauf, dass er jetzt Sex will, dass es ja nicht zu lang für ihn dauert und dass du seinen Ansprüchen genügst.

Männer gehen beim Sex halt gern den einfachsten Weg (wie fast jeder Mensch gern den einfachsten Weg geht). Da Jens in eurer Beziehung ‹gelernt› hat, dass sein zielstrebiges Vorgehen und seine wenigen Handgriffe bei euch zum Sex führen, geht er davon aus, dass es so in Ordnung für dich ist. Das ist es aber ganz und gar nicht! Wie die meisten Frauen, brauchst du wesentlich mehr zur Einstimmung! Doch obwohl das Vorspiel nicht deinen körperlichen Bedürfnissen entspricht, schläfst du trotzdem mit ihm, weil du befürchtest, er könne enttäuscht sein, wenn du es zu selten tust. Also lässt du dich auf seine sexuellen Initiativen ein, ohne ihn zu bremsen oder zu führen. Da du aber *viel zu wenig* erregt bist, ist dein Intimbereich weder feucht genug noch aufnahmebereit, sodass es zu den Schmerzen und dem Brennen im Intimbereich kommt.

Als Erstes solltest du aufhören, dir Sorgen zu machen, dass du den Erwartungen deines Freundes nicht genügen könntest. Falls er Menschenverstand und Wärme besitzt (und davon gehe ich aus), dann weiß er, dass eine junge Frau mit wenig Erfahrung nicht über Nacht zur Sexbombe mutiert. Es erfordert ein wenig Mut von dir, ihn zu *deiner* Form von Erotik anzuleiten, aber es ist eine der wichtigsten Maßnahmen, um eine Änderung zum Besseren herbeizuführen.

Meine Verordnung: Kein Sex mehr, um ihm einen Gefallen zu tun oder ihn bei Laune zu halten. Da *du* in deiner Sexualität viel sensibler bist als er (was übrigens auf die meisten Frauen zutrifft), solltet ihr beide euch viel stärker auf *dich* einstellen, wenn es darum geht, wann und in welcher Form ihr Sex habt. »

Auf der praktischen Ebene lässt sich die ungünstige Dynamik von Ines und Jens ungefähr zusammenfassen wie folgt: Junge unerfahrene Frau traut sich nicht, ihre eigenen Sexbedürfnisse zu erforschen und durchzusetzen → Freund macht das, was er für das Richtige hält

→ Frau ist zu wenig erregt, schläft trotzdem mit ihm, aus Angst, ihn zu verlieren → mangelnde Erregung bewirkt bei ihr Schmerzen und Brennen → in der Folge verbindet ihr Gehirn Sex mit etwas Negativem → ihr Körper verschließt sich automatisch noch mehr, sodass ihre Erregung noch schwächer ausfällt → die Schmerzen und das Brennen halten an oder verstärken sich, auch entgegen eventuellen Bemühungen beiderseits, und so weiter und so fort.

Eine solche Negativ-Spirale zu durchbrechen gelingt einem Paar meist nur, wenn es den Verkehr eine Weile ganz ausfallen lässt und sich um andere (auch die bisher vernachlässigten) Formen der Intimität kümmert. Dementsprechend verordnete ich Ines und Jens einen Monat Koitusverbot und empfahl ihnen stattdessen das Erproben verschiedenster Formen von Zärtlichkeit, von Kopf bis Fuß. In den ersten Wochen sollten beider Genitalien sowie Ines' Brüste gemieden werden.

Acht Wochen nach Verhängen des Koitusverbots berichtete sie mir: «Der Monat Sexpause und dass wir danach nur zweimal Sex hatten, ist für Jens unfassbarerweise überhaupt kein Problem. Ich bin sehr erleichtert und merke, dass dieser innere Druck allmählich weggeht und ich mich freier fühle.»

Warum kommt Vera immer noch nicht?

Erinnern Sie sich an Vera aus Kapitel 2, der ich riet, sich ihre Form des Vorspiels zu wünschen? Als ich sie frage, ob sie schon den Mut dazu gehabt habe, erzählt sie:

«Ja, in Ansätzen! Ich sagte ihm während des Vorspiels, ich wolle noch nicht, dass er versucht, mich per Hand zum Kommen zu bringen. Ich fühle mich jedes Mal komisch dabei, denke, er hält es bestimmt nicht lange aus. Denn er greift ja auch nach ein paar Minuten nach dem Kondom. Sollte ich mal ein ausführliches Gespräch mit ihm führen, wie eine Frau funktioniert?»

«Beziehen Sie es nicht allgemein auf Frauen, sondern sagen Sie ihm, was genau Sie, Vera, brauchen», rate ich ihr.

Dank dieser Ermutigung hat sich nach wenigen Wochen schon einiges verbessert:

«Ich kann jetzt, wenn Sven Hand anlegt, in absolute Hochphasen kommen, mein ganzer Körper zittert, so erregend ist das, wenn auch anstrengend! Ich bin kurz vorm Platzen, doch der erlösende Orgasmus kommt einfach nicht, und manchmal sacke ich einfach zusammen, weil ich nicht mehr kann – die Anspannung ist dann zu groß.»

«Wenn Sie mal ganz frei ‹herumspinnen›: Was alles könnte es sein, das Sie vom Kommen abhält?», frage ich sie.

«Jemand stört uns. Wir werden gehört. Das Kondom verrutscht», zählt sie auf.

«Wie ist das Ambiente um Sie herum, wenn Sie mit ihm Sex haben? Stört da irgendwas?»

«Das Bett ist in Ordnung, die Beleuchtung auch, Kerzenlicht. Es ist eine WG, und das ist halt etwas ungünstig. Ich kann da nie ganz loslassen aus Angst, gehört oder gestört zu werden», erklärt sie.

Meine Hausaufgabe an sie lautet, diese Dinge zu ändern und darauf zu achten, was passiert. Also anders verhüten, das Zimmer abschließen (Vera lebt in einer WG, so wie ihr Freund), Sex haben, wenn die Mitbewohner nicht da sind.

Einen Monat später berichtet sie mir, sie habe zwar zweimal Sex unter günstigeren Bedingungen gehabt (unter anderem verhütet sie jetzt mit einem Vaginalring); einen Orgasmus erlange sie zwar immer noch nicht, aber weil sie die anderen Störfaktoren aus dem Weg geräumt hat, kann sie jetzt den größten viel genauer erkennen:

«Ich mache mir fast die ganze Zeit Druck, glaube ich. Ich denke beim Sex so Sachen wie: ‹Jetzt kommt er bestimmt gleich› oder ‹Ich muss mich ranhalten und einen Orgasmus bekommen, sonst habe ich wieder nichts davon.› Und beim Vorspiel: ‹Jetzt komm möglichst bald, er hat bestimmt bald keine Lust mehr, an Dir rumzufummeln› oder ‹Jetzt hört er sicher gleich auf, dabei ist es doch gerade so schön. Wie sage ich ihm nur, dass ich nicht mehr lang brauche bis zum Orgasmus?›. Und immer wieder: ‹Ich bin viel zu langsam!›

Der Druck bezieht sich darauf, mit ihm mithalten zu wollen oder zu müssen. Ich erlaube mir nicht, mehr Zeit zu brauchen als er. Ich stehe nicht gern im Mittelpunkt. Und ich will es ihm recht machen, unbewusst. Zudem befürchte ich, dass er meine Lieblingsstellen nicht findet und ich leer ausgehe. Und dann habe ich noch Angst, nicht genug für ihn zu machen. Manchmal blockiert es mich für ein paar Minuten so sehr, dass gar nichts mehr geht.»

Ich gebe ihr den Rat, sich in so einem Moment unbedingt zu trauen, das Geschehen zu unterbrechen und Sven zu sagen, was sie braucht, um runterzukommen und zu entspannen. Für sie funktioniert es am besten, wenn sie ihn bittet, sie einfach nur in den Arm zu nehmen und sanft zu streicheln (nicht im Intimbereich oder an den Brüsten).

Außerdem soll sie Sven sagen, welche Gedanken ihr beim Sex im Kopf herumspuken, und ihn fragen, wie er dazu steht. Nachdem Vera das gemacht hatte, kann Sven sie nicht nur besser verstehen und besser auf sie eingehen, sondern sie auch in allen Punkten beruhigen.

Welche Rolle spielt das Unbewusste?

Vera hat dasselbe Problem wie Ines: Sie glaubt, sich dem Tempo ihres Freundes anpassen zu müssen. Und beide scheuen es nicht nur, sich diesbezüglich ihrem Freund mitzuteilen; sie überlassen die Regie im Bett komplett dem Mann. Wobei Vera keineswegs passiv ist; im Gegenteil ist sie sehr bemüht, es ihm recht zu machen, während sie selbst zu kurz kommt. Denn «etwas» in Vera und Ines glaubt: «Ich bin es nicht wert, dass er mehr Zeit und Mühe für mich aufwendet. Ich muss so pflegeleicht (also anspruchslos und angepasst) sein wie früher bei Mama und Papa, damit ich nicht nerve, sondern liebgehabt werde.» Daher ist auch die Sorge, ihn zu enttäuschen, immer mit an Bord. Aber wie kann es sein, dass sie lieber selbst enttäuscht und frustriert sind, anstatt einmal zu riskieren, dass ihr Freund es sein könnte? Und warum können diese beiden jungen Frauen es nicht «einfach» ändern, selbst wenn es ihnen schließlich klar wird? Weil in einer engen Beziehung sehr oft dieselben unbewussten Gefühle aktiviert werden, wie wir sie früher in unserer Herkunftsfamilie hatten. Und weil das Unbewusste meist eine größere Macht über uns hat als das Bewusstsein.

Basis-Informationen über das Unbewusste

Nur etwa ein Zehntel der Vorgänge in unserem Gehirn sind uns bewusst oder können recht gut ins Bewusstsein geholt werden (in Form von wahrnehmbaren Gedanken, Gefühlen, Erinnerungen, Impulsen und Ähnlichem mehr). Der allergrößte Teil aber, rund 90 Prozent, läuft unbewusst ab, also kaum oder gar nicht wahrnehmbar. Man kann auch nicht einfach «hineinsehen» – und doch werden wir davon gelenkt.

Man kann sich das Gehirn ähnlich wie einen Computer vorstellen: Man sieht nur das, was man sich schnell auf dem Bildschirm holen kann. Sehr viele Inhalte, z. B. Programme, Schaltkreise und Unmengen von Dateien, kann man nicht sehen, dennoch sind sie da und bestimmen zum größten Teil, wie der Computer funktioniert und läuft, also wie er etwas verarbeitet (bzw. ob er manches überhaupt angemessen verarbeiten kann). Vieles macht der Computer «automatisch», also ohne dass wir drüber nachdenken (ob es dann auch das Optimale ist, steht auf einem anderen Blatt). Oft sehen wir nur, dass er Dinge tut, die wir so nicht beabsichtigt haben, aber wir wissen nicht, wo der Fehler oder die Fehlschaltung liegt; dann kann nur fachliche Hilfe es analysieren und reparieren.

Wenn wir zur Welt kommen, verfügt unser «Hirn-Computer» nur über eine Grundausstattung; gewisse Anlagen sind schon vorhanden, wie Schnelligkeit, Speicherkapazität, Lernfähigkeit, ferner auch die Anfälligkeit für Störungen sowie andere grundlegende Eigenschaften. Dann beginnt die Programmierung, der Aufbau realitätsbezogener Schaltstellen und das Füllen mit Daten; dies geschieht teils in Eigenleistung durch das kindliche Erleben, teils durch äußere Faktoren, z. B. das Verhalten der Eltern und die Lebensbedingungen. Die ersten drei bis vier Lebensjahre sind sehr prägend für die Richtung, in die sich eine Person entwickeln wird. Da wir Menschen uns in der Regel nicht an unsere ersten Lebensjahre erinnern können, aber gerade diese «Basis-Einrichtung» unseres Hirns fortan unser Wahrnehmen, Empfinden, Denken und Handeln stark beeinflusst, ist uns vielfach nicht bewusst, warum wir so sind, wie wir sind, warum wir so handeln, wie wir handeln, und warum wir so fühlen, denken und reagieren, wie wir es tun.

(So kann es passieren, dass eine Programmierung, die für das Kleinkind wichtig war, um unangenehme und beängstigende Empfindungen zu umgehen, für den Erwachsenen völlig unnütz, aber nach wie vor wirksam ist – und zwar unbemerkt! Bemerkbar sind nur die Folgen.)

Manche haben Glück: Sie sind nicht nur mit einer funktionstüchtigen Basisausstattung, sondern auch mit fähigen und einfühlsamen Programmierern und sonstigen günstigen Rahmenbedingungen gesegnet. Bei anderen, die schlechtere Voraussetzungen und ein instabiles Betriebssystem haben, kommt es häufig zu Fehlschaltungen und Störungen oder läuft insgesamt «holprig».

Manchmal sind zwar nur einzelne Schaltkreise gestört, aber in der Regel ist das Ganze millionenfach vernetzt, und es gibt vielfache Wechselwirkungen zwischen den einzelnen Bereichen. Entsprechend kommt es auch zu völlig unerwarteten und (zunächst) unerklärlichen Störungen.

Bei unerklärlichen und größeren Beeinträchtigungen kann oft nur noch ein Fachmann helfen, der dann eventuell auch mal zu einer umfassenden Umprogrammierung verhilft. Das kostet Mühe und Zeit, ist aber in den meisten Fällen die bessere Lösung, anstatt sich immer mit denselben oder ähnlich gearteten Störungen herumzuquälen.

Manche Bereiche sind allerdings auch total blockiert, das heißt, man selbst hat keinerlei Zugang dazu, trotzdem funken sie dem Hirn dauernd dazwischen; sie operieren gewissermaßen «im Untergrund» und steuern Wahrnehmung und Verhalten des Betroffenen. Seine Psyche entwickelt unter Umständen sogar starke Abwehrmechanismen gegen das Aufdecken der Zusammenhänge, weil es zu unangenehm, vielleicht sogar schmerzhaft wäre, wenn eine andere Person oder man selbst die Inhalte des Unbewussten genauer unter die Lupe nehmen würde.

Wir sollten uns immer wieder fragen, welche Muster und Erfahrungen uns geprägt haben. Oft richten wir nämlich unbewusst unser Leben danach ein, um

- gelernte Muster zu wiederholen und gewisse Situationen zu «reinszenieren» (weil sie uns vertraut sind, fühlen wir uns irgendwie sicherer);
- Defizite aus der Kindheit und / oder Jugend auszugleichen;
- Ungelerntes, Unbekanntes, Ungewisses sowie schlimme Erfahrungen zu vermeiden, denn diese Dinge machen unbewusst Angst und fühlen sich bedrohlich oder unangenehm an.

Einiges davon zeichnet sich in Bennys Geschichte ab:

Benny (28) ist seit anderthalb Jahren mit Julia (27) zusammen. Vor ihr ließ er nichts anbrennen. Sie ist die erste Frau, mit der er eine richtige Beziehung führt. Leidenschaftlich und stürmisch war der Sex zwischen den beiden nur in den ersten Monaten, als Julia sich noch unsicher war, ob sie sich wirklich auf den «Weiberhelden» Benny einlassen wollte. Seitdem herrscht bei ihm völlige Lustlosigkeit. Allein der Gedanke an Sex mit Julia (einer umwerfend schönen und sinnlichen Frau) beschert ihm Widerwillen.

Verzweifelt wendet er sich an mich: «Sie ist die Frau meines Lebens — warum habe ich absolut keine Lust mehr auf sie?»

In solchen Fällen hilft es zu fragen: «Was wäre, wenn die Lust groß und der Sex perfekt wäre?»

«Dann hätten wir die perfekte Beziehung», lautet Bennys Antwort.

«Und dann? Was wäre dann?», hake ich nach.

«Na, das volle Programm: In ein, zwei Jahren heiraten, Haus bauen, Kinder kriegen», gibt er ohne großes Nachdenken zurück.

In drei Intensiv-Sitzungen legen wir die verborgenen Hintergründe frei: Eigentlich fühlt er sich noch viel zu jung, um sich auf eine «endgültige Bindung», Hausbau, Familiengründung festzulegen. Bei dem Gedanken ist ihm total unwohl. Doch er tut es trotzdem: Er reinszeniert die Beziehung seiner Eltern. Er hat seinen Vater von

Kindesbeinen an auf einen Sockel gestellt, und da steht er heute noch. Aufgrund seiner maßlosen Bewunderung für seinen Vater eifert Benny ihm unbewusst in etlichen Dingen nach, ohne es hinreichend zu hinterfragen – etwa ob das wirklich sein Interesse, sein Wunsch, sein Ziel ist. Seinem Vater gefällt Julia und auch der Gedanke, einmal ihr Schwiegervater und Großvater ihrer Kinder zu werden. Benny hat sich eine Beziehung eingerichtet, die der seiner Eltern ganz ähnlich ist, mit einer Frau, die seiner Mutter ähnlich ist, und wundert sich jetzt, dass es ihm zu viel und zu eng wird.

Wie sein Vorbild erobert und dominiert Benny die Frauen, bis sie abhängig von ihm sind wie seine Mutter von seinem Vater (er rekonstruiert eine vertraute Situation). Die Frauen vor Julia verließ er immer sofort, sobald sie zu anhänglich wurden. Denn dann setzt er sie (seine früheren Kurzaffären und nun auch Julia) unbewusst mit der Mutter gleich und hat keine Lust mehr auf sie. Erstens weil er die Abhängigkeit seiner Mutter nicht gutheißt; zweitens weil man für die eigene Mutter kein erotisches Verlangen empfinden darf und Benny dementsprechend innerlich zurückschreckt vor sexuellen Handlungen mit ihr; und jetzt ist Julias Abhängigkeit belastend und einengend für ihn und mit zu viel Verantwortung und Verpflichtung verbunden.

Zudem sagt sein Unbewusstes: Solange es keinen Sex mit ihr gibt, kann sie auf keinen Fall schwanger werden. Irgendwann will ich das vielleicht, aber auf keinen Fall jetzt schon! Weil Benny es nicht vermag, ihr und sich das offen einzugestehen und demgemäß zu handeln, übernimmt sein Körper das für ihn, indem er die Intimität unterbindet und so die Beziehung unterläuft. Mit Erfolg, denn solange Erotik, Lust und Sex in dieser Beziehung fehlen, rückt das «volle Programm» in weite Ferne. Und die Frage ist ja auch, ob er das überhaupt wirklich will. Um näher an seine eigene Gefühlswelt heranzukommen, riet ich Benny unter anderem, sich von seinen Eltern abzunabeln.

Ein weniger komplexes Beispiel, in welchem Maße sich das Unbewusste auf den Sex auswirken kann, liefert Daniel (25):

«Zu Anfang lief es zwischen meiner Frau und mir sehr gut, auch sexuell. Unsere Beziehung begann vor genau drei Jahren. Acht Monate später wurde sie schwanger, dann kam das Baby, und vor gut einem Jahr haben wir geheiratet.

Wir haben noch regelmäßig Sex, so etwa zwei- bis dreimal pro Woche, soweit wir die Zeit finden. Wir haben viel Stress mit der Arbeit und dem Kind. Aber praktisch ab dem Moment, als sie mir mitteilte, dass wir Eltern werden, habe ich Erektionsprobleme, also seit gut zwei Jahren. Beim Sex habe ich nach einer Minute den Erguss, danach wird ‹er› nicht mehr steif. Das war vorher noch nie so, da konnte ich unterschiedlich lang verkehren, so zwischen 20 und 40 Minuten. Woran kann das liegen?»

Wie immer checken wir zuerst die körperlichen Faktoren: Daniel ist schlank und gesund, raucht und trinkt nicht, bewegt sich ausreichend. Verhütet wird mit der Pille. Er onaniert selten, kommt auch dabei sehr schnell. (Weil er sich immer unter Zeitdruck fühlt, vermute ich.)

«Wie geht Ihre Frau mit dem vorzeitigen Erguss um? Und mag sie den Sex trotzdem?», frage ich ihn.

«Sie sagt zwar immer, es wäre okay, aber ich glaube, dass eine Frau wohl kaum nach einer Minute auf ihre Kosten kommt. Aber zum Orgasmus bringe ich sie schon – von Hand.»

Zuerst einmal finden wir heraus, dass Daniel gar keine echte Erektionsstörung hat, sondern das nur denkt, weil sein Penis ab und zu nicht ganz steif wird und weil er nach dem Orgasmus nicht gleich wieder kann. Der schnelle Erguss muss an sich auch kein Problem sein, wenn der Sex beiden Beteiligten trotzdem Spaß macht.

«Von daher», rate ich, «sollten Sie sich erst einmal ein bisschen entspannen. Das ist wichtig, denn der Hauptgrund für einen zu schnellen Orgasmus ist, dass die Muskulatur im Unterleib und um den Penisansatz herum (die Beckenbodenmuskulatur) angespannt ist. Dies geschieht häufig völlig unbewusst und auch unbemerkt, wenn der Mann nervös oder eben ‹angespannt› ist.

Wie ist Ihre Ehe? Gibt es oft Missstimmungen, Probleme, Konflikte?»

«Nein», winkt er ab, «nur kleine Streitigkeiten, insgesamt läuft es gut.»

«Was an dem Gedanken, dass Sie Eltern werden, bereitete Ihnen Unwohlsein oder auch Sorgen?»

«Als ich es damals erfuhr, steckte ich noch in der Ausbildung und war erst mal total gestresst», erklärt Daniel. «Leider hat sich daran bis heute nichts geändert. Seit dem Tag hat man viel Verantwortung. Ich habe damals noch einen zweiten Job angenommen, damit wir finanziell über die Runden kommen. Zudem war die Schwangerschaft sehr schwierig, da wir im 3. Monat erfuhren, dass unser Baby einen Geburtsfehler haben wird. Daraufhin habe ich mir noch mehr Gedanken gemacht.»

Kurzum: Daniel war und ist völlig überfordert mit der frühen Vaterschaft, den Gesundheitsproblemen des Babys und allem, was damit zusammenhängt.

«Können Sie mir sagen, was genau Sie beim Verkehr mit Ihrer Frau empfinden und was Ihnen durch den Kopf geht?»

«Ich glaub, mir geht da gar nicht viel durch den Kopf», erwidert er.

Meine Hausaufgabe an ihn lautete: Bei den nächsten Akten soll er aufmerksamer in sich hineinhorchen und -fühlen. Außerdem soll er sich Zeit nehmen, um sich genau daran zu erinnern, wie es sich damit in der Zeit der Schwangerschaft verhielt.

Zu letzterem sagt er mir schließlich: «In dieser Zeit hatte ich beim Sex oft das Gefühl, dass ich da gar nicht drin sein sollte, in der Scheide meiner Frau, um das Kind in ihrem Bauch nicht zu gefährden. Vielleicht habe ich mich außerdem beeilt, weil ich nicht sicher war, ob sie mich überhaupt da drin haben wollte. Na, und dann kam auch noch mein ständiger Zeitdruck dazu. Irgendwie war ich immer in Eile, das bin ich ja auch jetzt noch. Ich habe permanent im Hinterkopf: ‹Ich muss noch dies tun und das, ich sollte jetzt lieber schlafen, damit ich morgen früh gut aus den Federn komme, ich muss mich beeilen, bevor das Baby aufwacht, usw.›.»

«Erkundigen Sie sich bei Familienberatungen nach Hilfsangeboten und Entlastungsmöglichkeiten», rate ich ihm. «Und schaffen Sie gemeinsam mit ihrer Frau mindestens einmal pro Woche die Voraussetzungen, um lang und ungestört Sex zu haben. Dabei lassen Sie sich Zeit, sich gegenseitig zu streicheln, zu verwöhnen und *ganz langsamen* Verkehr zu haben.»

So spüren Sie Problemauslöser und Lösungsansätze auf

- Trat das Problem auch beim Sex mit früheren Partnern auf, oder ist es auf den jetzigen beschränkt? Besteht es womöglich nur in Ihren engen Beziehungen?
- Wird das Problem kleiner, wenn Ihre äußeren Problemverstärker wegfallen (etwa die Pille, Stress, Müdigkeit)?
- Tritt das Problem nur oder verstärkt in bestimmten Situationen auf?
- Seit wann besteht das Problem? Und hat zeitnah in Ihrem Leben oder in Ihrer Beziehung eine Veränderung stattgefunden?
- Was alles hält Sie davon ab, zum «Ziel» zu kommen bzw. das Problem zu beheben?
- Welche eigenen Verhaltensweisen könnten Sie ändern, um Ihre Beziehung und den Sex zu verbessern?

Karin und Klaus: Seelenloser Pflichtsex

Selbst nachdem ich Klaus ausführlich erklärt habe, dass Karins «Lustproblem» keineswegs gelöst sei, wenn er sie zum Kommen bringen könnte, denkt er immer noch, der Fehler liege bei ihr.

Den «typischen Akt» mit Karin beschreibt er wie folgt:

«Wenn sie nicht gerade mal wieder Kopfweh oder Rückenschmerzen hat, zu

müde ist oder schon schläft, lege ich mich dicht zu ihr, sodass sie meine Erektion spürt. Ich streichle sie ein wenig am Rücken, am Po und am Bauch, und sie erwidert mein Streicheln, dann reibt sie mein Glied oder ich führe ihre Hand dorthin. Dabei massiere ich ihre Brüste und stimuliere sie am Kitzler.»

«Erregt sie das?»

«Meistens nicht oder nur ganz wenig.»

«Und dann?», hake ich nach.

«Ich gehe mit dem Finger in ihre Scheide. Wenn es feucht genug ist, dringe ich ein. In der Regel dreht sie mir den Rücken zu, und wir nehmen die Löffelstellung ein. Da sie mich nur alle zehn Tage ranlässt, komme ich nach wenigen Minuten. Währenddessen stimuliert sie sich oft selbst und kommt dann meist auch. Teilweise habe ich nach 20 Minuten wieder Lust und nehme sie dann noch einmal von hinten. Bis ich dann komme, dauert es aber wesentlich länger. Ich muss mich dann richtig anstrengen und bin schweißgebadet.»

Was fällt Ihnen bereits hier bei seiner Schilderung auf? Klaus kümmert es nicht, dass Karin durch das dürftige Vorspiel nicht erregt wird, sondern er zieht buchstäblich seine Nummer durch.

«Warum dringen Sie in sie ein und haben Verkehr, obwohl sie nicht erregt ist?», frage ich ihn.

«Weil ich sie liebe», kommt es wie aus der Pistole geschossen.

«Sie holen sich von ihr Sex, obwohl deutlich zu merken ist, dass es ihr nicht gefällt. Was hat das mit Liebe zu tun?»

«Wenn man sich liebt, hat man doch Lust aufeinander», gibt er zurück.

So viel Ignoranz bringt mich schon fast zum Lachen, wenn es nicht zwischenmenschlich so traurig wäre. Karins Körpersprache spricht eigentlich Bände: «Ich drehe dir den Rücken zu, denn ich will dich nicht sehen; so kann ich es mir auch selbst besser machen, denn du hast sowieso nicht das Fingerspitzengefühl für mich.»

«Ich mag es nicht, wie er mich anfasst», verrät Karin mir im Zwiegespräch «so hölzern! Und ich hasse es auch, wenn er einfach mit dem Finger in meine Vagina geht. Ich habe ihm schon häufiger versucht klarzumachen, wie ich es mag. Aber ich glaube, er macht es einfach, wie er's schon immer gemacht hat, auch bei seinen vorigen Partnerinnen.»

Dass Klaus sie dann oft für seinen zweiten Orgasmus hernimmt, ohne sich drum zu scheren, ob sie das überhaupt möchte, erlebt Karin so:

«Diese zweiten Male sind für mich ... Bah, ich hasse das, wie er sich da an mir abarbeitet, wie er ackert und schwitzt und ächzt und ewig nicht zum Ende kommt. Das ertrag ich oft nur, wenn ich vorher Alkohol getrunken habe. Und trotzdem vergeht's mir so sehr, dass ich dem Sex am liebsten wochenlang aus dem Weg gehen würde.»

Der «Fehler» ist also nicht in Karins angeblicher Verklemmtheit, prüder Erziehung oder mangelnder Orgasmusunfähigkeit zu suchen, sondern in ihrem Unvermögen, zu wenig Grenzen zu setzen und zu viel mitzumachen – sowie auch in Klaus' Selbstbezogenheit. Er ist so sehr auf seine eigenen Wünsche fixiert, dass er das Offensichtliche nicht erkennt und schließlich auf eine Lösungsidee verfällt, auf die häufig ausgewichen wird, wenn die Fähigkeit oder der Wille fehlt, sich mit den wahren Hintergründen von Sexproblemen zu befassen: «Wir gehen jetzt in den Sexshop und kaufen dort etwas, vielleicht bringt dich das mal auf Touren!» Der Erfolg bei Karin und Klaus ist gleich null. Die Reizwäsche und die Handschellen liegen noch immer verpackt im Schrank.

Passt Ihre Vorstellung von Sex zu Ihrer Beziehung?

Grundsätzlich ist es ja wichtig, die eigenen Vorstellungen von Sex in das gemeinsame Liebesleben einzubringen. Wenn diese jedoch geprägt sind von speziellen Erfahrungen mit ehemaligen Liebhabern oder von «allgemeinen Standards», die nicht auf Ihre aktuelle Beziehung und Ihren Partner passen, dann hakt das ganze System, und es kommt auf seiner oder auf Ihrer Seite zu Störungen. Ihr Partner spürt (oder bekommt von Ihnen sogar zu hören), dass Ihre Vorstellung von Sex sich mit ihm nicht verwirklichen lässt. Daraufhin wird sich sein Inneres unweigerlich in der ein oder anderen Form wehren. Wenn er darauf geeicht ist, es Ihnen immer recht zu machen, dann bleibt z. B. der Höhepunkt aus, vielfach auch die Lust.

Oftmals bezieht sich die Festlegung auch auf das Rollenverhalten: Etwa dass ein Mann immer potent sein muss, die Frau immer befriedigen kann, im Bett immer aktiv ist, keine Unsicherheiten zeigen darf usw. Oder dass eine Frau sexuell zurückhaltend sein sollte, Sex immer mit Liebe verbindet und – je nach Partner – laut oder leise ist, mehr oder auch nicht mehr Lust hat als der Mann und vieles mehr.

Wer aber zu feste Vorstellungen zugrunde legt, wie Sex abzulaufen hat oder wie der Partner sein sollte, büßt oftmals an Flexibilität und damit einhergehend an Einfühlungsvermögen ein. Denn für Letzteres ist es unerlässlich, sich ganz offen und vorurteilslos auf sein Gegenüber einzustellen, anstatt bereits bestimmte Abläufe oder Maßstäbe im Kopf zu haben.

Frauen wie Karin, Ines und Vera wird oft erst in einer Beratung klar, dass sie Sex viel zu oft nur den Männern zuliebe hatten, ihn als lästige Pflicht oder notwendiges Übel sahen und ihn einfach über sich ergehen ließen. Einer meiner Ratschläge in so einem Fall lautet: «Fragen Sie Ihren Partner, ob er eine ‹Idealquote› hat, um herauszufinden, ob er überhaupt so oft Sex will, wie Sie denken. Falls sich dabei ergibt, dass er häufiger will als Sie, sollten Sie ihm ganz klar sagen, in welchem Bereich Ihre Wunschquote sich bewegt. Überlegen Sie darüber hinaus, ob sie ihm hin und wieder anstelle des Verkehrs eine Alternative anbieten möchten, z. B. einen Handjob.»

«Ich hab ihn gefragt», meint Ines. «Und er hat geantwortet: ‹Bei uns gibt es keine Quote – wir haben Sex, wenn wir beide Lust dazu haben.› Das hat mir sehr viel Druck genommen! Für Alternativen ist er offen. Er will ja auch nicht jedes Mal Sex, sondern oft nur zärtlich sein. Ich habe bloß immer Panik, dass gleich wieder Sex daraus wird.»

«Versuch dich in diesen Momenten selbst aus dem negativen Gefühl herauszuziehen und dir bewusstzumachen, dass du bei Jens kein Soll erfüllen musst», rate ich ihr.

«Ja, ganz genau. Er ist nicht so ein Sexbesessener», stimmt sie mir zu.

Jens hat seinen Beitrag zu Ines' Entspannung beigetragen: Anfangs hätte er sie gerne wilder und schamloser gehabt, denn er war in den zehn Jahren vor seiner Beziehung mir ihr nur mit erfahrenen und ungehemmten Frauen im Bett gewesen. Aber nach einem ausführlichen Gespräch mit mir verstand und akzeptierte er, dass er das von Ines nicht erwarten konnte – ebenso wenig, wie man von einem Ski-Anfänger erwarten kann, dass er sich jauchzend eine steile Abfahrt hinunterstürzt.

Leider ist ein solcher «Lernprozess» bei Männern wie Klaus nicht so einfach (wie Sie im nächsten Kapitel erfahren werden), und auch in einer Beziehung wie der folgenden stellt es sich als problematisch dar:

Sein Erektionsproblem macht den Sex mühsam

«Mein Freund Carl (45) und ich sind seit vier Jahren zusammen», schreibt Sonya (39) mir. «Ihn selbst liebe ich, aber nicht die Art unseres Sexlebens. Er ist schon zärtlich; und wenn ich ihn bitte, mir den Rücken zu massieren, die Arme zu streicheln oder etwas in der Art, dann macht er das auch. Aber diese Berührungen sind zielgerichtet, sie sollen mich erregen. Ich denke, es gehört zu Carls Form von Liebe, dass er dauernd mit mir schlafen will, und wenn ich nur noch so oft mit ihm schliefe, wie ich selbst Lust dazu hätte (also vergleichsweise selten), hätte ich Angst, dass uns zu wenig verbindet. Aber wenn der Sex mal so einfach wäre! Er hat nämlich ein Erektionsproblem, schon immer. Manchmal wird sein Penis zu Anfang des Vorspiels steif, wenn ich noch überhaupt nicht so weit bin. Oft hatten wir dann trotzdem Verkehr, einfach um es zu nutzen, dass er mal stand, aber dann tut es mir weh oder brennt. Wenn wir diese Anfangserektion nicht gleich nutzen, fällt sie nach einer Minute wieder in sich zusammen, selbst wenn ich den Penis massiere.

Häufig ist es aber so, dass er die ganze Zeit keine richtige Erektion bekommt, egal was ich tue. Carl sagt, dass meine Stimulation von Hand gut sei, daran kann es also nicht liegen. Bis vor einem Jahr habe ich es auch oft oral versucht. Auch das machte ich seinen Angaben zufolge gut (und ich hörte es auch an seinem Stöhnen), aber das verdammte Ding regt sich nicht. Das ist so frustrierend, dass ich die Blowjobs eingestellt habe.

Das Einzige, wodurch halbwegs Leben in seinen Penis kommt, ist, wenn ich einen Orgasmus erlange. Also sieht der Ablauf immer gleich aus: Carl bringt mich mit der Zunge oder der Hand zum Kommen und mit der halbsteifen Erektion, die er davon bekommt, dringt er hastig in mich ein; weil er dazu den Penis mit mindestens drei Fingern stützt, ist das für mich ein unschönes Gefühl. Wenn er dann in mir ist, bewegt Carl sich ganz schnell auf und ab, damit er steifer wird. Auch davon flaut meine Erregung ab. Von seinem weichen Penis spüre ich beim Verkehr nichts, sondern nur Carls Unterleib und Hoden, die gegen mich klatschen. Dabei verflüchtigt sich meine aufgebaute Lust fast komplett, sodass der Verkehr bestenfalls ‹nett› ist.

Ich glaube, Carl denkt, weil ich einen Orgasmus habe, ist der Sex für mich auch toll. Ist er aber nicht. Ich könnte auf diese Orgasmen gut verzichten. Ich hätte so gern mal wieder Sex, bei dem ich richtig erregt bin und keine unangenehmen Komponenten vorkommen!

Ab und zu nimmt er auch Viagra. Die Erektion ist dann vorhanden, aber dann ist sein Glied so groß, dass es mir oft weh tut. Und sobald es mal steht, will er möglichst schnell in mich eindringen (in der Regel, wenn mein Körper noch nicht bereit ist). Ich lasse es auch fast immer zu, weil ich schon so darauf geeicht bin, auf seine Erektion zu achten, wenn er denn mal kann.

Ich habe unzählige Male versucht, mit ihm darüber zu reden. Woher das kommen kann, was ich anders machen könnte, was wir ändern könnten; warum er immer meinen Orgasmus braucht, damit er halbwegs kann? Ich erhalte jedoch keine brauchbaren Antworten. Aber ich will sowieso keinen Sex mehr, die Lust ging nach und nach zurück und ist jetzt auf dem Nullpunkt.

Mich verwirrt auch, dass Carl vom Kopf her dauernd will, obwohl sein Penis so oft nicht will. Er sagt, er hat so viel Lust auf mich, weil er mich liebt und so sexy findet, aber er versucht sogar, Sex zu kriegen, wenn ich krank bin und es mir richtig schlechtgeht. Ich fühle mich bei unseren Treffen immer ein bisschen unter Druck. Manchmal, wenn wir abends verabredet sind, erwische ich mich tagsüber dabei, dass ich überlege, wie ich dem Sex ausweichen könnte.»

Carl erdrückt Sonya mit seiner ständigen Lust. Und zusammen mit seiner Erektionsstörung ist das schon eine seltsame Mischung! Die wichtigste Maßnahme, nämlich mit ihm zu reden und ihn zu Veränderungen zu motivieren, hat sie schon ergriffen. Er will aber nichts daran ändern, warum auch immer! Das heißt wiederum, dass sie sein Problem ausbaden muss. Das sollte sie boykottieren.

Man fragt sich, ob er gar nicht merkt, dass der Sex für sie in der Regel nicht besonders gut ist. Stattdessen versucht er sogar, Sex von ihr zu bekommen, wenn es ihr schlechtgeht. Sie kommt ins Zweifeln, ob der Mann wirklich *sie* liebt oder nicht vielmehr den Sex mit ihr. Zumindest ist er der verbindendste Faktor in der Beziehung, wodurch er für Sonya zum Pflichtprogramm geworden ist. Gleichzeitig ist er geprägt durch etwas, das den Akt für sie mühsam und unangenehm macht. Weil es so oft vorkommt, ist der Sex mit Carl in ihrem Gehirn untrennbar mit den Attributen «mühsam und unangenehm, aber Pflicht» verknüpft, und das steht immer im Raum, wenn sie an Sex mit ihm denkt oder merkt, dass er Lust hat.

Es ist ein alarmierendes Zeichen, wenn es schon so weit ist, dass man grübelt, wie man sich vor dem Sex drücken kann (oder sich wie Karin betrinken muss, um es zu ertragen), und höchste Zeit, sofort etwas ändern. Sonya könnte zwar ausprobieren, ob Carl auch bei ihr bleibt, wenn sie ihm nur noch Sex gemäß ihrer Lust gibt, aber vielleicht ist das Kind schon in den Brunnen gefallen.

Er lässt sich beim Sex bedienen, und ich bin unbefriedigt

Linda (17) schreibt mir: «*Das Sexleben mit meinem Freund (20) ist nicht schön, zumindest in meinen Augen. Es läuft im Prinzip immer gleich ab: Zuerst blase ich ihm einen, dann machen wir es in der Hundestellung, und nach fünf Minuten zieht er einfach das Kondom von seinem Penis und holt sich einen runter. Ich sitz dann meistens nur daneben, bis er sagt, dass ich mich vor ihn hocken soll, damit er in meinem Mund kommen kann. Das nervt mich und ist für mich nicht befriedigend, da er mich zwar in Fahrt bringt, indem er z. B. vorher an meinen Brüsten spielt, aber wenn ich in meiner Erregung schon sehr weit (aber noch nicht gekommen) bin, hört er auf.*»

Meine Nachfragen ergeben, dass Lindas Freund aufgrund einer

Phimose beim normalen Sex keinen Orgasmus erlangen kann. Und da er unerfahren und unsicher ist, wählt er den Weg, von dem er weiß, dass er funktioniert: Pornosex plus Onanieren. Ein körperlicher Defekt sowie eine daraus resultierende Unsicherheit führen also im Endeffekt dazu, dass er seiner armen jungen Freundin Sex zumutet, der für sie unangenehm und frustrierend ist. Und sie lässt es zu, ebenfalls aus Unerfahrenheit. Ich rate ihr, solchen Sex strikt zu verweigern und ihn aufzufordern, seine Vorhautverengung behandeln zu lassen, damit er sich nicht bei jedem Akt selbst befriedigen muss.

Haben auch Sie anstrengende Sex-Eigenheiten?

Brauchen Sie sehr lange, um überhaupt bereit für Sex zu sein (also ein ausführliches Vorspiel oder auch bestimmte Voraussetzungen, damit ein Vorspiel überhaupt stattfinden kann, wie Ruhe, Entspanntheit, Dunkelheit) und / oder sehr lange bis zum Orgasmus? Zeichnet sich der Ablauf Ihrer Akte durch ein ständiges Auf und Ab aus, weil Ihre Lust und Ihre Genitalien so störanfällig sind? Sorgen bestimmte Eigenheiten oder Probleme dafür, dass der Sex mit Ihnen für Ihren Partner mühsam wird, und zwar in mindestens zwei von drei Fällen? Oder haben Sie deswegen gar keinen Sex mehr? Wenn dem so ist, sollten Sie es möglichst nicht Ihren Partner ausbaden lassen. Konsultieren Sie Fachleute (am besten mehrere) und Ratgeber-Literatur und versuchen Sie es zu ändern.

Was tun, wenn das Problem von Ihrem Partner ausgeht?

Wenn Sie das Problem rein Ihrem Partner zuschreiben, liegt sowohl die Schuld als auch der Zwang zur Änderung allein bei ihm / ihr, und Sie sind davon abhängig, dass er / sie etwas tut. Doch was, wenn er nichts tut? Dann stecken Sie fest und fühlen sich obendrein schlecht und machtlos. Formulieren Sie das Problem daher auf sich selbst bezogen, dann haben Sie auch gleich eine Formulierung, die für ein Gespräch besser funktioniert als eine Schuldzuweisung. Klaus, der Drängler, würde bei seiner Karin eher auf offene Ohren stoßen, wenn er ihr erklärte: «Ich komme nicht gut damit klar, dass du so wenig Lust auf mich hast», als mit seinem ewigen Vorwurf: «Wann hast du denn überhaupt mal Lust?!»

Ein «Akzeptanz-Satz», der eine Wertschätzung des Partners ausdrückt, ungeachtet oder auch gerade angesichts eines Problems (z. B.: «Auch wenn sie wenig Lust auf mich hat, liebe und achte ich sie»), hilft, einander nicht vorwurfsvoll oder verächtlich zu begegnen, sondern mit Respekt und Behutsamkeit.

Dann sollte das Problem konkretisiert werden. Um bei Klaus zu bleiben: Anstatt zu sagen: «Meine Frau hat nie Lust», formuliert er besser: «Mich stört, dass sie keine Lust hat».

In einem nächsten Schritt präzisiert man: «Mich kränkt es, dass sie nur dreimal im Monat Lust hat».

Nun sollte man überprüfen, ob diese Aussage wirklich korrekt ist oder ob man noch genauer formulieren kann, z. B.: «Mich kränkt, dass sie sich nur dreimal im Monat auf Sex einlässt und es sich anfühlt, als ob sie nicht einmal dann Lust hat».

Das Beste ist zuerst einmal, die betroffene Person selbst zu fragen. Und zwar indem Sie eine möglichst offene, nicht suggestive Frage stellen, also nicht etwa «Ich glaube, du hast dieses Sexproblem, weil mit dir etwa nicht stimmt, und zwar weil du ...», sondern besser etwas in dieser Art: «Ich habe beobachtet, dass in bestimmten Situationen oft Folgendes passiert: ... Ich wüsste gern, ob es dich selbst überhaupt stört und ob du daran etwas ändern möchtest.»

Bekommen Sie ein Ja, fragen Sie: «Was kann ich dazu beitragen? Was können wir vielleicht *beide* anders machen? Fällt dir etwas ein, das wir einfach mal versuchen könnten?»

Hören Sie sich die Antwort ganz in Ruhe an – ohne dazwischenzureden.

Sie können auch versuchen, sich so weit wie möglich in die Lage, in das Leben und in das Wesen Ihres Partners zu versetzen (möglichst ohne Groll, denn Groll trübt den Blick). Erstellen Sie dann erst einmal für sich selbst eine Liste mit Anhaltspunkten mit der Überschrift «Mögliche Gründe, die der Lösung des Problems im Weg stehen». Lassen Sie sich dafür ruhig mehrere Tage Zeit. Wenn Sie genügend mögliche Ursachen gesammelt haben und Ihnen nichts mehr einfällt, zeigen Sie die Liste Ihrem Partner und bitten ihn/sie um Korrekturen und Ergänzungen.

Falls Sie selbst die Person mit dem Sexproblem sind, können Sie obige Vorgehensweise natürlich auch auf sich selbst bezogen durchführen.

Kapitel 4

WAS HAT PAARDYNAMIK
MIT IHREM SEX ZU TUN?

Das vorangegangene Kapitel hat Ihnen erste Einblicke davon vermittelt, dass die Ursachen für Sexprobleme sowohl von außen als auch aus dem Innern einer Person kommen können. Mindestens genauso oft – oder gleichzeitig – sind Faktoren beteiligt, die sich offen oder unterschwellig aus der Beziehung heraus entwickelt haben. Auch sie können alle möglichen Funktionsstörungen nach sich ziehen: zu schnelle oder ausbleibende Orgasmen, Durchblutungsstörungen der Genitalien, Schmerzen während des Verkehrs usw. Das mit Abstand häufigste Problem ist die *Lust*. Ich spreche hier ausdrücklich nicht von *Lustmangel*, denn wie ich schon andeutete: Beides ist relativ. Ein Mann, der gern täglich Sex hätte, unterstellt seiner Frau, deren Wunschquote bei viermal im Monat liegt, Lustmangel. Für einen anderen hingegen, der nur dreimal im Jahr Verkehr möchte, hat diese Frau zu *viel* Lust. Und auch ob das überhaupt ein Problem darstellt, wird zwischen den beiden Beteiligten definiert oder indem man sich selbst an bestimmten Standards misst. Noch vor 50 Jahren galt eine Frau mit wenig Sexdrang als «normal». Heute gilt sie schnell als «unnormal». Früher fiel es auch wesentlich seltener auf, wenn ein Mann wenig Lust hatte, denn kaum eine Frau pochte damals auf eine bestimmte Sexhäufigkeit (also taten's die beiden einfach kaum noch). Heute gehen die meisten von uns davon aus, dass mit jemandem, der wenig Lust hat, etwas nicht stimmt – doch aus dessen ganz eigener Perspektive ist oft der Partner mit der stärkeren Lust das Problem!

Es ist völlig normal, dass ein Paar Phasen sexueller Langeweile erlebt und/oder es einen von beiden durchweg weniger nach Sex (oder weniger Spielarten) verlangt als den anderen. Das muss weder ein

Hinweis auf mangelnde Liebe noch auf ein tiefer liegendes Problem sein. Und in sehr vielen Fällen ist es auch kein «Libidomangel», der eine Person dazu bringt, weniger Sex zu wollen: «Dahinter verbirgt sich oft ein gesundes Urteilsvermögen», betont Dr. David Schnarch, einer der angesehensten Sexualtherapeuten der USA. «Ein gesunder Mensch will keinen Sex, wenn das Wollen für ihn nicht sinnvoll ist.»

Dass Karin, Sonya und Linda nicht nach Sex mit ihren Jungs streben, ist leicht nachzuvollziehen. Doch viel häufiger liegt es an fast unmerklichen Veränderungen der Erotik und der Qualität der sexuellen Interaktion, und zwar in mehrerlei Hinsicht.

Wir lieben uns – warum schwindet die Lust?

Die meisten Paare haben zu Anfang ihrer Beziehung viel und leidenschaftlichen Sex – und dann folgt ein merklicher Rückgang. Wie kommt das? Warum lässt sich das hohe Lustlevel nicht länger halten? Man kann das erst einmal mit einer Reihe äußerer und körperlicher Faktoren erklären: Unter anderem lassen der Reiz des Neuen sowie auch die Hormonflut nach. Das ist aber nur die halbe Antwort, denn bei Affären verhält es sich offenbar anders: Ralf z. B. empfindet für seine Geliebte selbst nach dreieinhalb Jahren noch ein enorm starkes Verlangen, nicht aber für seine Freundin Maren, die nicht minder attraktiv ist. Einer der Gründe liegt darin, dass sich die Sexualität zwischen Ralf und Maren nicht weiterentwickelt hat; im ersten Jahr war sie gut, dann aber stagnierte sie und ging sogar zurück. Nicht nur in der Quantität, sondern auch in der Qualität. Mehrere Dinge spielen dabei mit hinein, so auch, welche Rolle man innerhalb der Beziehung unbewusst einnimmt (dazu später mehr). Und natürlich führt der geteilte Alltag zu einer Entzauberung. Vieles, was wir dann vom Partner mitbekommen, ist ja nicht gerade sexy.

Dass wir am Anfang einer Beziehung und in einer Affäre große Lust empfinden können, kommt auch daher, dass wir den anderen noch als Individuum wahrnehmen: mit eigenem Willen, eigenen Interessen, eigenen Neigungen und Abneigungen. Das Bewusstsein seiner Eigenständigkeit lässt uns unter anderem befürchten, dass er sich gegen uns entscheiden könnte. Dadurch entstehen heimliche Ängste, die einerseits für Spannung (und die berühmten Schmetterlinge im Bauch) sorgen. Andererseits trachten wir Menschen aber nun mal nach Sicherheit und Geborgenheit, vor allem in unseren Paarbeziehungen. Also versuchen wir, das Trennende und Verunsichernde zu eliminieren: Wir gleichen uns aneinander an – wodurch die Individualität verschwimmt – und / oder vereinnahmen einander, sodass die erotische Spannung in einem Zweisamkeitssumpf ersäuft. Nach jemandem Verlangen zu haben ist ja gleichbedeutend mit «Ich will dich». Doch warum sollte man jemanden wollen, von dem man glaubt, man *habe* ihn bereits?

Zwei weitere Aspekte verstärken diesen Effekt: Zum einen macht Gewöhnung uns blind, sodass wir irgendwann den Blick für das Besondere und Anziehende des Partners verlieren; zum anderen *wollen* wir es oft *unbewusst* auch gar nicht sehen! Die meisten von uns versuchen, den Partner so zu sehen, dass er in unser eigenes Bild passt (zu den eigenen Wünschen, Erwartungen und Ängsten). Das heißt, wir machen uns ein starres Bild von ihm und nehmen das meiste, was nicht dazu passt, kaum noch wahr oder wehren es ab. Anne aus Kapitel 1 z. B. hat ihrem Mann Andreas nicht mehr gesagt bzw. gezeigt, dass er attraktiv ist, vermutlich hat sie es nicht einmal mehr wahrgenommen, denn sonst wäre in ihr die Angst aufgekommen, er könnte sich jemand anderem zuwenden. Oder wenn Dörte den Gedanken zuließe, dass Thomas teils ganz andere Einstellungen und Wünsche hat als sie, müsste sie sich auch mit der Möglichkeit auseinandersetzen, dass er diese behauptet und sie sich flexibler auf ihn einstellen müsste. Überhaupt gilt für alle: Wenn wir unserem Schatz zugestehen, dass er die Freiheit hat, anders zu sein und etwas anderes zu wollen als wir, könnte er sich in eine unerwünschte Richtung entwickeln! Also blenden wir diese «anderen» Seiten an ihm aus. Und damit auch das Erotische.

Meistens wird dem anderen überdies auch nichts zugemutet, was trennend wirken oder irgendwie Unmut auslösen könnte. Am stärksten ausgeprägt ist das bei Menschen, die große innere Ängste vor dem Alleinsein, dem Verlassenwerden, vor Ablehnung haben und/oder schnell in Schuldgefühle verfallen. Wie etwa der zurückhaltende Andreas, der sich immer gleich schuldig fühlt: Allein bei dem Gedanken, seiner Frau Anne zu sagen, dass er sie nicht mehr attraktiv findet oder ihn der Sex langweilt, überkam ihn ein schlechtes Gewissen.

Erotik und das Ungewisse

Nähe und wachsendes Vertrauen können zwar dazu beitragen, dass man sich sexuell öffnen kann, aber eben längst nicht immer. Je größer das Bedürfnis nach Gemeinsamkeit und Sicherheit, desto mehr wird das Andersartige, das Ungewisse und somit auch das Erotische verdrängt. Wenn wir das alles (wieder) in unsere Beziehung hineinlassen wollen, müssen wir die Illusion aufgeben, uns absichern zu können gegen das Trennende und letztlich gegen Verletzungen, Schmerz, Verlassenwerden. Im Gegenteil ist es ja gerade so, dass jemand, der sich besonders stark dagegen zu schützen versucht, genau diese am ehesten heraufbeschwört (denn soll alles berechenbar sein, macht das die Beziehungs-Interaktionen unfrei). Es gilt also, seinen Frieden damit zu machen, dass es passieren kann, verletzt und/oder verlassen zu werden. Und mit «Frieden machen» meine ich nicht eine trotzige Abwehrhaltung: «Ich werde ja eh verletzt/verlassen, also kann ich auch gleich …» Es ist eher im Sinne einer Akzeptanz zu verstehen: «Ich akzeptiere, dass ich meinen Partner nicht im Griff haben kann. Dass ich nicht alles von ihm wissen kann und muss. Dass er anders ist als ich. Ich akzeptiere, dass ich nicht alles steuern kann und dass es zu Verletzungen kommen kann (ich werde es überleben)» usw.

Widerstehen Sie dem Drang nach Berechenbarkeit, Sicherheit und Kontrolle, werden Sie stattdessen offen für das Neue, das Unbekannte, das «Andere» (= anders als das, was Ihren Strukturen entspricht).

Ines fällt es sehr schwer, mit Jens offen über Sex zu reden, denn «er könnte etwas Schlechtes über mich denken». Dass er das nie täte, wäre Ines klar, wenn sie hier ganz realistisch bliebe. Aber die Gefühle aus dem Unbewussten überlagern das vernünftige Denken. Wie kann das sein, und was bremst sie sexuell so aus?

Je enger die Paarbeziehung wird, desto mehr wird der andere zur Bezugsperson, zum wichtigsten Menschen für einen selbst. Daher wird man auch sensibler für Verletzungen, Grenzüberschreitungen und Überforderungen. Immerhin will man noch viele Jahre mit ihm zusammen sein. Sollte man jetzt dies oder jenes im Bett machen oder zulassen, erwartet der andere das vielleicht regelmäßig – oder dass es sich sogar noch steigert? Signalisiert man zu oft seine Lust, könnte der andere sich bedrängt fühlen, und dann geht seine bzw. ihre Lust immer mehr zurück, oder? Und hat man zu viele Sonderwünsche, hält der andere einen für sexbesessen oder erfüllt sie womöglich gegen den eigenen Willen? Logischerweise hält man sich schon daher in fast allem zurück, als man keine ablehnende Reaktion riskieren will (die vor allem bei geringerem Selbstwertgefühl als sehr unangenehm empfunden wird).

Also macht man (fast) nur noch das, womit man auf keinen Fall schlecht ankommt. Vielleicht lässt man auch aus Groll oder Faulheit das eine oder andere weg, und so hält es dann auch der Partner. Man unterdrückt eigene Wünsche und Kurskorrekturen, signalisiert höchstens, was einem nicht so gut gefällt, z. B. indem man ganz still und steif daliegt.

«Jens würde schon experimentieren wollen», sagt Ines, «aber er lässt mich die treibende Kraft sein. Viel kommt da allerdings nicht, weil ich eben so zurückhaltend bin. Vielleicht traut er sich auch nicht aus Rücksicht auf mich. Weil er nicht weiß, wie weit er gehen kann. Wobei das jetzt auch wieder daran liegen kann, dass ich mich nicht so locker mache.»

So kommt man irgendwann ganz von selbst auf den kleinsten gemeinsamen Nenner: Der Sex ist reduziert auf das, von dem ich denke, dass mein Partner es verkraften kann. Und er denkt seinerseits genauso. Das Resultat ist meist sehr fad und langweilig, und zwar allein schon wegen seiner Vorhersehbarkeit.

Mein Tipp: Das BSS (Beiderseitiges Standard-Schema) ist auf Dauer so öde, dass man teilweise lieber fernsieht oder staubsaugt! Durchbrechen Sie es ganz bewusst. Weichen Sie vom Gewohnten ab! Egal ob das der Ablauf, die Tageszeit, der Ort, die Stellung, die Geräuschkulisse, Ihr Verhalten oder Outfit, die Zutaten usw. sind.

Wenn der Partner zur Bezugsperson wird, passt «schmutzig» nicht mehr

Ein anschauliches Beispiel für eine Harmonie-Falle und für tief verankerte Rollenbilder liefert uns Meike (33):

«Marc (37) und ich kennen uns nun ein Jahr. Die ersten acht Wochen hatten wir eine Affäre, in der wir sehr viel, sehr guten, auch ‹versauten› Sex hatten. Dann verliebten wir uns und warteten monatelang mit dem Sex, um uns sicher zu sein, dass wir offiziell zusammen sein wollen. Nun führen wir seit sechs Monaten eine Fernbeziehung. Seitdem haben wir nur noch ein- bis zweimal pro Wochenende Sex, und wenn ich ihn nicht initiieren würde, wäre es noch viel weniger (er findet das ganz normal). Außerdem hat auch das ‹Spielen› aufgehört: Früher leckte oder fesselte er mich, wir hatten ‹Dirty Talk›, Rollenspiele usw. Nicht einmal mehr an mir runter geht er. Ich habe seitdem große Probleme zu kommen.

Ich bin ein sehr sexueller Mensch. Für mich stellt es schon einen Verzicht dar, dass ich unter der Woche keinen Sex habe (außer mit mir selbst), da Marc ja nicht bei mir sein kann. Nachdem ich schon vorher mehrmals gesagt hatte, dass unser Sexleben nachlässt, hatte sich der Frust letztes Wochenende so aufgestaut, dass ich ihm an den Kopf warf: ‹Ich hab's satt, dass ich immer anfangen muss! Und früher hast du mich doch geleckt, jetzt aber nicht mehr! Und es gefällt mir auch nicht, dass wir so oft mittendrin aufhören – warum kommst du nicht einfach, das ist doch okay für mich!› Er will mir den Vortritt lassen, wodurch dann oft seine Erektion abflaut, und ich soll ihn dann auch nicht wieder ‹hochbringen›. Meine Lust ist dann gleich mit weg.

Was ihn angeht: Er ist der wunderbarste Mann, der mir je begegnet ist, sehr einfühlsam, zärtlich, er tut alles für mich, wir haben denselben Humor, dieselbe Einstellung zum Leben. Nur der Sex ist eben mau. Es wäre leichter zu akzeptieren, wenn es immer so gewesen wäre, aber ich kenne ihn eben auch ganz anders, so ‹sexy›. Ich war noch nie so attraktiv wie im Moment, Marc findet mich auch schön, Männer pfeifen mir hinterher. Es beleidigt meine Weiblichkeit, wenn er einfach neben mir einschläft. Bin am Ende ich diejenige mit dem Problem? Das muss es doch geben, eine wunderbare Beziehung und trotzdem heißen Sex. Er sagt, dass er mich so lieb hat, dass er immer nur kuscheln möchte mit mir; dass ich die einzige Frau bin, die ihm so viel Ruhe und Geborgenheit geben kann, dass er beruhigt einschlafen kann – ein wunderbares Kompliment, wenn nicht mein Unterleib so unbändige Lust auf ihn hätte. Außerdem sagt er, dass es ihn frustriere, dass ich bei ihm nicht komme.

Marc sagt, er habe Lust auf mich. Wie kann es sein, dass er nicht mehr ‹das Luder› in mir sieht? Für mich wäre das eher ein Kompliment! Ich möchte ihm alles sein: Hure und Heilige. Wieso kann er bloß nicht mehr schmutzig an mich denken?

Wir kuscheln übrigens wie die Weltmeister, stundenlang und richtig intensiv, halten uns draußen immer an den Händen, drücken uns oft, küssen viel, er füttert mich usw.»

Ich hake bei einer ganzen Reihe von Punkten nach: «Ergreifen wirklich immer Sie die Initiative?»

Meike überlegt eine Weile und korrigiert: «Nein. Eigentlich beginnen wir entweder gleichzeitig, oder ich fange eben an. Es kommt mir wohl eher so vor, da Marc sich nicht auf mich stürzt. Ich hätte gerne immer schon am Freitagabend mit ihm Sex. Da ist er aber meistens müde, will kuscheln und schläft schnell ein. Ich dagegen liege da, zerfließe vor lauter Lust auf ihn, ergreife aber nicht die Initiative, weil ich weiß, dass er sehr erschöpft ist.

Dass wirklich er anfängt, also sich aus dem Nichts auf mich stürzt, ist sehr selten. Wahrscheinlich, da ich sowieso dauernd Lust auf ihn habe.»

Mein Rat an sie lautet entsprechend: mehr abwarten und ihm nicht so oft zuvorkommen.

Einige Zeit später berichtet Meike:

«Ich habe ihn seit Wochen nicht mehr ‹verlangend› angefasst, möchte ihn wohl nicht überfallen und bin deswegen auf ‹unauffällige› Methoden verfallen. Ich tue z. B. so, als schlafe ich, und ganz zufällig macht mein Körper Sachen, die ihn antörnen.

«Klappt es denn? Haben Sie dann Sex?»», möchte ich von ihr wissen.

«Ja, meistens», nickt Meike. «Aber wenn ich ihn tagsüber anmache, dann nicht. Ich weiß, dass er nicht sooo viel Lust auf Sex hat, er befriedigt sich auch kaum selbst.»

Na ja, jedenfalls bekommt Marc nicht «auf Knopfdruck» eine Erektion, nur weil Meike gerade Sex will. Und da er vor ihr gut daste- hen und sie gleichzeitig nicht abweisen will, setzt er sich dann auch unter Druck – und wird noch weniger steif. Also geht er dem Sex lieber gleich ein bisschen aus dem Weg. Wegen des selbstgemach- ten Drucks funktionieren für ihn die «unauffälligen» Initiativen bes- ser: Er ist entspannter, weil Erektionsschwächen dann weniger «schlimm» wären, als wenn Meike ihn offen anmacht. Ich frage nach:

«Besteht das Problem genau seit Sie ‹offiziell› zusammen sind?»

«Es ist tatsächlich so, dass wir nicht mehr ‹schmutzig› sind, seit wir das erste Mal innerhalb unserer Beziehung Sex hatten», bestätigt Meike. «Früher war er dabei auch viel dominanter (wenn ich nur hörte, wie er flüsterte, was er gerne mit mir machen würde, lief es mir sofort kalt und heiß den Rücken runter). Er hat mir ja sogar ‹Dirty Talk› beigebracht, aber nun tun wir das nicht mehr, abgesehen von ein paar Versuchen, bei denen ich anfing zu ‹sprechen›, dann aber merkte, dass er es eher befremdlich findet. Bevor wir zusammen waren, sagte er mir z. B. auch, was ich anziehen soll, sprich: was er sexy findet. Ich fand das extrem erotisch, ich war dann sehr erregt und kam wahnsinnig schnell.»

«Auf welche Art können Sie denn überhaupt kommen?»

«Es geht eigentlich sehr schnell, wenn meine Klitoris stimuliert wird oder ich eine bestimmte Stellung einnehme», erklärt Meike. «Bei anderen Männern musste ich manchmal sogar ‹warten›, auch bei One-Night-Stands. Aber bei Marc habe ich Probleme, mich völlig gehenzulassen, irgendwie kann ich mich nicht so bewegen, wie ich es brauche, da ich ihn lieb habe und eher zärtlich mit ihm schlafe. Aber auch wenn ich es ‹fester› mit ihm mache, komme ich nicht.»

«Was muss bei Ihnen alles gegeben sein, damit Sie kommen?», hake ich nach.

«Je ‹wilder› der Sex ist, desto schneller komme ich – und wenn ich merke, dass der Mann fordernd und scharf auf mich ist. Auch Blowjobs erregen mich dann sehr. Oder wenn er einfach das mit mir macht, worauf er Lust hat. Als Marc das früher mal einfach mit mir machte, mir auch sagte, was er wollte, dann hat mich das so angemacht, dass ich plötzlich auch so kam, ohne die üblichen Kniffe.»

«An welchen Faktoren kann es scheitern?», bitte ich sie zu überlegen.

«Oh, z. B. wenn er mich fragt ‹Was hättest du jetzt gerne?›, da er es so ‹lieb› fragt, ich dann überlegen muss und es mir eigentlich viel lieber wäre, dass er einfach nur seiner Lust folgt», sprudelt es aus ihr heraus. «Ja, seinen Drang, es mir recht machen zu wollen, statt bei seiner eigenen Erotik zu bleiben, finde ich ernüchternd. Und dass er sich mir irgendwo unterwirft, wohingegen ich ihn gerne wilder, dominanter und lustvoller hätte. Wie kann ich ihm schonend beibringen, dass ich dann viel schneller kommen könnte?»

«Warum sollten Sie es ihm schonend beibringen? Das ist doch eine sehr wertvolle Info für ihn?»

«Ich habe das Gefühl, dass er sich im Moment generell sehr ‹unmännlich› fühlt», erwidert Meike.

«Und was könnten Sie tun, damit er sich männlicher fühlt? Sind Sie oft zu dominant, zu zupackend? Geben Sie ihm zu wenig Bewunderung? Braucht er ein Überlegenheitsgefühl, um sich als Mann zu fühlen?»

«Schwer zu sagen», sinniert sie. «Kann sein, dass ich die dominante Rolle übernommen habe, weil er mir generell alles recht machen will. Eine typische Situation bei uns: Ich frage Marc: ‹Was möchtest du machen?›, er: ‹Was möchtest du denn machen?›, darauf ich: ‹Was möchtest du machen? Wir können das, jenes oder dieses machen›, und er schließlich: ‹Ich wünsche mir, dass wir etwas machen, das DIR gefällt›. Das geht hin und her, und am Ende muss ich etwas aussuchen, von dem ich denke, dass sowohl er Spaß daran hat als auch ich. Strenggenommen nehme ich ihm die Dinge aus der Hand, aber nur weil er eben nicht entscheidet. Ich hätte lieber, er würde eine Ansage machen: ‹So, heute machen wir das und das, keine Widerrede.› Das kommt jedoch nie vor. Ich glaube aber nicht, dass ich ihm ‹die Kraft genommen habe›, sondern dass er so ist. ‹Gebraucht› fühlt er sich genug, denke ich, z. B. berät er mich bezüglich der Arbeit usw. Bewunderung gebe ich ihm sehr viel. Ich mache ihm die Komplimente, nicht er mir, also eher gegensätzlich zur üblichen Rollenverteilung.»

Ein gutes Stichwort. Denn es scheint, als ob Marc sich die Hosen hat ausziehen lassen (auch ein Grund, warum bei Meike nicht mehr so viel Verlangen aufkommt). Der Hintergrund offenbart sich, als ich frage: «Wie hat er reagiert, als Sie am Wochenende Ihren Frust rausließen?»

«Er war sehr erschüttert, fing an zu weinen», erzählt Meike. «Es ist ihm extrem wichtig, mich glücklich zu machen. Sobald ich nicht mehr lache und strahle, denkt er leider, dass er etwas falsch gemacht hat. Äußere ich auch nur die kleinste Kritik, ist er verunsichert. Manchmal bin ich nur müde, aber er bezieht das sofort auf sich. Es ist nicht so, dass ich meine Launen an ihm auslasse. Er ist oft sehr abhängig von meiner Stimmung. Ich führe das darauf zurück, dass ich ihm sehr wichtig bin.»

Hier liegt Meike falsch! Er ist ihr ja auch sehr wichtig, und trotzdem macht sie ihre Stimmung, ihr seelisches Gleichgewicht nicht derart von ihm abhängig. Marc begibt sich völlig unbeabsichtigt in die Rolle des abhängigen braven Söhnchens, der alles tut, damit Mama glücklich und zufrieden ist. Dadurch gerät Meike in die Rolle der Mutter, wie er sie sieht und haben will: auf einem hohen Sockel, unantastbar, «heilig» (dieser Mechanismus läuft noch häufiger ab, wenn die Frau tatsächlich zur Mutter wird, also ein Kind bekommt!).

Wenn der Partner zur Bezugsperson wird, rutschen viele von uns unbewusst auf eine «familiäre» Gefühlsebene, und dann wird auch der Partner mit jemand Familiärem gleichgesetzt: Mutter, Bruder, Schwester, Vater. Bei manchen ist das so ausgeprägt, dass sich die Lust auf den Partner komplett abstellt – etwa bei Benny (S. 71 f.). Bei anderen geht sie nur zum Teil verloren, dafür werden aber schmutzige, «geile» und aggressive Formen von Sex inakzeptabel. So geht es auch Ines, Vera, Andreas und vielen anderen in diesem Buch.

Mit der inneren Mutation zum braven Sohn oder zur braven Tochter erwacht auch die Angst, etwas falsch zu machen, weswegen viele lieber gar nichts machen und abwarten. Und so hat Marc unter anderem seinen *Sex-Drive* verloren.

«Sie sagt, sie empfindet uns oft wie ‹Bruder und Schwester›, und Sex kommt ihr dann nicht ‹richtig› vor», schrieb mir ein Mann, der seit sechs Jahren in einer On-off-Beziehung feststeckt: Jedes Mal, wenn es enger wird, stellt die Freundin den Sex ab. Leider läuft diese «Bruder-Schwester-Dynamik» in sehr vielen Beziehungen ab; und vielleicht spielt zusätzlich ein Näheproblem hier hinein. Das wird dann zum Sexproblem, wenn die Bindung fester, die Nähe größer (und eventuell als erdrückend empfunden) wird. Dann können unter anderem unbewusste Verlustängste entstehen, die sich wiederum auf die Lust auswirken.

Überhaupt verträgt jeder Mensch nur ein gerüttelt Maß an Nähe; der eine mehr, der andere weniger, aber niemand kann grenzenlos viel vertragen, zumindest nicht über längere Zeit. *Da bei körperlicher Intimität sehr viel Nähe entsteht, kann das, falls die Bindung auch sehr eng ist, zu viel werden. Bei etlichen Paaren wird die Balance zwischen Nähe und Abstand in erheblichem Maß über den Sex reguliert; und da das meist unbewusst geschieht, sorgt es für eine Menge Verwirrung.*

Sexuelle Zurückhaltung innerhalb einer Beziehung kann auch ein unbewusster Schutz der Seele vor Verletzungen sein. Je näher wir jemanden gefühlsmäßig und sexuell an uns heranlassen, desto größer ist auch die Gefahr, verletzt zu werden (z. B. dass man scharf kritisiert, abgelehnt oder verlassen wird). Je mehr wir uns einer anderen Person öffnen, desto verwundbarer werden wir. Sich jemandem ganz zu öffnen, mit Leib und Seele, kann sehr viel Glück mit sich bringen, aber eben auch Leid. Diese Gefahr ist natürlich bei jemandem, dem wir nur unseren Körper oder nur unsere Zuneigung schenken, nicht so hoch. Deswegen fällt es vielen wesentlich leichter, sich in einer lockeren Liaison sexuell gehen zu lassen.

Meike und Marc sind noch nicht so lange zusammen, vielleicht braucht er noch ein bisschen Zeit, um die innere Sicherheit zu gewinnen, dass er auf ihre Liebe vertrauen kann. Ich rate Meike auch, ihm zu helfen, seine eigenen seelischen Mechanismen zu erkennen, und ihm offiziell die «Erlaubnis» zu geben, wieder wie früher mit ihr umzugehen – also beim Sex das Luder in ihr zu sehen und mit ihr zu machen, was er will; ihn zu motivieren, mehr «Eigen-Sinn» zu zeigen und zu leben.

Meike fragt zwar: *«Kann ich denn nicht gleichzeitig Geliebte und Liebste (also Hure und Heilige) sein? Können wir uns nicht gleichzeitig lieben und versaut sein?»*, aber sie hängt ja ein wenig in derselben Falle! Sie sagt nämlich auch: *«Ich führe meine Orgasmusprobleme darauf zurück, dass ich ihn liebe und ihm so dermaßen innig verbunden bin.»*

Auch Meike kriegt in ihrem Kopf das Innige und das Schmutzige nicht ganz zusammen. Und in gewisser Weise wird sie ein bisschen von Marc angesteckt. Denn sie liebt ihn und will ihn weder enttäuschen noch konträr zu ihm sein. Also versucht sie unter anderem zu erraten, was er wohl will. Außerdem ist eine richtige Beziehung eine «ernste Angelegenheit», in der man den anderen nicht zum Sexgespielen herabwürdigen darf! Daher brachen die beiden die heiße Affäre ab, als sie sich verliebten, und *«warteten monatelang mit dem Sex, um uns sicher zu sein, dass wir offiziell zusammen sein wollen»*.

Meike präsentiert sich mir gegenüber zwar als laszives Sex-Luder, aber sie steckt fast genauso stark in traditionellen Denkschemata fest wie Marc: Wenn man einen Menschen liebt und eine dauerhafte Beziehung hat, ist nur noch Sex, der Liebe und Achtung ausdrückt, passend – die schmutzigen, frivolen, aggressiven, experimentellen, den anderen zum Objekt machenden Elemente haben da nichts mehr zu suchen.

Weisen Sie Ihrem Partner eine bestimmte Rolle zu (oder er Ihnen) …

… die das Sexuelle einschränkt? Was ist die Kehrseite dieser Rolle?

Rollenbeispiele für Frauen:

Heilige – Hure; Mutter – Luder; Schwester – Vamp; die Bescheidene – die Gierige; …

Rollenbeispiele für Männer:

Softie – Macho; zurückhaltender Gentleman – Aufreißer; Bruder – cooles Arschloch; der Anständige – der Sexbesessene; …

Und muss man immer die beiden Extreme sehen? Etwa: «Da ich auf keinen Fall der/die Sexbesessene sein will, zeige ich, dass ich sehr anständig bin.» Oder wie bei Marc: «Da sie für mich jetzt so wichtig ist wie Mama, darf es überhaupt nicht mehr in Richtung verrucht, nuttig und schmutzig gehen.» *Oder lassen sich auch Identitäten dazwischen finden?*

Das Thema «Denken in Extremen» begegnet mir auch recht häufig in schnellen, undifferenzierten Urteilen wie «Er schaut mich nicht mehr begehrlich an, soll ich jetzt etwa in Reizwäsche vor ihm rumwackeln und noch eine Peepshow hinlegen?» Als ob es immer nur das eine oder das andere gäbe und nicht noch etliche Zwischentöne oder Varianten. Wir sollten erkennen:

- Kaum etwas besteht wirklich in der Extremform oder wird vom Partner in der Extremform gewünscht.
- *«Sowohl als auch»: Alles zu seiner Zeit oder manchmal auch gleichzeitig:* Im Liebesspiel kann man anfangs zärtlich-liebevoll sein und auf den Höhepunkt zu animalisch-aggressiv, danach auch wieder liebevoll oder freundschaftlich, je nach Stimmung.

Ist es überhaupt nötig, dass Sie oder Ihr Partner eine festgelegte Rolle oder Identität haben? Wenn ja, warum?

Was könnte passieren, wenn Sie oder Ihr Partner diese Rolle nicht mehr annehmen? Was wäre zu befürchten?

Oder was würde geschehen, wenn jeder von Ihnen mal diese, mal jene Rolle spielt?

Zu viel Anpassung ist unsexy

Marc lebt weder im Bett noch außerhalb seinen eigenen Stil, scheint auch kaum eigene Ansprüche zu stellen. Woran liegt das? Wie Vera und Ines hat auch Marc zu wenig innere Stärke und Unabhängigkeit und hält sich für zu wenig liebenswert – eine Kombination, die fast immer dazu führt, dass man sich tief im Innern unterlegen fühlt. Warum sollte der großartige Partner gerade auf so jemanden eingehen wollen? Ein solches Denken ist tief verwurzelt und entspricht oft gar nicht der reellen Konstellation, sondern weit älteren Mustern, die fest in einem drinstecken.

Solche Menschen scheuen meistens auch Konflikte. Als Meike Marc mit ihrem Frust konfrontiert, hält er nicht etwa dagegen oder sucht mit ihr eine Lösung – er weint. Offenbar jagt es ihm eine Heidenangst ein, wenn Meike (Mama) mit ihm unzufrieden und böse ist. Dass ihre Beziehung mit ihm «reibungslos läuft», zeigt ja auch, was fehlt: die Reibung. Aber wie in der Physik ist es auch beim Sex gerade Reibung, die Knistern, Spannung und Hitze erzeugt. Bei manchen Leuten verschlechtert sich der Sex, weil sie zu wenig auf den anderen eingehen – und bei manchen, gerade weil sie es *zu sehr* tun! Marc hat Glück, dass Meike immer noch scharf auf ihn ist – aber die Beziehung ist ja auch noch frisch.

Der beste Weg liegt in der Mitte zwischen den eigenen Wünschen und Vorstellungen und denen des Partners – und dass man zu sich selbst steht. Die Angst, dass der andere verstört oder verärgert ist, kann und muss man lernen auszuhalten. Denn falls Ihre Selbstbehauptung überhaupt zu Irritation führt, fängt der Partner sich meist rasch wieder. Vielleicht geht er sogar auf Sie zu. Oder man beginnt zu verhandeln.

Ein Beispiel: Guido stellt nach einem Jahr mit Eva fest, dass sie zwar gern Oralverkehr nimmt, aber ihm fast keinen mehr gibt. Er zögert etwas, sie darauf anzusprechen, weil er sie nicht unter Druck setzen will. Aber dann wagt er es doch: «Du lässt dich fast jedes Mal von mir oral verwöhnen, aber ich bekomme das kaum noch von dir.» Wie befürchtet, bügelt sie ihn kurzweg ab: «Das ist mir einfach zu anstrengend, außerdem bringt es mir selbst überhaupt keine Lust, das bei dir auszuführen.» Guido ist im ersten Moment vor den Kopf gestoßen, beschließt aber, weder lang mit ihr darüber zu diskutieren noch sich weiterhin zu ärgern, sondern eine Weile lang oral gar nicht mehr tätig zu werden und sich auch sonst mit dem Vorspiel zurückzuhalten. Als er beim nächsten Liebesspiel nach fünf Minuten mit der Handarbeit aufhört, anstatt Eva damit zum Orgasmus zu bringen, fragt sie: «Warum machst du nicht weiter?», woraufhin Guido erwidert: «Das ist mir zu anstrengend, außerdem bringt es mir selbst nicht so viel.»

Eva bricht den Akt sofort ab, zieht sich verärgert auf ihre Seite des Bettes zurück und schmollt. Guido hat den Impuls, sie zärtlich zu besänftigen, um den Akt fortzusetzen, doch stattdessen bleibt er bei sich selbst und sagt freundlich: «Ich möchte beim Sex auch verwöhnt werden.»

Eva nimmt das Gesprächsangebot an. «Wenn ich da mit dem Mund rangehe, dann kommst du beim Verkehr so schnell oder manchmal ja schon dabei, aber für mich gehört ‹richtiger Verkehr› zu richtigem Sex», erklärt sie. Also verhandeln die beiden, wie sie es einrichten können, dass sie beiden gerecht werden: Guido soll schon ziemlich zu Anfang des Aktes Oralsex bekommen und dann Eva stimulieren, damit seine Erregung vor dem Verkehr wieder etwas abflauen kann; und er soll den Blowjob abbrechen, bevor er kommt. Im Gegenzug wird er mehr darauf achten, dass der Verkehr länger als nur zwei, drei Minuten dauert – was ihm ja auch selbst gefällt.

Wie Sie sehen, hat es sich für beide gelohnt, dass Guido den Konflikt wagte und auch in der Phase der Irritation nicht einlenkte, sondern zu seinen Bedürfnissen stand. Durch das Thematisieren und Verhandeln ist der Sex nicht nur für ihn besser geworden, sondern auch für seine Freundin.

Mein Rat: Männer wie Marc müssen es sich selbst erlauben, egoistischer zu sein! Und nicht all ihre Energie daransetzen, sich «lieb Kind zu machen»! Um manche Frauen muss man sich zwar zu Beginn des Akts mehr kümmern als um Meike, damit sie genügend Lust kriegen, aber sobald sie dann in Fahrt sind, darf und soll der Mann ruhig ein bisschen fordernd sein bzw. das tun, worauf er Lust hat; das kann auch heißen, sie erst am Schluss zum Orgasmus zu bringen, nachdem er selbst schon drangekommen ist.

Seien Sie im Bett mal ganz anders als sonst! Ihre Partnerin will immer dasselbe Programm? Dann geben Sie's ihr einfach mal nicht, sondern bringen Sie etwas anderes (Neues?) ins Spiel. Etwas, was auch Ihnen einen Kick gibt.

Und was für den Sex gilt, gilt auch für den Rest der Beziehung: *Gehen Sie im selben Maße auf sich selbst ein wie auf den Partner.*

Selbstaufgabe ist ein Liebestöter

Meike und Marc schlafen ja wenigstens noch miteinander. Wenn die Harmoniefalle extreme Ausmaße annimmt, kann es nämlich auch sexuell extrem werden. Bei Bernd, einem Bekannten von mir, entwickeln sich alle Beziehungen gleich: «*Am Anfang ist noch alles schön, doch über kurz oder lang spucken die Frauen mir auf den Kopf und lassen mich nicht einmal mehr an sich ran!*»

Sehen wir uns seine aktuelle Beziehung mit Bianca an: Nachtmensch Bernd wurde ihr zuliebe Frühaufsteher. Er ging immer gern aus, nun bleibt er fast nur noch zu Hause. Sie ist Vegetarierin, ergo isst er kein Fleisch mehr. Sie wollte ein Haus, also zog er aus seiner geliebten (großen!) Eigentumswohnung aus – und bei der Heirat gab er auch noch seinen schönen, außergewöhnlichen Nachnamen auf, um ihren gewöhnlichen anzunehmen. Weil er sehr viel für sie mit erledigt, kommt er nicht mehr zum Sport. Seine Freunde trifft er nur noch mit Bianca im Schlepptau und nur dann, wenn es ihr passt. Freunde, die ihr nicht zusagen, gibt er auf. Sie hat einen Ausmist-Zwang, wirft sogar seine Lieblingssachen weg – und er steht wortlos mit eingezogenem Kopf daneben: die perfekte Position, um ihm draufzuspucken.

Bernd ist ein Liebes-Duckmäuser. Er will es der Frau so recht wie möglich machen, oft sogar in «vorauseilendem Gehorsam» – dann versucht er schon im Vorfeld ihre mögliche Reaktion zu erahnen und tut alles, damit sie ja nicht sauer auf ihn ist.

Für sie ist das einerseits eine feine Sache, denn sie hat einen pflegeleichten Partner, der sich vor lauter Angst, das geliebte Frauchen zu verärgern, ohne Ende bemüht – auch weil er denkt, dass er nur so ihre Liebe erhält. Aber genau das Gegenteil tritt ein: Weil Bernd sich in ein jasagendes, konturloses Wattebäuschchen verwandelt, nehmen die Frauen seinen unermüdlichen Einsatz für die Beziehung als selbstverständlich an. Und indem er seine eigenen Bedürfnisse, seinen Willen und seine Meinungen aufgibt, ist er überhaupt kein «Gegenüber» mehr, sondern ein Anhängsel. Er wird ihnen fad, sie verlieren den Respekt vor ihm, Liebe und Lust auf ihn gehen flöten, also kriegt er auch (fast) keinen Sex mehr – und am Ende büxen sie aus mit einem richtigen Kerl.

Alles was dazu führt, dass der andere die Achtung vor Ihnen verliert (oder Sie vor sich selbst), schadet über kurz oder lang auch der erotischen Anziehung!

Fragt sich also: Wenn Bernd Fleisch äße, auch mal spät aufstünde und an seinen Sachen, Hobbys, Freunden festhielte – würde Bianca ihm dann tatsächlich weglaufen? Höchstwahrscheinlich nicht. Denn am Anfang, als er noch einigermaßen er selbst war, fand sie ihn ja richtig toll und schlief gern mit ihm.

Bernd sollte dringend aufhören, sich für Bianca zu verbiegen, sich unterzuordnen und sie dauernd zu «schonen». Stattdessen sollte er sich viel öfter fragen: *«Was will ich?»*, und ihr ganz offen sagen, wie er sich fühlt. Er muss seine Konfliktscheu überwinden, dicke Luft in Kauf nehmen und seine Frau mit etwas sehr Wichtigem konfrontieren, nämlich wie frustriert er ist.

(Anmerkung: Leider bringt Bernd das nicht fertig. Obwohl er leidet, fühlt es sich unbewusst richtig für ihn an, mit Bianca keinen Sex mehr zu haben – eine Heilige vögelt man nun mal nicht. Er würde zwar am liebsten in sie hineinkriechen, aber vielmehr, um ein Teil von ihr zu werden, oder sich wie ein Kokon um sie legen, damit sie ihm ja nicht abhandenkommt. Doch gerade wegen seiner Grenzenlosigkeit ihr und sich selbst gegenüber setzt sie umso drastischere Grenzen. Weil sie nach und nach das Gefühl bekommt, er würde sich sonst über sie stülpen wie ein glibberiger Alien.

Mein Rat: Bewahren Sie sich Ihre Persönlichkeit, Ihre Werte und alles, was Ihnen wichtig ist! Es sei denn, bestimmte Dinge und Eigenheiten schaden der Beziehung ganz direkt. Falls Sie z. B. Sport oder Gitarrespielen lieben und Sie dadurch zufrieden und ausgeglichen werden, dürfen Sie das nicht für den Partner aufgeben. Nur wenn Sie *mehr* Zeit mit Hobbys oder Freunden verbringen als mit ihm oder ihr, ist da etwas in der Schieflage.

Hausaufgabe für Harmoniefallen-Paare:

- Richten Sie einen festen Abend in der Woche ein, den er mit Männern verbringt und sie mit Frauen. Das ist gut für das Gefühl von «Männlichkeit» bzw. «Weiblichkeit» und für das Vertrauen – denn das muss die Beziehung aushalten können! Wenn nicht, steht sie auf einem wackligen Fundament.

  Es kann sein, dass der eine kein Bedürfnis nach einem Männer- oder Frauenabend hat und lieber etwas im Alleingang machen möchte: Auch gut!

- Falls Ihr Partner sich gegen Ihren Abend ohne ihn / sie sträubt, dann fragen Sie, welche Ängste er / sie in Bezug darauf hat, gehen Sie darauf ein und versuchen Sie diese zu zerstreuen.

- Behalten Sie mindestens ein Interesse und ein Hobby, das der Partner nicht teilt, bei oder legen Sie es sich neu zu.

Ungesunde Beziehungsmuster

Der Verschmelzungswunsch, den viele Leute haben (sich völlig aufeinander einstellen, alles miteinander teilen, immer dasselbe wollen
usw.), ist unrealistisch und ungesund. Er erzeugt nicht nur einen direkten und indirekten Druck auf beide, sich anzupassen, sondern auch
das Gefühl, stets zuständig für das Wohlergehen des anderen zu sein:
Also bloß nix machen, was den Partner aus dem Lot bringen könnte!
Das geht jedoch sehr auf Kosten der Unbefangenheit und auf Kosten
der Erlaubnis an sich selbst, beim Sex momentweise «egoistisch» zu
sein – also letztlich auf Kosten von «Geilheit» und Orgasmus.

Viele Personen machen es vom Partner abhängig, ob sie glücklich
sind, sich attraktiv fühlen, Lust haben dürfen und vieles mehr. Das ist
nicht gut, denn das bedeutet letztlich, dass dieser nie weggehen oder
das Falsche sagen bzw. tun darf – denn sonst fühlt man sich unglücklich, unattraktiv, sexuell nicht erfüllt, kurzum: machtlos. In so einem
Fall ist es auch nicht weiter verwunderlich, dass man sehr schnell
überreagiert.

Oft bestehen diesbezüglich auch irrige Grundannahmen und innere Überzeugungen wie etwa: «Wenn er meine erotischen Wünsche
nicht erfüllt, wenn er meine Bedürfnisse nicht errät, wenn er nicht
zärtlich ist – dann, ganz klar, liebt er mich nicht.» So wird der Liebste
in eine Erfüller-Rolle gepresst, soll gewissen Erwartungen entsprechen, meist auch zuständig sein für alle möglichen Bereiche: seelisches Gleichgewicht, Selbstwertgefühl, ein schönes Liebesleben,
Befriedigung usw. Und gar nicht wenige der jeweiligen Partner ziehen sich den Schuh auch tatsächlich an – einige tun das sogar, ohne
dass der andere es überhaupt will.

De facto können wir den Partner nur zu etwa 10 Prozent für unser
Wohlergehen verantwortlich machen – rund 90 Prozent liegen in un-
serer eigenen Hand. Und dafür brauchen wir nicht nur genügend
Pausen, Bewegung und Entspannung, sondern auch Dinge, die un-
sere Seele mit positiver Energie auftanken, wie den Austausch mit
Freunden und sinnvolle Tätigkeiten.

Unsere Auffassung von der Welt und vom Partner entspricht sehr oft nicht der Realität, sondern wird durch unsere Vorerfahrungen, unsere Einstellungen und unsere Art geprägt. Thomas' Freundin Dörte ist z. B. ein pessimistischer Mensch und hegt zugleich die unbewusste Überzeugung, nicht liebenswert zu sein, also keine Liebe zu verdienen; also interpretiert sie viele der Handlungen und Worte ihres Partners dementsprechend. «Er hat heute keine Zeit für mich» wird ganz schnell zu «Ha, etwas anderes ist ihm wichtiger, ich bin ja unwichtig». «Er macht mir kaum Komplimente» heißt, «er findet mich unattraktiv». Und «Er sagt nicht so oft ‹Ich liebe dich› wie mein Ex», kann dann nur bedeuten: «Aha, mit seinen Gefühlen für mich ist es nicht weit her.» Dass eine Beziehung mit solch einer Person sehr anstrengend und voller Unterstellungen und Verletzungen ist, versteht sich von selbst.

Viele der Menschen, wie ich sie bisher im Buch beschrieben habe, gehen nicht mit einer großzügigen Haltung in eine Beziehung à la «Ich habe viel zu geben und gebe gern». Ihre Herangehensweise entspricht eher der Einstellung: «Ich brauche und erwarte vom Partner bestimmte Dinge, und wenn ich diese nicht bekomme, bin ich auch nicht geneigt, nett und großzügig zu ihm zu sein.» Oder man gibt dann zwar noch, ist aber schnell zerknirscht und schlecht drauf wie Marc. Unterm Strich ist die Bilanz einer solchen aufrechnenden Beziehung aber mies. Und überhaupt, wer könnte alle bewussten und unbewussten Erwartungen und Bedürfnisse seines Partners erfüllen? Vor allem wenn dieser etliche seelische Defizite hat.

Großzügigkeit und eine wohlwollende Haltung sind weitaus anziehender und verstärken die Liebe viel mehr als Bedürftigkeit und Ansprüche.

Als ich dies einer Klientin sagte, widersprach sie: *«Wenn ich ihm viel gebe und total lieb bin zu ihm und dann kommt nicht das Entsprechende zurück, bin ich doch die Gearschte und Ausgenutzte.»* Diese Einstellung ist zwar weit verbreitet, aber dann fragt sich doch: Hat man nur ein begrenztes Kontingent an Wärme, Liebe und Freundlichkeit, das man hergeben kann? Nein – es ist fast unerschöpflich. Und kostenlos auch noch. Warum also damit haushalten? Ist das nicht ziemlich kindisch und Zeichen eines unstabilen Ichs, damit zu geizen und nur dann etwas davon herzugeben, wenn jemand den eigenen Erwartungen entspricht?

Er macht Druck, sie gibt nach – Ergebnis: Sex, der für beide schlecht ist

Ich eruiere mit Karin und Klaus in Einzelsitzungen, wie es genau um ihre negative Pflichtsex-Dynamik bestellt ist. Wenn sie z. B. schon lange besteht und kaum noch positive Momente enthält, ist es nur selten möglich, sie aufzuheben. Karin sagt, Klaus habe von Anfang an keinerlei Einfühlungsvermögen beim Sex gezeigt. Außerdem übe er auch seit langem unendlich viel Druck aus. Und zwar nicht nur direkt (durch Forderungen, Vorwürfe, anzügliche Bemerkungen, Übergriffe im Bett usw.), sondern auch indirekt: Wenn sie ihm nicht mindestens einmal die Woche «zum Abschuss verhelfe», sei er so lange gereizt und übellaunig, bis sie ihn «ranlasse».

Selbst er gibt das unumwunden zu: «Ich bin sehr unzufrieden, dass wir's nur zwei-, dreimal im Monat tun und dann auch nur so Blümchensex; aus meinem Missfallen mache ich keinen Hehl. Sie bläst mir auch viel zu selten einen und wenn, macht sie es viel zu lasch. Ich habe ihr schon mehrmals erklärt, wie es richtig geht – also Deep Throat. Sie behauptet, dass sie davon einen Würgereiz bekommt. ‹Lass meinen Schwanz an der Innenseite der Wange oder am Gaumen anstoßen›, sage ich ihr, ‹dann habe ich wenigstens ein bisschen dieses tiefe Gefühl.› Sie macht es, wenn auch selten, aber ich schaff es dabei nicht zu kommen. Ich habe ihr gesagt, dass andere Frauen das gut hingekriegt haben, aber die knieten halt vor mir, haben Gas gegeben und hatten Ausdauer. Karin will einfach nicht, sie stellt auf stur. Ich habe vor meiner Ehe sehr heißen Sex erlebt. Dass es bei uns so wenig ist, gab schon immer Anlass zu Streit. Ich habe ihr auch ein Buch gekauft, wie die Frau den Mann zu verwöhnen hat. Aber sie liest es einfach nicht.›»

Da bekommt man schon vom Zuhören fast einen Würgereiz. Statt sich damit zu befassen, warum seine Frau so lustlos ist, kreist Klaus ständig nur darum, was er nicht bekommt, und drängt ihr seine Spezialwünsche auf – als habe Karin keine eigenen Empfindungen und keine eigene Sexualität. Er sieht in seiner Frau vielmehr eine Dienerin, die seinen Willen zu erfüllen hat. Dies setzt er durch mit Druck, emotionaler Erpressung und Vergleichen mit «besseren Frauen», völlig blind dafür, wie ungeheuer verletzend, manipulativ und egozentrisch das ist. Das Ergebnis kann nicht überraschen: Karin ist die Lust auf ihn und auf Sex mit ihm restlos vergangen. Sie macht dicht, lässt nur noch die auf S. 76 beschriebene verkrüppelte Form zu – und das auch bloß, weil es sonst kaum mit ihm auszuhalten ist.

«Neuerdings sage ich ihm, er soll sich doch eine Geliebte zulegen oder in den Puff gehen», erzählt Karin. «Er entgegnet jedes Mal mit Nachdruck: ‹Das wäre ja noch schöner. Ich gehe auf die 50 zu, ich will mich jetzt sexuell ausleben, bevor es zu spät ist, und zwar in meiner Ehe! Wenn das so weitergeht wie bisher, dann zieh ich die Konsequenzen.› Damit meint er: Er dreht mir den Geldhahn zu und setzt sich ins Ausland ab.»

Das wiederum ist für Karin eine unerträgliche Vorstellung, weil sie finanziell völlig von ihm abhängig und nicht sehr lebenstüchtig ist und weil sie zudem auf keinen Fall will, dass die Kinder ohne Vater aufwachsen.

Meine Aufgabe an Klaus:

Einfühlungsübung für fordernde und wenig einfühlsame Menschen

Was genau wirft Ihnen Ihr Partner vor? Wenn Sie es nicht genau wissen, müssen Sie ihn fragen. Auch wenn es schwerfällt – tun Sie es trotzdem, denn Sie wollen ja, dass sich etwas ändert. Sehr wichtig ist, dass Sie die Frage mit einer offenen und freundlichen Haltung stellen und auch exakt mit dieser Haltung zuhören. Denn wenn er / sie bei jedem zweiten Wort Ablehnung und / oder energischen Widerspruch befürchten muss, wird er nie mit der ganzen Wahrheit rausrücken.

Sie können auch um eine Liste der Punkte bitten, die ihr / ihm beim Sex mit Ihnen missfallen, oder Sie erstellen die Liste selbst.

Dann stellen Sie sich bei jedem Punkt genau vor, wie es wäre, wenn eine geliebte Person (in der Regel also Ihr / e Partner / in) etwas Entsprechendes bei Ihnen machen würde.

Drei Beispiele aus Karins Beschwerde-Liste:

- Du weckst mich mitten in der Nacht oder frühmorgens, nur weil du einen Ständer hast und befriedigt werden willst.
- Mindestens einmal am Tag kommt irgendeine Aufforderung oder Anspielung, wie z. B. «Du wirst doch heute Abend nicht wieder bis elf vor dem Computer sitzen? Wir könnten mal früher ins Bett gehen, damit du nicht immer so müde bist!» oder «Wenn du nicht deine ganze Energie beim Shoppen verschwenden würdest, wäre davon mehr für mich übrig!»
- Selbst wenn ich meine Tage und Unterleibsschmerzen habe, klagst du dein «Recht» ein und traktierst mich mit schlechter Laune.

Klaus kann die meisten Punkte nachvollziehen – also dass sein Vorgehen bei Karin eher unschöne Gefühle anstatt Lust auslöst. «Wenn ich schlecht drauf bin, macht ihr das Schuldgefühle. Aber etwas aus Schuldgefühlen zu tun, ist ganz etwas anderes, als es aus Lust zu tun. Und wenn sie mich mitten in der Nacht wecken würde, damit ich ihr den schmerzenden Rücken massiere ... Hm ... Ich massiere ihr gern mal den Rücken, aber nicht, wenn sie mich dafür aus dem Schlaf reißt.»

Mit einigem kommt er dennoch nicht klar: «Warum kann Karin nicht einfach mal so mit mir Sex haben? Sex macht doch Spaß. Ich könnte gern täglich welchen haben. Da hat sie nun einen willigen Partner, mit dem sie alles machen könnte ... Warum zum Teufel nutzt sie das nicht?!»

Ich sage Klaus, dass seine Libido nicht das Maß sei und dass Karin der gemeinsame Sex eben nicht so großen Spaß macht. Statt Lust, also «Ich will», ist es für sie nur noch «Ich muss», also Zwang. Ich rate ihm ernsthaft, zu lernen, *wie ein Erwachsener mit Frustration umzugehen anstatt wie ein selbstbezogenes Kind.* Dann frage ich ihn: «Wenn Sie so einen enormen Sexdruck haben – verschaffen Sie sich dann nicht auch ab und zu von eigener Hand Erleichterung?» Er sieht mich entrüstet an und verneint: «Das ist nichts für mich. Und außerdem, wozu habe ich denn geheiratet?»

Klaus denkt, er habe mit der Ehe automatisch das Recht auf häufigen und regelmäßigen Sex erworben. Auch viele Unverheiratete denken übrigens in dieser Schiene! Und es sind nicht nur viele Männer vom alten Schlag, sondern sogar auch einige sehr junge Leute. Erinnern Sie sich an Linda (17) aus Kapitel 3, deren Freund (20) aufgrund seiner Phimose nur Pornosex mit ihr hat? Ich hatte ihr geraten, solchen Sex nicht mehr zuzulassen. Einige Wochen später schreibt sie mir noch einmal, denn sie habe noch nicht alles erwähnt:

«Ich habe ja nichts gegen oral, nur, er will es am liebsten mehrmals am Tag, egal ob ich gerade müde bin oder mich komisch dabei fühle … z. B. wenn wir mal zusammen fernsehen und er geil wird, macht er einfach seine Hose auf, zieht meinen Kopf runter, und während ich es ihm oral mache, schaut er weiter fern.

Ich hätte auch gern Oralsex, aber er hat's nur ein einziges Mal versucht und meinte, ich würde da unten komisch schmecken. Okay, ich will ihn ja nicht zwingen, aber mich stört der Spermageschmack ja auch, genauso wie ihn übrigens (er küsst mich dann nicht, bevor ich mir nicht die Zähne putze). Also hab ich vorgeschlagen, dass er bei der Fellatio ein Kondom überzieht. Er ist aber strikt dagegen und sagt, dass ich nur ohne Kondom blasen soll.

Da er einen recht großen Penis hat, bekomm ich ihn nur ganz in den Mund, wenn ich von der Seite blase, doch dabei kann er mir nicht ins Gesicht sehen und beklagt sich dann.

Ist es eigentlich normal, dass ein Mann jeden Morgen eine Latte hat? Ich hab ihm schon öfter gesagt, dass ich nicht jeden Morgen da ranwill, vor allem wenn er sich noch nicht gewaschen hat, aber irgendwie interessiert ihn das nicht so.»

Ich antwortete ihr: «Bist du seine Sklavin und wirst bestraft, wenn du keinen Oralsex machst, und zwar genau nach seinen Porno-Vorgaben? Niemand zwingt dich! Also mach es einfach nicht, bis er deinen Wünschen nachkommt. Jeder Mann würde sie dir erfüllen, bloß dein Freund nicht, weil er gelernt hat, dass er mit dir machen kann, was er will.

Und wenn ich das richtig verstehe, erwartet er bei jedem Ständer, dass du ‹etwas daraus machst›. Nun, das erwarten die wenigsten Männer. Jeder normale und liebesfähige Mann weiß, dass seine Partnerin keineswegs dazu da ist, jede seiner Erektionen ‹zum Abschluss zu bringen›. Im Grunde bist du nicht einmal verpflichtet, ihn überhaupt zu befriedigen. Was denkt er, was du bist – sein Befriedigungsautomat?

Das alles solltest du deinem Kerl einmal genau so sagen.

Andere Männer würden dich auf Händen tragen, aber dein Freund gehört vermutlich zur Spezies ‹sexuelles Trampeltier›. Er mutet dir ständig Blowjobs und sein Sperma im Gesicht und Mund zu, aber er selbst weigert sich bei dir. Oje, bei dem ist irgendetwas gründlich schiefgelaufen.

Normalerweise würde ich raten: Rede erst mal deutlich mit ihm und zieh deine Grenzen. Aber sein Verhalten ist wirklich krass! Jede einzelne seiner Verhaltensweisen, die Du in den beiden E-Mails beschrieben hast, zeugt von Egozentrik, Rücksichtslosigkeit und einem Riesenmangel an Einfühlungsvermögen. Falls er in anderen Bereichen genauso ist, solltest du dir das nicht länger antun.»

Wenn solche Menschen mich nach Rat fragen, muss ich ihnen erst einmal die Augen öffnen:

Eine feste Beziehung bedeutet NICHT, dass man über den Körper des Partners und dessen Sexualität verfügen kann.

Als ich Klaus das sage, guckt er erst einmal ungläubig drein. Ich setze noch einen drauf:

«Ihr Partner ist NICHT für Ihre Befriedigung zuständig. Ihre Frau sollte es nur tun, wenn sie wirklich Lust darauf hat.»

Klaus argumentiert: «Aber sie hat ja nie von sich aus Lust!»

«Das heißt, Sie kriegen nur Sex, wenn Sie irgendwie Druck machen.»

«Na ja ... ja, meistens», gibt er zu.

«Und wie fühlt sich der Sex dann an?»

«Nicht gut. Eigentlich beschissen.»

«Warum machen Sie dann Druck, wenn das Ergebnis beschissen ist?»

«Weil ich sonst gar keinen Sex mehr bekäme», erwidert Klaus.

«Ist das wirklich so? Vielleicht käme Ihre Frau eher auf Sie zu, wenn Sie den Druck komplett abstellen würden? Wenn Sie sich mal vorstellen, Karin würde Sie dauernd dazu bringen wollen, mit ihr Sport zu machen, und piesackt Sie tagelang, falls Sie nicht mitziehen ... Sie wissen, dass es Ihnen guttäte, und eigentlich machen Sie gern Sport, aber nicht den, den Karin will. Doch *Ihre* Form von Sport zu entwickeln, dazu kommen Sie gar nicht, weil Karin immer schon parat steht. Das Einzige, was Sie dem noch entgegensetzen können, ist, sie öfter auszubremsen oder nur mit halbem Einsatz mitzumachen.

Auf die weibliche Sexualität übertragen, ist das noch viel ausgeprägter, weil dieser Bereich viel sensibler ist. Denn beim Sex sind wir nackt, geben uns preis, lassen jemanden in uns hinein, werden verletzlich; auch die körperliche Überlegenheit des Mannes bleibt stets im Hinterkopf. Deshalb kann da schnell eine leise Angst entstehen, zu viel zuzulassen, denn dann könnte er sich noch mehr nehmen.»

Klaus mag das alles erst nicht so ganz anerkennen: *«Ach, Karin ist doch schon von Haus aus verklemmt.»*

Aber das stimmt überhaupt nicht: Karin hatte seit Jahren eine heimliche Affäre mit einem anderen: Peter arbeitete in einem Verein mit, in dem auch sie tätig war. Sie hatte sich in ihn verliebt, weil er sehr liebevoll und behutsam mit ihr umging. Und als sie sich ihm irgendwann öffnete, forderte er nie sein «Recht auf Beischlaf» ein. Es geschah auf rein freiwilliger Basis – und auf einer sehr lustvollen!

Karin erzählt: «Ich hatte bei Peter nie Angst, dass er zu weit gehen würde. Oder dass er, wenn ich etwas machte – wie Oralverkehr – zu viel fordern würde. Er spürte genau, ob mir grade etwas behagte oder nicht. Und wenn er merkte, dass ich nicht in Stimmung war, nahm er mich einfach nur in die Arme und beließ es beim Schmusen.» Dadurch, dass es Peter nicht vorrangig um Sex ging, sondern um sie als Person und darum, ihr Freude zu schenken, wurde sie bei ihm im Laufe der Zeit sexuell sehr offen und freigebig – teils zu ihrer eigenen Verwunderung.

Was tun gegen die negative Pflichtsex-Dynamik?

Bei Karin und Klaus ist es sowieso schon zu spät. Aber bei vielen Paaren, bei denen sich diese Dynamik schon eingestellt hat, ist das Liebesleben noch zu retten.

Mein Rat an «Sexdruck-Opfer» (überwiegend Frauen):

Sie *müssen reden!* Und zwar nicht nur deutlich sagen, was Sie an der Art ihres Partners im Bett ungünstig finden – sondern auch, was Sie sich stattdessen wünschen. Doch da hakt es ja auch oft: Man weiß es gar nicht so recht. Dann gilt es, erst einmal ausführlich zu erforschen, welche Formen von Erotik und Körperlichkeit man gerne hätte (siehe auch S. 120 und S. 189).

Wenn Sex Ihnen unangenehme Gefühle bereitet, müssen Sie ihn sofort abbrechen! Denn dann sind Sie und Ihr Körper noch nicht genug darauf eingestimmt. Entweder Sie brauchen gerade keinen Sex oder mehr Vorspiel bzw. ein anderes Vorspiel. Es ist elementar, dass Sie Ihren Partner viel stärker lenken und führen als bisher.

Viele befürchten, dass der andere dann irritiert sein könnte. Aber es geht ja nicht an, dass er auf Ihre Kosten Spaß hat.

Mein Rat an die Partner von «Sexdruck-Opfern» (überwiegend Männer):

Sie können Ihre Gefährtin sicherlich durch direkten und indirekten Druck dazu veranlassen, öfter zum Sex bereit zu sein – aber durch keine Form von Druck oder Drängeln können Sie ihr *Begehren* hervorrufen. Im Gegenteil: Je mehr Druck, desto weniger Begehren. Und Sie wollen doch, dass sie Lust auf Sie und auf Sex mit Ihnen hat, oder?

Der richtige Weg ist: Den Druck komplett rausnehmen, damit Ihre Partnerin innerlich entspannen kann und von sich aus wieder Lust entwickeln kann. Jeglichen Versuch unterlassen, sie «zu etwas zu kriegen»! Nicht mehr kämpfen, nicht mehr einfordern, sondern *lockerlassen*.

Und Sie dürfen auf keinen Fall Ihren Frust an ihr auslassen, denn das verringert ihre Lust nur noch mehr.

Behandeln Sie Ihre Partnerin wie etwas sehr Kostbares: mit sehr viel Feingefühl und Achtsamkeit. Das schließt auch Dinge ein, wie ihr nicht schnurstracks in den Slip zu gehen oder einfach an den Busen oder Hintern zu fassen, wenn sie gerade nicht «in Stimmung» ist. Zudem lege ich allen Männern sehr ans Herz zu lernen, erst dann in ihre Partnerin einzudringen, wenn sie mental und körperlich wirklich erregt ist – also den Penis auch wirklich in sich haben will! Kurzum: Kein Sex, wenn ihr nicht danach ist. Und vielleicht auch ihre Wünsche herausfinden, ohne dass sie glaubt, sich gleich revanchieren zu müssen.

Wenn das «übliche» Verhalten zu wenig fruchtet

Haben Sie oder Ihr Partner eventuell ungünstige Verhaltensweisen (= die weder zum Ziel noch zu einer positiven Veränderung führen)? Hierzu gehören:

- Man macht mit und setzt zu wenig Grenzen, drückt aber gleichzeitig auf indirekte Art Missfallen aus.
- Zurechtweisungen, Vorwürfe, spitze Bemerkungen.
- Negative Verallgemeinerungen wie: «Nie machst du …», «Du machst immer …», «Du bist immer …», «Du bist so ein/e …»
- Man redet/meckert immer nur, anstatt konkret etwas zu tun.
- Man wendet immer dieselbe wenig erfolgreiche Technik an.
- Druck, Manipulationen, Vergleiche mit anderen.

Folgendes führt eher zum Ziel bzw. in eine günstige Richtung:

- **Klartext reden:** Wenn Sie um den heißen Brei herumreden oder zu diplomatische Umschreibungen wählen, versteht Ihr Partner entweder gar nicht, worauf Sie hinauswollen, oder er hält es nicht für wichtig oder dringlich. Zu drängelnd, fordernd, vorwurfsvoll oder patzig darf es aber auch wieder nicht sein, sonst macht er gleich zu. Man kann sein Anliegen durchaus klar und gleichzeitig freundlich ausdrücken.

- **Handeln statt zu viel Reden, Mahnen, Meckern:** Taten bleiben eher im Gehirn hängen als bloße Worte und sind durch ihren Überraschungseffekt oft auch wirkungsvoller. Anstatt z. B. ständig zu mahnen, er solle Sie sanfter oder fester anfassen, ergreifen Sie seine Hand und zeigen ihm, welche Intensität für Sie die beste ist.

- **Anspornen:** Überlegen Sie einen Moment, womit Sie den Ehrgeiz Ihres Partners wecken können. Lassen Sie dabei Vergleiche besser ganz. Arbeiten Sie lieber mit Komplimenten und Schmeicheleien («Du bist einfach der/die Beste, etwas ganz Besonderes» usw.) oder mit persönlichen Wünschen (etwa: «Heute morgen unter der Dusche habe ich mir vorgestellt, wie es wohl wäre, wenn du mich dort im Stehen nimmst – aber ich weiß gar nicht, ob das für dich überhaupt in Frage kommt …»).

- **Belohnen:** Oftmals noch effektiver als nette Worte sind konkrete Belohnungen, wie z. B. eine Extraladung Zärtlichkeit, ein Blowjob, eine Massage, kleine Geschenke, ein besonders herzliches Kompliment und Ähnliches mehr. Wichtig ist dabei, dass die Belohnung nach dem Geschmack ihres Partners ist.

  Auch eine ganz kleine schlichte Sache wird oft vergessen, obwohl sie so wirkungsvoll ist: sich bedanken, etwa für einen besonders schönen Akt, einen gelungenen Abend zu zweit oder überhaupt für den Sex an sich.

- **Klug dosieren:** Falls Sie etwas zu oft machen, sagen oder wollen, kann es sich abnutzen oder in Ihrem Schatz sogar Überdruss erzeugen. In dem Fall sollten Sie unbedingt ausprobieren, was passiert, wenn Sie es eine Zeitlang (z. B. einen Monat) gar nicht machen oder nur sehr sparsam anwenden. Manche Männer denken z. B., sie müssten ihrer Partnerin jedes Mal Oralsex geben, damit sie «aufnahmebereit» wird. Vielleicht funktioniert das sogar, aber sie wird bei weitem nicht so erregt und heiß, wie sie es mit mehr Abwechslung sein könnte.

- **Ineffektive Aktionen bleibenlassen:** Möglicherweise wenden Sie etwas im Liebesspiel schon so selbstverständlich an, dass Ihnen kaum auffällt, dass es nicht mehr besonders wirkungsvoll ist. Dann lassen Sie diese spezielle Aktion einfach mal komplett weg und tun Sie stattdessen etwas ganz anderes, vielleicht sogar das Gegenteil. Berücksichtigen Sie dabei aber die (Eigen-)Art Ihres Partners.
- **So tun als ob:** Ihr Partner wirft Ihnen vor, Sie seien ständig auf Sex aus, hätten es zu eilig, was auch immer. Tun Sie mindestens zweimal hintereinander, als ob Sie kein bisschen so sind.
- **Ihren inneren Schalter auf Ja stellen:** Und wenn es nur für dieses eine Mal ist. Betrachten Sie es als Experiment. Siehe auch das nachfolgende Kapitel 5!

Kapitel 5

SAGEN SIE KLAR JA UND NEIN?

Heute gehört es zum guten Ton zu sagen: «Ja, klar mag ich Sex!» Aber etliche Leute mögen ihn nur dann, wenn Liebe, Beziehung und Stimmung passen. Und da die nicht immer passen, können sie ihn auch oft nicht genießen. Das führt zu der Frage: Hat man Sex auch um des Sex willen – Vergnügen, Befriedigung, feine Beschäftigung zu zweit –, oder dient er oft als Mittel zum Zweck? Etwa um den anderen bei Laune zu halten, zu binden, zu etwas zu kriegen ... Nicht gut! Denn dann lässt man nicht nur viele Akte über sich ergehen, sondern macht sich auch davon abhängig, dass der Partner wunschgemäß reagiert (und wenn er es nicht tut, fühlt man sich «benutzt»).

Sehr viele Menschen haben zu Sex insgeheim eine zwiespältige Einstellung. Ich meine jetzt nicht zum Sex mit einem bestimmten Partner (der ja z. B. durch unterdrückte Wut negativ belastet sein kann), sondern zu Sex allgemein. Selbst Leute, die von sich denken oder behaupten, sexuell gut drauf zu sein, tragen manchmal unbewusst diesen Zwiespalt mit sich herum. Denn im Laufe des Lebens bekommt man unzählige Botschaften über Sex mit, wobei er öfter schlecht als gut wegkommt. Schon sehr kleinen Kindern wird vermittelt: Fass dich da nicht an, mach bestimmte Sachen nicht, benutze bestimmte Ausdrücke nicht und und und. Gerade in so einem zarten und beeinflussbaren Alter hinterlässt das eine tiefe Prägung: Wer sich zu sehr und auf bestimmte Art sexuell betätigt, ist nicht akzeptabel – also jemand, den die anderen nicht um sich haben wollen.

Solche Prägungen sind ja auch nicht völlig sinnlos: So wird verhindert, dass wir es ungehindert überall und jederzeit treiben. Aber die meisten von uns tragen diese Prägungen lebenslang als Beschränkung mit sich herum, die deutlich über diesen Sinn hinausgeht. Zum Teil ist sie dann auch dort wirksam, wo sie gar nicht nötig wäre – im intimen Beisammensein mit dem Partner.

Steht Ihr innerer Schalter auf Ja oder auf Nein?

Sie kennen das bestimmt: Es gibt Tage oder Situationen, da steht Ihr innerer Lustschalter auf Nein, und zwar unverrückbar. Falls Ihr Partner dann Sex von Ihnen will, gehen Sie entweder gar nicht darauf ein, oder Sie tun es entgegen Ihrem inneren Widerstand, und dann fühlt es sich in der Regel auch nicht gut an – sondern irgendwie gewaltsam oder zumindest unschön. Vielleicht passiert das sogar so oft, dass Sie kaum noch merken, dass Sie sich Gewalt antun (lassen).

Bei manchen steht der innere Lustschalter permanent auf Nein oder fast die ganze Zeit. Das kann mit den oben genannten Prägungen zu tun haben, mit anderen unbewussten Überzeugungen, mit einer gewissen Paardynamik; mit der Angst vor einer ungewollten Schwangerschaft oder Krankheiten; mit der Angst, sich auszuliefern und / oder verletzt zu werden usw.

Klar: Wenn man Sex eigentlich mag, aber nicht den mit dem aktuellen Partner, gilt es, genau zu hinterfragen, warum das so ist. Ob wir einen körperlichen Reiz – egal ob Kuss oder Koitus – als angenehm oder nicht empfinden, hängt z. B. stark von unserer eigenen Bewertung im Kopf ab! Ein und dieselbe Berührung von derselben Person kann sich das eine Mal schön anfühlen und das andere Mal unpassend oder gar lästig. Das kommt oft daher, dass man genervt vom Partner ist – oder von sich selbst. Klären Sie es, anstatt es auf der sexuellen Ebene auszutragen. Oder es fühlte sich früher einmal gut an und ist jetzt nur noch lästig – wie bei Steffi (32):

«Ich bin seit fünf Jahren mit meinem Freund zusammen, die ersten anderthalb Jahre führten wir eine Fernbeziehung. Liebe auf den ersten Blick war es von meiner Seite aus nicht, sondern eher ein Wohlfühlen an seiner Seite. Der Sex war am Anfang auch sehr schön, ich hatte immer einen Orgasmus beim Koitus, was

ich mit meinen Ex-Partnern nie hatte. Da wir so super harmoniert haben und der Sex wirklich gut und erfüllend war, war ich überglücklich.

Wir sind dann zusammen ins Ausland ausgewandert und dort zusammengezogen. Seitdem hat sich unsere sexuelle Beziehung total verändert. Ich hatte plötzlich viel weniger Lust auf Sex als er, und da ich ja nicht immer Ausreden anbringen wollte und dachte, vielleicht kommt die Lust ja, wenn wir dabei sind, habe ich oft mit ihm geschlafen, auch wenn mir nicht der Sinn danach stand. In der Folge hatte ich immer weniger Lust auf ihn, sodass wir es mittlerweile nur noch ungefähr alle ein bis zwei Monate tun – ich auch dann eher aus Gefälligkeit und nicht, weil ich heiß bin. Ansonsten masturbiere ich ihn zweimal die Woche (auch dies nur aus Gefälligkeit).

Ich bin sehr unglücklich, weil ich mir ein erfülltes Sexleben mit ihm wünsche, doch irgendetwas in mir blockiert total die Lust. Ich habe schon oft mit ihm gemeinsam überlegt, was der Grund sein könnte, und vermute:

1. Ich fühlte mich nach dem Zusammenziehen durch seine vermehrte Lust überfordert, was sich bis zur völligen Lustlosigkeit gesteigert hat. Wenn er mal für ein paar Tage nicht da ist, masturbiere ich oft – sprich: Ich habe durchaus Lust – aber sobald er wieder da ist und mit mir schlafen will, ist alles vorbei. Wieso, verstehe ich nicht, aber es macht mich fertig.

2. Wenn er mich berührt, kitzelt es mich sehr oft unangenehm, und ich bitte ihn dann aufzuhören. Früher mochte ich dieses leichte Streicheln schon, jetzt nervt es mich nur. Vielleicht sind ja seine ‹Krabbelfinger› an allem schuld? Wenn er es jedoch fester macht, fühlt es sich für mich an, als streichle er ein Pferd. Vielleicht findet er nicht mehr den richtigen Modus.

3. Wenn er mich zwischen den Schenkeln oder am Unterbauch berühren will, zucke ich immer öfter zusammen – was ihn verletzt. Wehrt sich mein Unterbewusstsein gegen ihn? Aber wieso?

Er sagt, dass er sich auf keinen Fall trennen will und damit leben kann, so selten Sex zu haben, wenn ich ihn bei Bedarf masturbiere und wir so viel kuscheln wie bisher. Er will für immer mit mir zusammen sein, spricht sogar von heiraten. Irgendwo möchte ich das auch, mein Leben ist so viel reicher und schöner mit ihm. Aber ich habe große Angst, dass es am Ende doch am Sex scheitern wird.»

Punkt 2 und 3 halte ich weniger für Ursachen als für Symptome (das wird oft verwechselt). In erster Linie steht Steffis innerer Sexschalter auf Nein, und das bewirkt,

- dass ihre Lust blockiert ist, obwohl sie mit ihrem Freund ein Sexleben will;
- dass sie das zarte Streicheln, das normalerweise Lustschauer auslösen würde, als unangenehmes Kitzeln empfindet (als Folge ihrer körperlichen Abwehrhaltung);
- dass sie zusammenzuckt, wenn seine Hände auch nur in die Nähe ihrer Intimregion kommen;
- dass sie zu wenig schöne Empfindungen hat, wenn es denn doch mal zum Verkehr kommt.

Punkt 1 spielt hier eine riesengroße Rolle: neue Umgebung plus neue Wohn- und Beziehungssituation plus neuer Job. Du meine Güte, das ist viel zu viel Umstellung auf einmal. (Es ist zudem auch noch Steffis erste Wohnung mit einem Partner, also doppelt ungewohnt für sie.) Das würde fast jeden zutiefst stressen und überfordern. Zudem sind die beiden infolge des Auswanderns und Zusammenziehens zu sehr aufeinander fixiert, verfolgen kaum eigene Interessen und haben zu wenige Außenkontakte. Deswegen denkt Steffi (unterschwellig), sie allein sei dafür zuständig, dass die Beziehung gut läuft und es ihrem Freund gutgeht. Was sie in dieser Situation eigentlich braucht, ist Ruhe und Zeit für sich allein. Sie beansprucht das aber nicht für sich, warum auch immer, und hat auch keine Rückzugsmöglichkeiten. Also sorgt wenigstens ihr Körper für Abstand.

Hinzu kommt: Das, was jederzeit zur Verfügung steht, ist nicht besonders begehrenswert. Dementsprechend sperrt sich Steffis Inneres, seit sie mit ihrem Freund zusammenwohnt, dagegen, jederzeit verfügbar zu sein. Vermutlich kann er sie nur deswegen noch so sehr begehren, weil sie ihn auf Abstand hält. Wäre sie allzeit bereit, ginge höchstwahrscheinlich auch sein Begehren zurück.

Mein Rat Nr. 1 ist also: sich befreien von dem Gedanken, zuständig für sein Wohlbefinden zu sein.

Mein Rat Nr. 2: nicht so stark aufeinander fixiert sein, einen eigenen Freundeskreis aufbauen. In einem Fall wie diesem kann es sogar angezeigt sein, getrennte Wohnungen zu beziehen oder zumindest ein eigenes Zimmer zu haben, in das man sich völlig ungestört zurückziehen kann (ohne dass dann dicke Luft herrscht).

Und wenn Rat Nr. 1 und 2 schon zu einer inneren Entspannung geführt haben, folgt

Mein Rat Nr. 3: sein sanftes Streicheln und / oder die Hand am Schenkel zulassen, in beiden Situationen versuchen zu relaxen und möglichst wenig Abwehrspannung aufkommen zu lassen – und die «Widerstandsübung» von S. 160 machen.

Wenn der Schalter auf Nein steht …

… entstehen nicht nur die verschiedensten Widerstände im Körper (unangenehme Gefühle beim Sex, genitaler Durchblutungsmangel usw.), sondern auch im Gehirn: «Ich kann nicht, ich bin zu müde, ich bin zu gestresst, mir steht jetzt nicht der Sinn nach Sex, mein Kopf ist zu voll, schon wieder will er / sie was von mir, er / sie will zu viel» usw.

Falls der Partner tatsächlich zu viel will, mag so eine Abwehrhaltung noch Sinn ergeben. Aber ansonsten ist es oft einfach nur schade, denn sie blockiert das freie Fließen unserer wahren Gefühle und unserer Erotik. Besser ist es stattdessen, auch ein Nein ganz klar als Ja zu formulieren:

Ja, ich mag nicht.

Ja, ich möchte heute keinen Sex, sondern ein andermal, wenn ich weniger gestresst bin.

Ja, ich lasse zu, dass der Stress unsere Erotik stört.

Ja, mir steht nicht der Sinn nach Sex, ich möchte lieber …

Ja, ich möchte weniger Sex als du, mich stört nur, dass es dich stört.

Ja, mich stört auch, dass ich weniger Sex möchte als du, also was könnten wir dagegen tun?

Sie sehen, dass dieses Ja einen viel direkteren und ehrlicheren Umgang mit Sexualität ermöglicht. Auch Ihr Partner wird damit letztlich viel besser umgehen können, als wenn er das Gefühl hat, Sie greifen zu Ausreden oder sind generell ablehnend.

Das Ja zeigt auch, dass Sie ein Recht darauf haben und sich dieses Recht nehmen, keinen Sex zu wollen oder eine bestimmte Form oder Häufigkeit von Sex. Es ermöglicht nicht nur eine Akzeptanz von Seiten Ihres Partners, sondern auch dass Sie selbst es akzeptieren, wenn Ihre Lust oder Ihr Körper etwas anderes wollen, als vielleicht gerade verlangt wäre.

(Er-)Finden Sie Ihren eigenen Liebes-Stil!

Entscheidet Ihr Partner, was Sie essen, anziehen, arbeiten? Hoffentlich nicht. Aber in Sachen Beziehung und / oder Sex überlassen frappierend viele Menschen dem Partner die Regie. Vielleicht aus Unsicherheit oder weil sie es einfach gewöhnt sind, dass der andere bestimmt.

Übung: Legen Sie sich allein und entspannt mit Schreibzeug ins Bett oder aufs Sofa. Bitte phantasieren Sie jetzt frei und ausführlich: Wie genau würde Ihre Wunschvorstellung von Ihrer Beziehung aussehen? Was wäre dann anders an: Ihrem Alltag, Ihrem Verhalten zueinander, Ihrer körperlichen Verbindung? Notieren Sie sich Stichpunkte.

Nun das Gleiche in puncto Sex. Wie sieht Ihre Wunschvorstellung vom gemeinsamen Sexleben aus?

Dann spinnen Sie mal einen Liebesakt zusammen, der völlig Ihren Gelüsten entspricht – völlig unabhängig von denen Ihres Partners oder davon, was landläufig als «guter Sex» betrachtet wird.

Zuerst erinnern Sie sich zurück an die letzten Male mit Ihrem Partner. Was hat Sie gestört, was angemacht? Ist etwas schiefgelaufen? Wenn ja, warum? Gehen Sie Ihre sexuelle Vergangenheit durch. War es mit anderen Liebhabern zum Teil besser? Wenn ja, warum? Setzen Sie das Tagträumen noch ein wenig fort: Was fehlt Ihnen, wovon hätten Sie gern mehr, was würden Sie gern einmal ausprobieren?

Schreiben Sie Ihre Phantasie ausführlich (vom Vorspiel bis zum Nachspiel) auf mindestens einer DIN-A4-Seite auf. Viele stellen dabei fest, dass sie ihrem Partner zwar oft mitteilen, was sie *NICHT* mögen, aber ihr Traum-Liebesspiel unterschlagen.

Wenn beim Sex Gedanken im Kopf herumschwirren

Angenommen, Sie und Ihr Schatz sind gerade sexuell irgendwie zugange, aber Sie sind nicht wirklich bei ihm / ihr und beim Sex, sondern alles Mögliche schießt Ihnen durch den Kopf, das mit Erotik nicht im Geringsten zu tun hat. Die ablenkenden Gedanken, die viele Leute in Momenten haben, in denen sie meinen, beim Sex sein zu müssen, haben oftmals einen verborgenen Vorteil: Sie sorgen für inneren Abstand. «Ich darf nicht vergessen, noch Milch einzukaufen», «Mich juckt's gerade am Fuß», «Komisches Bild da an der Wand». Aus irgendeinem Grund will man vielleicht gerade keinen Sex oder so viel Nähe zum Partner haben und schaltet innerlich ein bisschen weg. Oder Ihr Über-Ich will Ihnen den Spaß verderben, so à la «Du sollst nicht zu geil sein!» Was tun?

Unterbrechen Sie den Akt, z. B. dadurch, dass Sie zur Toilette gehen. Atmen Sie tief durch, kommen Sie ganz zu sich, indem Sie sich zentrieren (siehe Übung «Entspannungsatmung» auf S. 215). Was wollen Sie jetzt, in Bezug auf die Situation, aus der Sie gerade einen Moment ausgestiegen sind?

Würden Sie jetzt nur deswegen zurückgehen, weil Ihr Partner sonst enttäuscht wäre? Oder wollen Sie eigentlich zurück, aber eine andere Form von Erotik mit ihm / ihr haben? (Und trauen Sie sich, das mitzuteilen?) Haben Sie doch wieder Lust auf ihn / sie? Dann gehen Sie dem Bedürfnis nach – aber ohne falsche Scham! Sagen Sie laut zu sich selbst: «Ja, ich fröne jetzt meiner Lust.» Oder: «Ja, ich lasse zu, dass es mir gefällt.»

Wenn Ihnen nicht nach Sex ist, was genau würden Sie stattdessen jetzt gerne tun? Tun Sie es (selbst wenn es Aufräumen ist), ohne dauernd für Ihren Partner mitzudenken; dieses Mal wird er/sie es schon verkraften, dass Sie sich von Ihren Impulsen leiten lassen. Teilen Sie eventuell mit, dass Sie «dieses Experiment aus dem Buch» machen. Oder geht das nicht, weil er/sie dann ziemlich aus der Balance geworfen würde? In diesem Fall geht es um viel mehr als nur Sex – etwa, dass Ihr Partner innerlich ziemlich unsicher ist, ob Sie ihn/sie wirklich lieben und das unter anderem an Sex festmacht. Dann wird er zweckentfremdet zum Liebesbeweis, anstatt für sich zu stehen und mit Hingabe ausgelebt zu werden.

Wo sind Ihre Grenzen und wie setzen Sie sie?

Eines der allerwichtigsten Themen für Sexbewusstsein – und für guten Sex! – ist die Fähigkeit, Grenzen zu setzen, also dem anderen deutlich zu zeigen, was über Ihre Grenzen hinausgeht und wann er sie überschreitet. Es kann sich dabei um sehr offensichtliche Dinge handeln – z.B., dass man nicht auf «schlucken» steht oder gerade keinen Verkehr möchte – oder auch um subtile, etwa dass man sich vom anderen ständig ein bisschen bedrängt fühlt.

Wer zu wenig Grenzen setzt, kriegt ebenso Probleme wie jemand, der dies auf eine ungünstige Art und Weise macht. Im ersten Fall schadet man sich selbst und der Partnerschaft, im zweiten Fall verletzt man obendrein den Partner und stellt auch bei ihm den Schalter von Ja auf Nein. Und sehr viele Menschen, die Grenzen nicht direkt ziehen, tun es irgendwie oder irgendwann doch, und zwar auf indirektem Weg.

Vor einiger Zeit beriet ich ein Paar: er voll berufstätig, sie in Teilzeit im Home-Office, ein kleines Kind. Er hatte ständig Lust, sie immer weniger. Aber da sie ihn nicht dauernd zurückweisen wollte, entwickelte sie ein paar Verhaltensweisen, um «unverschuldet» um den Sex herumzukommen, so z.B.:

- Sie war dauernd müde, obwohl sie keinen anstrengenden Job hatte.

- Sie ging viel früher zu Bett als er.
- Sie stillte das zweijährige Kind immer noch und ließ ihren Mann nicht an ihre Brüste.
- Sie nahm das Kind sehr oft mit ins Ehebett, legte es wie eine Grenze zwischen sich und den Mann.
- Sie vermied körperliche Nähe, küsste ihn auch nicht mehr richtig.

Auch hier muss erst mal ein klares Ja oder Nein her: Will ich mit meinem Mann zusammen sein, ja oder nein? Wenn ja: Will ich mit ihm ein Liebesleben aufbauen, das auch für mich passt, ja oder nein? Und dann gilt es aktiv zu werden. Im diesem Fall:

1. Wegen der Müdigkeit zum Arzt gehen, um sich durchchecken zu lassen (auch den Hormonstatus, z. B. die Schilddrüsenwerte!) und einen Heilpraktiker zu Rate ziehen.
2. Eine Eheberatung aufsuchen, um herauszufinden, was da intern in der Beziehung los ist.
3. Sich Raum und Zeit schaffen, die nur für Zweisamkeit reserviert sind. (Babysitter organisieren.)
4. Wenn er ihr optisch nicht mehr gefällt, überlegen, ob man das ändern kann (und ob er bereit dazu wäre).
5. Wege ersinnen, um frischen Wind in die Ehe zu bringen.

Manchmal übernimmt unser Körper Schutzfunktionen, deren wir uns nicht bewusst sind oder zu denen wir nicht zu stehen wagen. Viele der Betroffenen haben ständig Schmerzen beim Verkehr oder entwickeln andere chronische Leiden: z. B. Intim- und Blasenentzündungen, Unterleibserkrankungen, Magen-Darm-Probleme, Migräne usw. Die bereits erwähnte Dauermüdigkeit gehört ebenfalls dazu, auch bei Männern. Andere wiederum hindern Hämorrhoiden, Blähungen, Inkontinenz, Ekzeme im Intimbereich und Ähnliches daran, Sex zu haben; Beschwerden, die gut behandelbar wären – wenn die Betreffenden denn zum Arzt gingen. Und manche halten sich den Partner mit Hilfe anderer «Körperbarrieren» vom Leibe, etwa durch einen Schutzwall aus Speck, mangelnde Hygiene, Rauchen und andere üble Gerüche.

Einige von ihnen – Frauen wie Männer – ruhen sich quasi auf ihren Leiden, Unpässlichkeiten und Depressionen aus, um allzu viel Sex oder Intimität zu vermeiden (aus welchem Grund auch immer). Oft ist es ihnen noch nicht einmal bewusst. Aber es ist ganz einfach daran zu erkennen, dass sie nichts Effektives unternehmen, um das Leiden oder Hindernis loszuwerden, höchstens etwas Oberflächenkosmetik betreiben. Und warum? Weil die Betreffenden, trotz aller Nachteile, auch einen gewissen «Gewinn» aus ihrer Krankheit ziehen: Sie ernten in der Regel nicht nur Mitgefühl und Rücksichtnahme, sondern haben jederzeit eine Ausrede für alles Mögliche, ohne als die / der «Böse» oder allzu «egoistisch» dazustehen. Im Gegenteil, der andere ist der Rücksichtslose, der Böse, der Grobian, wenn er trotzdem Wünsche äußert oder auch mal sauer wird. Nur: Irgendwann ist die Geduld des Partners am Ende.

Wie setzt man nun auf «gute» Art Grenzen?

Jemand mit einem guten Identitäts- und Selbstwertgefühl hat kein Problem damit, Dinge an sich heranzulassen (Fremdes, Wünsche, Anweisungen, Kritik, ...) wie auch auf gelassene Art seine Bedürfnisse und Grenzen zu kommunizieren. Jemand, der sich seiner selbst nicht so sicher ist, hat hingegen oft Abgrenzungsprobleme in beiden Richtungen: öffnen und zumachen. Solche Menschen grenzen sich teils zu wenig (oder zu spät) ab und teils zu rigoros, zu oft, zu schnell.

- Zu wenig, weil der (über)große Wunsch nach Wertschätzung, Liebe, Akzeptanz überwiegt.
- Zu viel, weil aufgrund der nicht ganz klaren Identität und des Selbstwertdefizits oft die unbewusste Angst besteht, dass etwas (Unangenehmes, Schlimmes, Unkontrollierbares) mit einem geschieht, wenn man gewisse Dinge zulässt und / oder zu sehr an sich ranlässt. Daher wird vieles zu schnell oder zu heftig abgewehrt, auch wenn es vielleicht keiner oder nur einer mäßigen Abwehr be-

dürfte. Leider verbaut der Betroffene sich damit vieles. (In diesem Themengebiet ist auch Überempfindlichkeit angesiedelt. Viele der Betroffenen haben zudem körperliche Überempfindlichkeiten und Abwehrreaktionen, etwa Erkrankungen der Haut und Allergien; beides steht psychosomatisch für Abgrenzungsprobleme.)

- Ein «Zuviel» kommt oft auch daher, dass man zu lange zu viel zugelassen hat und plötzlich «das Maß voll» ist. Leider ist es dann immer schon übervoll, wodurch auch das Stoppsignal übermäßig ausfällt.

Möglicherweise setzt man seine Grenzen teils in den falschen Bereichen und teils auch auf ungünstige Art? Einen Hund, der immer nur bellt, aber nicht beißt, nimmt schließlich auch niemand ernst. Körperliche oder verbale Angriffe, Mauern aufbauen und Wegrennen sind der Sache ebenso abträglich. Ein erwachsener Mensch bleibt besonnen und sagt auf ruhige Art, was ihn kränkt, stört oder seine Grenzen überschreitet. Und wenn der andere sie auch nach der dritten Ansage noch nicht beachtet, flippt man nicht aus oder verfällt in Gemecker, Anklagen, Vorwürfe, sondern zieht deutliche Konsequenzen.

Wie schon angedeutet: Für ein gutes unbeschwertes Wohlgefühl beim Sex ist es elementar, dass man seine eigenen Grenzen und Widerstände wahrnimmt und sie dem anderen auch unmissverständlich mitteilt. Aber Sie und Ihr Gegenüber werden sich nur dann damit wohl fühlen, wenn Sie es auf eine Art mitteilen, die ihn nicht verletzt. Wobei das oft schwierig ist, falls Ihr Partner überempfindlich reagiert (also sehr schnell gekränkt, beleidigt, zickig, aggressiv ist).

Hier ein paar Arten, mit denen «normale», einigermaßen stabile Menschen klarkommen sollten:

- Sie werden an einer Stelle angefasst, an der Sie in dem Moment nicht angefasst werden möchten: Ziehen Sie den Körperbereich sachte, aber merklich zurück.
- Ihr Partner will Sex, Sie gerade nicht: Sagen Sie: «Ich möchte im Moment/heute nicht, weil …»

Verbinden Sie Ihr Nein am besten mit einer Begründung, die ihm zeigt, dass er nicht persönlich abgelehnt wird: «weil ich mich körperlich gerade unwohl fühle», «weil ich den Kopf einfach nicht frei kriege», «weil es schon so spät ist und ich lieber schlafen möchte» usw. Das gilt aber nur, wenn es der Wahrheit entspricht und Sie sonst durchaus Lust haben! Widerstehen Sie der Versuchung, Ausreden zu benutzen. Denn falls Sie das häufiger tun, geht das nach hinten los: Ihr Partner spürt, dass er belogen wird, und ist verärgerter, als wenn Sie gleich die Wahrheit sagen würden.

- Verbinden Sie Ihr Nein, wenn möglich, mit einer «Aussicht»: «Ich mag heute nicht, aber am Sonntag bin ich bestimmt entspannter» oder «Wenn wir das und das an unserem Sex ändern könnten, hätte ich vielleicht öfter Lust darauf».

Meist geht es nicht ohne Worte. Denn körpersprachliche Hinweise allein lassen zu viel Raum für Missdeutung. Man denke nur an Klaus und Karin: Sie zeigte ihm nonverbal recht deutlich, dass sie den Sex mit ihm nicht mochte; er hingegen dachte: «Da sie mich reinlässt, scheint sie es ja doch zu mögen, aber sie ist halt zu verklemmt, um Lust und Spielvarianten zuzulassen.»

Ähnlich wie Steffi sagt auch Ines: «Oft verlässt mich beim Vorspiel die Ruhe, weil es zu lang dauert. Dann deute ich Jens an, er soll in mich eindringen, obwohl ich noch gar nicht so weit bin, aber denke, ich könnte mich währenddessen vielleicht entspannen.»

Nun: Das klappt manchmal, meist aber nicht so gut. Ich selbst habe mir angewöhnt, meinem Partner sofort Einhalt zu gebieten, wenn mein Körper noch nicht so weit ist. Ich sage dann freundlich etwas wie: «Schatz, das fühlt sich nicht so gut an, bitte geh wieder raus», und das respektiert er natürlich. Wenn ich weiß, dass es mit meiner Erregung noch etwas werden kann, bitte ich ihn um das, was er tun kann (und wenn es «am Kopf kraulen» ist). Aber wenn ich denke, es wird nichts mehr, sage ich ihm das auch ganz klar und frage ihn, ob ich ihn per Hand befriedigen soll. Natürlich bin ich nicht verpflichtet, ihn zu befriedigen, aber ich tue es gern für ihn, weil er auch viel für mich tut. Es ist also eine Art liebevoller Austausch.

Auch ob man sich «benutzt» fühlt, ist eine Frage der Einstellung. Denn normalerweise zwingt einen ja niemand zum Sex. Wenn Sie eine bestimmte Sache mitmachen, obwohl Ihr Schalter nicht auf einem klaren Ja steht, dann dürfen Sie nicht im Nachhinein Ihren Partner dafür verantwortlich machen, dass das Erlebnis für Sie nicht schön genug ist.

Es gibt Leute, die sich vor sexueller (Eigen-)Verantwortung drücken, sooft es geht! Sie überlassen sie ihrem Partner, ihrem Körper, irgendwelchen Umständen (die sie dann vorschieben, z. B. Stress) oder sogar mir. Das ist auch ein ganz großes Thema für Klaus' Frau Karin.

Grenzen achten

Ebenso wichtig wie das Setzen von Grenzen ist, diese beim Partner zu respektieren. Manche Männer wie auch einige Frauen neigen dazu, sich darüber hinwegzusetzen, den anderen zu überrollen und auch mal zu etwas zu nötigen. Wenn sie Glück haben, steht ihr Partner auf genau so etwas – die meisten stehen aber nicht drauf. Druck löst Gegendruck oder Flucht aus, Überroll-Manöver lösen innere Sperren aus.

Sicher kennen Sie den Spruch «Wenn eine Frau nein sagt, meint sie vielleicht, wenn sie vielleicht sagt, meint sie ja»: Da stellen sich bei mir – und vielen anderen Frauen – alle Nackenhaare auf.

Es gibt z. B. Männer, die andauernd versuchen, an unsere Brustwarzen zu gehen, selbst wenn wir schützend die Hände darüber halten! Wenn ein Kerl das ständig missachtet, kann sich bei der Frau eine solche Aversion gegen seine «Nippelzuwendungen» einstellen, dass sie völlig allergisch darauf reagiert. In dem Fall muss er das sofort einstellen und die Dinger weiträumig umfahren, so konsequent und so lange, bis die Frau sie ihm quasi aufdrängt. Kann sein, dass es ein paar Wochen dauert. Sie muss von selbst begreifen, dass jetzt «keine Gefahr» mehr besteht.

Jedes sexuelle Austesten von Grenzen, wie weit man selbst oder der andere wirklich zu gehen bereit ist, kann erregend sein, solange beide noch ein Feingefühl dafür haben, wann man stoppen muss.

Eine Frage, die man sich selbst immer wieder stellen kann und sollte: *Was könnte passieren, wenn ich eine bestimmte Grenze überschreite oder zulasse, dass sie bei mir überschritten wird?*

Erlauben Sie Ihrem Körper, Liebe auszudrücken?

Menschen, die sexuell in die Defensive gehen oder blocken, vergessen in dem Moment oft, dass echte Liebe sich auch in körperlicher Verbindung, Akzeptanz, Wohlwollen und Verständnis ausdrückt. Wenn Sie das verinnerlichen, ändert sich Ihre Sichtweise beispielsweise von «Es geht ihm immer bloß um Sex» zu «Er liebt und begehrt mich» und «Er traut mir zu, dass ich mit seinen Wünschen umgehen kann, sogar mit denen, die zu äußern ihm schwerfällt.» Wenn Sie ihm diese Einstellung zeigen, wird er sie auch Ihnen gegenüber einnehmen.

Mein Tipp: Sagen Sie beim Akt mit Ihren Augen, Ihren Tönen: «Ich will dich bei mir haben, in mir haben, dir nah sein; es gefällt mir, was wir gerade machen». Umschmeicheln Sie Ihren Partner mit Ihrem Körper, ziehen Sie ihn / sie an sich heran und in sich hinein.

Kapitel 6

GIBT ES ZU HOHE ANSPRÜCHE
IN IHREM SEXLEBEN?

Obwohl dieses Thema in den vorigen Kapiteln schon angerissen wurde, behandle ich es hier explizit, weil es dermaßen oft die Paarsexualität und die Lust stört, dass ich die Leute manchmal schütteln möchte! Die Rede ist von Anspruchs- und Leistungsdenken – in Bezug auf sich selbst, den Partner oder das vermeintliche Sex-Ideal; oft glaubt man auch, der andere erwarte etwas Bestimmtes, ohne es genau zu hinterfragen.

Auch die Mehrzahl der Menschen, von denen ich Ihnen bisher berichtet habe, trägt irgendein Leistungsdenken im Hinterkopf mit sich herum, durch das Druck und Blockierungen entstehen: «Ich muss dies und jenes leisten / bringen / sein, sonst stehe ich schlecht da» (vor meinem Schatz, aber auch vor mir selbst) oder «Du solltest dies und jenes leisten / bringen / sein, sonst ...». Dörte aus Kapitel 2 z. B. hat so überzogene Vorstellungen, wie Sex und wie ihr Freund Thomas zu sein haben, dass er – eigentlich ein sehr liebevoller, engagierter Partner – im Vergleich dazu kläglich abschneidet; und dadurch gehen die Sexprobleme erst los.

Es ist kaum zu glauben, wie sehr sich Leistungsdenken heutzutage durch unser aller Sexualität zieht. Nicht einmal die ganz jungen Leute bleiben davon verschont. Meine Generation hatte noch Glück: Wir hatten in unserer Pubertät kaum Vorgaben, was man sexuell alles sein und können musste. Es gab zwar Dr. Sommer aus der BRAVO, aber das war damals noch ganz harmlos. Heute hingegen werden wir von allen Seiten beballert mit vorgeblichen «Idealbildern», wie guter Sex und eine sexy Person auszusehen haben. Diese kommen bei weitem nicht nur aus den Schmuddelseiten im Internet und aus Sex-

Blättchen, sondern sogar aus dem Nachmittagsprogramm im Fernsehen und aus den Darstellungen in ganz normalen Zeitungen, Magazinen und Büchern. Wenn zu viel davon auf jemanden einprasselt, kann sich durchaus eine unrealistische Idealvorstellung festsetzen.

Die heutigen Teens und Twens haben für gewöhnlich weder genug Erfahrung, um zu wissen, dass echter Sex keineswegs so ideal, potent, hemmungslos ist, wie er in den Medien gezeigt wird, noch hat man in dem Alter bereits genug Selbstbewusstsein, um leichthin sagen zu können: «Das juckt mich wenig, was mir da vorgegaukelt wird – ich mach Sex so, wie es für mich und meinen Schatz passt.»

Wie ist es sonst zu erklären, dass mir z. B. immer wieder 16- bis 25-jährige Frauen völlig verzweifelt klagen, dass ihr Freund zwar beim Vaginalverkehr kommt, nicht aber durch Fellatio, oder dass ich in meinen kostenlosen Kummerkästen erschreckend viele E-Mails von 14- bis 17-jährigen Jungs bekomme, die aufgrund des Leistungsdrucks, den sie sich selbst machen, bereits mit Erektionsstörungen oder Orgasmusproblemen zu kämpfen haben (in einem Alter, wo Jungs normalerweise *zu viele* Erektionen und eine *zu hohe* Orgasmusfähigkeit haben!). Und die Mädchen wollen nicht nur wissen, wie sie überhaupt mal einen Höhepunkt erreichen, nein, gleichzeitig mit dem Freund und mehrfach soll er sein; sie bitten mich um ausgefeilte Techniken für Blowjobs und um Tipps für Analverkehr, und zwar selten, weil sie das selbst wollen, sondern weil sie durch das Internet den Eindruck bekommen, dass das zwingend zu normalem Sex dazugehört – oder ihr Freund denkt das und nötigt sie dazu. Ist das nicht erschütternd?

Aber selbst die etwas Älteren können sich vom allgegenwärtigen Zugzwang nur selten frei machen. Das rührt nicht nur von der medialen Übersexualisierung her, sondern auch davon, dass wir heute mehr denn je die Möglichkeit haben, schon ab einem frühen Alter vielfältige Erfahrungen zu sammeln. Und je mehr One-Night-Stands und Abenteuer man hat, desto eher kann der Eindruck entstehen, dass alle Welt Sex hat, bei dem richtig die Post abgeht. Tatsache ist, dass Leute, die ihre Sexpartner ständig wechseln, sowieso versauter sind als der Durchschnitt. Wenn man sich dann eine Zeitlang in dieser Szene austobt, kommt man leicht zu der Überzeugung, dass man das auch in einer «normalen» längeren Partnerschaft haben kann. Aber wer den Anspruch hat, dass Sex jedes Mal krachen soll, muss ja nicht nur ständig Neues ausprobieren, sondern es auch ständig steigern – und dann wird es eben für mindestens einen von beiden mühsam.

Sex muss nicht immer grandios sein

Wer erwartet, dass praktisch jeder Akt heiß, wild, leidenschaftlich, ekstatisch oder «etwas Besonderes» ist, wird entweder oft enttäuscht, und dann bekommt Sex insgesamt einen negativen Beigeschmack, oder er tut es fast gar nicht mehr, weil für grandiosen Sex schließlich auch immer die Grundlagen stimmen müssen. Und dann entgehen ihm viel zu viele Akte, die einfach nur schlicht und zärtlich sind, das Band zum Partner stärken oder aus denen sich spontan doch noch etwas richtig Gutes entwickelt.

Kurzum: Die beste Einstellung besteht darin, zu akzeptieren, dass Sex auch mal mittelmäßig ist oder danebengehen kann, und es mit Gelassenheit und Humor zu nehmen.

Auch Briefe wie der von Patrick (20) sind keine Seltenheit:

«Ich bin mit meiner Freundin (20) seit gut drei Monaten zusammen. Eigentlich ist alles perfekt, wäre da nicht das leidige Thema Sex. Als wir's am Anfang, nach knapp zwei Wochen, das erste Mal tun wollten, klappte es nicht!! Ich hatte mich wahrscheinlich selbst so unter Druck gesetzt, dass ich zwar die ganze Zeit erregt war, doch als es dann dazu kommen sollte, ging nichts mehr!! Die Stimmung war auf dem Nullpunkt, da ich auch selbst fertig mit der Welt war, da es ja so ziemlich das Schlimmste ist, was einem Mann passieren kann!! So etwas ist mir vorher noch nie passiert und dann ausgerechnet bei dieser Frau, die ich so liebe!!

Aber nicht genug, dass ich mir Gedanken machte, nein, sie machte sich auch noch Gedanken, ob ich sie nicht attraktiv oder sexy (genug) fände!! Das ist Schwachsinn, habe ich ihr zigmal erklärt!! Ich war wohl zu verkrampft, schließlich wollte ich, dass alles so perfekt wie möglich wird!!

Aber es sollte nicht bei diesem einen Mal bleiben!! Es passierte mir noch zwei weitere Male in den nächsten Wochen, am liebsten hätte ich mich vergraben!! Mit jedem Mal wurde der Druck größer, und ich dachte immer nur daran und hoffte, dass es diesmal nicht schon wieder passiert!! Sie war genauso fertig wie ich, denn auch ihr ist so etwas vorher noch nie passiert!!

Durch das, was sie von vorherigen Beziehungen erzählt hat, und durch Sprüche wie «Wenn es einmal passiert ist, kommen wir nicht mehr aus dem Bett raus!!» konnte ich mir erschließen, dass Sex für sie sehr, sehr wichtig ist!! Selbst während ihrer Tage könne sie auf keinen Fall gänzlich darauf verzichten!! Doch nachdem es nun dreimal nicht funktioniert hat, sagte sie auch, da sie diese ‹Aktionen› immer auf sich bezog, mir sei ja wohl klar, dass sie jetzt nicht mehr auf mich zugehen würde!! Außerdem sagt sie, sie hätte, wenn ich sie anfasse, streichle oder so, direkt das Gefühl, es müsse passieren!! Das stimmt aber nicht, und das sage ich ihr immer wieder!!»

Patricks Ausdrucksweise und die vielen Ausrufezeichen unterstreichen, in welcher Panik er ist. Wenn man schon von sich als Anfänger erwartet, «dass alles so perfekt wie möglich wird», ist das Scheitern programmiert. Vor lauter Versteifung auf die «perfekte Performance» bleibt die physische Versteifung aus, und dies wie auch die Sprüche und eingeschnappten Reaktionen seiner Freundin verstärken die Verkrampfheit noch.

Mein Rat an die beiden – und auch an Sie, falls Sie etwas Ähnliches betrifft:

Befreien Sie sich von zu hohen Erwartungen und Idealvorstellungen!

Es geht nicht darum, dass Sie sich nichts wünschen oder sich mit schlechtem Sex abfinden sollen. Es geht darum, sich, den Partner und den Sex nicht zu überfordern.

Mein Vorschlag: Werfen Sie die hohen Ansprüche und Idealvorstellungen gedanklich in weitem Bogen von einer Brücke oder in den Müll! Stellen Sie es sich ganz bildlich vor: Finden Sie ein konkretes Bild dafür, passend zu Ihrem persönlichen Thema und klein genug, dass Sie es gut werfen können – etwa den Super-Penis, eine DVD namens «Perfekter Sex», eine Barbiepuppe – und machen Sie die entsprechende energische Handbewegung. Weg damit, verdammt noch mal!

Und dann lehnen Sie sich (äußerlich und innerlich) entspannt zurück.

Wenn Sie dann «live» mit Ihrem Partner zugange sind, verfallen Sie bitte nicht wieder in Ihre Idealvorstellungen (erinnern Sie sich, dass Sie sie weggeworfen haben, machen Sie ruhig noch einmal die Handbewegung), sondern lassen Sie die Augen so viel wie möglich offen und seien Sie bei ihm/ihr, statt in einer anderen «Perfect Sex»-Welt! (Bitte lesen Sie auch auf S. 199 nach, wie man «echten Kontakt» beim Sex herstellt.)

Führen Sie sich auch zur Selbstbefriedigung nicht vorgefertigte Sachen zu Gemüte, sondern holen Sie sich dazu Bilder von den Akten, die Sie mit Partner(n) erlebt haben, vor Ihr inneres Auge; stellen Sie sich bestimmte Szenen und Details ganz genau vor. Schmücken Sie sie nicht blumig aus, sondern nehmen Sie zu dem, was da war, eine andere Haltung ein. Schauen Sie nicht auf das, was (vermeintlich) fehlt! Begrüßen Sie genau das mit freudigem Herzen, was Sie hatten, haben oder ganz real bekommen können, selbst wenn es nicht dem vermeintlichem «Optimum» entspricht.

Ist der Erwartungsdruck nur in Ihrem Kopf?

Auch Ines und Vera, die beide zugewandte Partner haben, meinen, dass sie im Bett genug bieten müssten, damit der Liebste bloß nicht enttäuscht von dannen zieht, und sind daher zu wenig bei sich selbst. Als ich Vera frage, warum sie bisher bei keinem Mann einen Orgasmus hatte, antwortet sie: «*Ich hatte oft das Gefühl, in einem Wettbewerb zu* sein: Wer bekommt mehr Zuwendung und seine Bedürfnisse erfüllt? Wer ist schneller? Nach dem Motto: ‹Ich hab dir die Muschi stimuliert, jetzt will ich, dass du mir einen bläst. Wieso brauchst du eigentlich so lange, um zu kommen? Das stört unseren Akt.›»

«Ist das wirklich so? Haben Männer Ihnen schon solche Dinge gesagt?», möchte ich von ihr wissen.

«Nicht direkt. Aber ich bin halt sehr sensibel und spüre, wenn der Mann mit seinen Gedanken nicht bei mir ist, sondern nur seinen Schwanz oder ein Leistungsding im Sinn hat. Ich kann mich dann nicht fallen lassen.»

Mein Rat: Dem Partner Egoismus, Leistungsdenken, überzogene Erwartungen oder Ähnliches zu unterstellen und sich von diesen eigenen Gedanken beeinflussen zu lassen, ist Mumpitz. Wenn Sie meinen, so etwas zu spüren, dann sprechen Sie ihn drauf an und finden Sie heraus, was er tatsächlich erwartet (oder eben nicht erwartet).

Was einen «Master of Sex» zu Fall bringen kann …

Ein weiterer Spezialfall sind die Menschen, die sich über ihre sexuelle Leistungsfähigkeit und/oder erotische Anziehungskraft definieren und daher versuchen, alles gemäß ihren Maßstäben zu gestalten – wenn das nicht (mehr) gelingt, kann der Absturz eisenhart sein. Ich hatte einen Klienten, der durch so etwas völlig den Boden unter den Füßen verloren hatte, bereits Anzeichen einer ausgewachsenen Depression und eine anhaltende Erektionsstörung entwickelt hatte.

Was war geschehen? Udo (53) selbst betrachtete sich eigentlich als tollen Kerl: norddeutscher Fabrikant, wohlhabend, groß, breitschultrig, Mischung aus Seewolf und Gentleman, extrovertiert, ein Macher-Typ, erfolgreich sowohl im Beruf als auch im Privatleben. «Ich habe alles, um die Frauen um den Finger zu wickeln. Und ich höre immer wieder, ich sei richtig gut im Bett. Ich hab's einfach drauf. Ich bin unheimlich sensibel, ich gehe auf die Frauen ein …»

Dann verliebte er sich in die reizende, lebhafte Elke (46). Sie fing etwas mit ihm an, aber drei Dinge störten ihn von Anfang an: Sie ließ sich nicht hundertprozentig auf ihn ein, sie war im Alltag etwas nachlässig und sie erreichte keinen Orgasmus mit ihm. Davon abgesehen war der Sex fabelhaft, er beschrieb mir in allen Facetten, wie er sie in höchste Wonnen und Ekstasen versetzte, aber ... sie kam einfach nicht. Er versuchte alle Tricks und Kniffe, per Hand, per Zunge, diese Stellung, jene Stoßtechnik: «Es gibt keine Methode, die ich nicht versucht hätte!»

Er sprach sie mehrmals an, fragte, was los sei, was er tun könne. Sie sagte, es ginge bei ihr halt nicht so leicht, er solle Geduld haben, «und im Übrigen brauche ich das nicht unbedingt, um guten Sex zu haben». (Liebe Leser / innen, was bedeutet das, wenn Ihr / e Partner / in das zu Ihnen sagt? Es bedeutet im Klartext: Bitte hör auf mit deinen Versuchen, denn sie setzen mich unter Zugzwang! Und lass mich eine Weile in Ruhe mit dem Thema!)

Udo, der Macher, glaubte seiner Elke natürlich nicht. Also bohrte er weiter, auch im buchstäblichen Sinn. Natürlich fragte er auch nach, ob sie sich selbst zum Orgasmus bringen könne. Sie schwieg verschämt, Tage später fragte er noch einmal ... und noch einmal.

Spüren Sie, was sich bereits hier abzeichnet? Wir kommen später darauf zurück.

Elke hatte unter anderem deswegen geschwiegen, weil sie bereits vorausahnte, dass die Antwort an seinem Männerego kratzen würde. Doch beim x-ten Nachhaken rückte sie damit heraus: Ja, sie sei in der Lage, und am besten ginge es mit einem Vibrator. Und was tat er? Er marschierte schnurstracks in einen Sexshop und kaufte so ein vibrierendes Ding, das man über den Penisschaft ziehen kann, damit es die Frau während des Koitus noch ein bisschen am Kitzler mit stimuliert ...

Was ist das Auffällige daran? Udo wollte unbedingt, dass in erster Linie *er* es wäre, der Elke befriedigt, nicht ein Gerät. Und keinen Moment kam er auf die Idee, sie zu fragen, ob sie das überhaupt wollte. Seine Sicht der Dinge: «Ich tue alles, damit du glücklich bist». Sie fühlte sich aber nicht glücklich, sondern überrumpelt. Das sagte sie ihm jedoch nicht, da sie wusste, dass er dann gekränkt wäre. Stattdessen heuchelte sie Freude: «Nein, wie lieb, dass du an mich denkst! Wie süß von dir! Aber tut mir leid, so etwas bringt mir nichts.»

Eigentlich hätte sie ihm hier schon reinen Wein einschenken sollen: «Udo, hör endlich auf damit, mich zum Orgasmus bringen zu wollen! Dein Übereifer nervt mich!»

Warum tat sie es nicht? *«Ich fühlte mich ein bisschen als Versagerin, weil ich bei ihm nicht kommen kann»*, schrieb mir Elke, mit der ich nur kurz Kontakt hatte. *«Und vor allem weil ich merkte, wie sehr sein Selbstverständnis daran hängt, es mir ‹besorgen› zu können. Er ist sehr erfolgsverwöhnt, will in allem ein toller Hecht sein; ich weiß von ihm, dass er schon mit sehr vielen Frauen etwas hatte. Eigentlich mag ich es, dass er im Bett so aktiv ist, er übernimmt die Führung, macht und tut. Doch er ist nicht gerade der Geduldigste und spricht die Dinge dann auch schon mal sehr direkt aus. Vor drei Wochen, als er beim Sex kam und ich nicht, brach es dann aus ihm raus: Was er anders machen soll, schließlich könne es an der Dauer nicht liegen, wie das bei seinen Vorgängern war, was er falsch mache? Ich kann jedoch gar nicht genau formulieren, was er jetzt machen soll, hab's irgendwie nicht richtig raus, mich auf seine Finger, seinen Rhythmus einzulassen, vielleicht sträubt sich in mir unbewusst etwas gegen ihn.*

Nun kommen schon Kommentare von ihm, dass meine Vorgängerinnen da wohl weniger ‹gefangen› waren und sich nach diesen Monaten doch nun langsam mal ein O einstellen könnte, er merke doch, wie unbefriedigt ich sei …»

Nach einem gemeinsamen Wochenende und seiner abschließenden Bemerkung: «Vielleicht verstehst du auch einfach zu wenig von deinem eigenen Körper», platzt ihr der Kragen: Sie holt ihren Vibrator aus dem Schrank und zeigt ihm, dass sie damit innerhalb einer Minute kommen kann. Und noch ein zweites Mal … ein drittes … ein siebtes …

Er ist geschockt, sprachlos. Zwei Wochen lang kann er kaum noch essen und schlafen, er fühlt sich niedergedrückt und wie hinter einem Schleier, ständig hat er dieses Bild vor Augen, wie sie sich «widerwärtig von diesem Ding durchrütteln lässt».

Weil er dieses Erlebnis nicht verkraften kann und auch diese Potenzstörung entwickelt hat, kommt er zu mir. Da er wegen der ausbleibenden Erektion völlig panisch ist und mehrmals täglich an seinem Penis herumzerrt und -manipuliert, was mangels Erfolg die Panik stetig erhöht, rate ich ihm zuallererst: «Haben Sie Geduld mit sich selbst. Bitte versuchen Sie nicht, ‹mit Gewalt› etwas aus Ihrem Penis zu holen. Er ist derzeit ‹tief beleidigt› und will eine Weile schmollen.»

Ich erkläre ihm, dass er eine Art «kleines Trauma» erlebt hat, das bei ihm eine depressive Reaktion ausgelöst hat. Daran beißt er sich nun fest: Elke hat ihm ein Trauma zugefügt! Seiner Meinung nach ist er das bedauernswerte Opfer ihrer sadistischen Grausamkeit. Sie hat ihn sozusagen vergewaltigt. Sie ist schuld daran, dass sein Leben nun nicht mehr überquillt vor erotischem Wohlgefühl, sondern sich angesichts der «Vibrator-Demonstration» verfinstert hat.

Aber: Wer in der Opfersicht steckenbleibt, blockiert seine eigene seelische Heilung und / oder seine Weiterentwicklung.

Also sage ich ihm: «Das, was bei Ihnen die jetzige Störung ausgelöst hat, hätte bei den meisten Männern nicht solche Folgen und Reaktionen nach sich gezogen. Wenn ich bei Ihnen von einem Trauma sprach, meinte ich, dass es Ihr ganz persönlicher Albtraum ist. Und das hat viel mehr mit Ihrem Inneren als mit äußeren Faktoren zu tun. Das zu erkennen und zu akzeptieren, ist unangenehm, deshalb suchen die meisten Menschen in so einer Situation die Ursachen im äußeren Umfeld – wie Sie die ‹Schuld› in Elkes ‹Gefühllosigkeit›, ihrer ‹Sexstörung› und in ihrer schockierenden ‹Vibro-Aktion› sehen. Wir dürfen jedoch nicht auf Elkes Seite suchen, denn das führt uns weg von Ihnen und Ihren ganz eigenen verborgenen Themen.

Die Hauptdiagnose bei Ihnen ist nicht ein klassisches Trauma, sondern eine ‹Selbstwertkrise auf Basis einer massiven narzisstischen Kränkung›, eine Kränkung, die Ihr bisheriges Selbstbild und Weltbild zum Einsturz gebracht hat. Diese wiederum waren zu sehr an etwas Äußerem festgemacht und zu wenig an einer starken inneren Basis.»

Ein wichtiges Nebenthema in diesem Zusammenhang ist «Kontrolle». Für viele Menschen, vor allem, wenn sie es gewohnt waren, alles im Griff zu haben und Macher zu sein, ist ein plötzlicher, totaler Kontrollverlust eine sehr verstörende Erfahrung.

Das Ganze löst im Unbewussten eine ganze Reihe von Emotionen aus, wobei man meist nur die körperlichen Auswirkungen mitbekommt (z. B. Erektions- bzw. Libidoverlust) und diffuse Gefühle, wie bei Udo: «betäubt» und «bis ins tiefste Mark getroffen».

Was man als Kränkung empfindet und wie stark, ist ja auch immer subjektiv. Sehr viele Männer würden an Udos Stelle nicht einmal davon sprechen, dass die Frau ihnen «etwas angetan» habe, vielmehr würden sie das Ganze abbuchen unter «diese Frau hat halt gezeigt, wie's bei ihr geht». Das ist für den Mann zwar nicht ganz so schön, weil es dem Zweisamkeits-Ideal zuwiderläuft, doch die meisten würden sagen: «Okay, der überwiegende Teil des Sex mit ihr ist toll; also entweder lass ich ihr dieses Finale einfach, ich muss ja nicht einmal dabei sein, oder ich bitte sie, dass sie dieses Problem mit Hilfe einer Fachfrau angeht.»

Udo und ich arbeiten zunächst heraus, worin seine Kränkungen genau bestehen. Ich frage ihn, was ihn an der Vibro-Aktion besonders gekränkt habe.

«Sie beleidigt meine Einfühlsamkeit.»

«Geht es wirklich um Einfühlsamkeit», hake ich nach, «und nicht eher um die Selbstbestätigung, die Ihnen verweigert wurde?»

«Blödsinn!», ruft Udo und wird wütend. Das ist gut. Ich fordere ihn auf, seinen Gefühlen freien Lauf zu lassen. «Orgasmusfähig ist sie, wie sie mir bewiesen hat, und noch dazu so leicht! Aber eben NICHT MIT MIR! DABEI GEHÖRT ES DOCH ZU EINER BEZIEHUNG, DASS ICH DIE FRAU BEFRIEDIGE! WENN SIE MICH DAS NICHT TUN LÄSST, BIN ICH DOCH VÖLLIG NUTZLOS!!! (Damit meint er tatsächlich die ganze Beziehung; schon hier wird sichtbar, wie viel Bedeutung er dem Sexuellen beimisst.) ICH BIN SO WÜTEND AUF ELKE,

ICH KÖNNTE SIE SCHLAGEN! *Wie KANN sie es WAGEN, einen Vibrator MIR vorzuziehen?! Wie kann sie es wagen, mir so überdeutlich mein Unvermögen vor Augen zu halten?! Sie braucht meinen Penis nicht, na, dann braucht er ja auch nicht mehr steif zu werden, ist ja sowieso egal!»*

Der Kern des Problems besteht also aus einer Reihe von Grundannahmen und inneren Überzeugungen («Glaubenssätzen»), die Klaus schon ewig für selbstverständlich hält, die aber der Überarbeitung bedürfen.

Meine Hausaufgabe an ihn (und an Sie, falls Sie ein ähnliches Problem haben oder hatten):

Versuchen Sie zu erkennen, welche innere Grundüberzeugung von Ihnen mit dem Problem verbunden ist.

«Wenn ich meinem Partner / meiner Partnerin keinen erfüllten Sex bieten kann, dann hat das auf unsere Liebe und unsere Beziehung folgende Auswirkungen:
....» (Bitte ergänzen!)

«Sex ist für meinen Partner / meine Partnerin nur dann erfüllt, wenn
....» (z. B. «wenn sie zum Orgasmus kommt». Bitte ergänzen!).

«Wenn ich meinen Partner / meine Partnerin nicht befriedigen kann (jedenfalls mit dem, wovon ich denke, dass darin seine / ihre Befriedigung bestehen müsste), dann
....» (Bitte ergänzen!)

Natürlich ist das nur ein Teil der zugrunde liegenden Glaubenssätze.

Udo wendet ein: «Ist es nicht eher so, dass sich ihre Unfähigkeit auf mich übertragen hat?»

Er verschiebt schon wieder die Ebenen: *Sie* ist es, mit der etwas nicht stimmt, nicht etwa er.

Von sich aus (also bevor sie ihn traf und auch noch eine Weile während der Beziehung) betrachtete Elke ihren Weg zum Orgasmus nicht als Unfähigkeit. Das ist allein seine Sichtweise. *Die simple Frage, die nötig gewesen wäre, lautet: «Wie geht es dir damit? Möchtest du überhaupt, dass ich mich um deinen Orgasmus bemühe?»* Er hat sie jedoch nie gefragt, sondern ging einfach davon aus, dass er für ihren Orgasmus zuständig ist. Und dadurch fühlte sie sich bedrängt.

Er widerspricht: «Nicht ICH bin es, der drängt, SIE ist und bleibt doch voll unbefriedigt.»

Statt wahrzunehmen, wie sie tatsächlich dazu steht, stülpt er ihr seine eigene Sichtweise über.

«Das bliebe doch IMMER unser Problem, wenn wir das nicht hinkriegen.»

«Nein, Udo, es ist nicht ‹euer› Problem», korrigiere ich. «Und es ist fraglich, ob es für Elke wirklich ein Problem ist.»

«Aber sie kommt doch nicht!», ruft er, «Warum eigentlich nicht?»

«Nun, so seltsam Ihnen diese Antwort auch vorkommen mag: Letztlich geht es Sie nichts an. Wenn sie keine gezielte Änderung anstrebt, etwa mit einer Therapie, dann will sie nicht.»

Ich erkläre ihm, dass Elke diese Demonstration nicht von ungefähr gemacht hat: «Sehr, sehr viele Frauen spüren diesen unterschwelligen Druck, wenn der Mann sich abmüht, sie zum Kommen zu bringen, und es klappt einfach nicht. Der Druck entsteht ja allein schon dadurch, dass er mehr als einmal nachfragt, dass er es immer wieder probiert, manchmal auch einen Tick zu lang (und sogar Hilfsmittel anschleppt).

Viele Männer fühlen sich zu sehr verantwortlich für den Orgasmus der Frau, anstatt recht bald auf den Gedanken zu kommen, dass sie ja selbstbewusst und erwachsen genug ist, um selbst dafür verantwortlich zu sein, und dass sie vielleicht einfach nicht will. Manche Frauen machen in dieser Hinsicht auch ein wenig dicht, wenn sie das Gefühl haben, der Mann ist zu ehrgeizig im Bett. Sie denken dann, es geht ihm genauso sehr um seine eigene Bestätigung wie um ihre Befriedigung.»

Ich sage Udo, dass ich das von wirklich vielen Frauen höre. Da platzt er heraus: *«Dann denk's nicht! Ganz einfach. Das kann der Mann doch nicht beeinflussen, ob du das DENKST. Ich bumse dich, solange du es willst, so wie du es willst.»* (Manchmal verlangt mein Job ganz schön viel Wohlwollen und Geduld ...!) *«Wie soll man's sonst machen? Länger, raffinierter, abwechslungsreicher, romantischer?»*

Diese Antwort macht deutlich, wozu Udo tendiert: Noch mehr zu tun, anstatt das, was eher angezeigt wäre, nämlich das Gegenteil: aufzuhören mit dem Anstrengen und damit, sich zuständig zu fühlen für etwas, wofür die Frau die Hauptverantwortung hat. Es reicht ja, wenn sie weiß, dass ihm daran liegt und er ihr gerne hilft. Und er muss darauf vertrauen, dass sie es ihm schon deutlich sagt, falls sie seine Hilfe möchte.

Ein Mann, der zu viel tut, erzeugt in der Frau ein ganz ähnliches Gefühl wie das, was Udo hatte, als Elke vergeblich versuchte, seinen Penis zum Stehen zu bringen: «Erniedrigend» nannte er es. Da kommen Gefühle der Scham, Ohnmacht und Aggression auf. Und wenn der Partner es dann immer wieder versucht oder ständig neue Techniken ausprobiert, spürt die Frau ihr «Defizit» immer stärker, und sie will nicht mehr, dass der Mann ihr Problem zu lösen sucht. Sie will die Autonomie über ihren Körper, ihre Sexualität, ihre Art behalten, so defizitär sie ihm auch erscheinen mögen.

Udo versuchte sich nun zu «heilen», indem er Dates hatte wie ein Verrückter und versuchte, eine Frau nach der anderen abzuschleppen. Ich sagte ihm, dass das kein sinnvoller Weg ist. Der bessere Weg ist unbequem und unangenehm: herausarbeiten, was das eigene Selbstbild ausmacht, die eigenen bewussten und unbewussten Glaubenssätze ergründen, alles in Frage stellen, einiges über Bord werfen, ein paar echt schmerzhafte Erkenntnisse über die eigene Person haben, manches ändern – und schließlich bei einer reiferen, besseren Version seiner selbst ankommen.

Udo dachte, dass er längst zu einer tollen Persönlichkeit gereift sei, an der es kaum etwas zu verbessern gebe. Seine jetzige Krise zeigt allerdings überdeutlich, dass das zum Teil auf Illusionen basierte und dass da einiges neu einsortiert werden muss. Unter anderem ist es ungesund, sich zu sehr über seine Sex-Qualitäten zu definieren. Ich erläuterte ihm das an einem Beispiel: Es gibt Frauen, die sehr darauf fixiert sind, dass sie jung, attraktiv und stylish wirken (dafür tun sie auch viel – zu viel!), und es steht im Mittelpunkt ihrer Selbstwahrnehmung. Warum? Weil sie tief im Innersten die unerschütterliche Überzeugung hegen, dass sie nur *dann* liebenswert sind und geliebt werden (zu diesem Zweck stellen sie sich auch die ganze Zeit unter Selbstbeobachtung, viel mehr als andere Menschen).

Das funktioniert eine Weile ganz gut, falls auch die Natur diejenige begünstigt hat – handfeste Krisen entstehen aber genau dann, wenn die Schönheit schwindet oder wenn der Partner sie verlässt wegen einer anderen, die hübscher oder auch weniger hübsch ist.

Nun stelle man sich vor, eine solche Frau (nennen wir sie Xenia) verliebt sich Hals über Kopf in einen Mann, der zwar alle Zeichen des Verliebtseins zeigt, aber ihr zu ihrem Aussehen nie ein richtig gutes Kompliment macht! Sie versucht es immer wieder aus ihm herauszukitzeln, aber da kommt nichts! Sie fängt an, ihm unterschwellig Druck zu machen, z. B. durch spitze Bemerkungen und provokative Fragen. Eines Tages entfleucht es ihm: «Meine Ex-Freundin, die entsprach genau meinem Typ.» Und er zeigt ihr Bilder von der Ex: das exakte Gegenteil von Xenia! Ihr wird der Boden unter den Füßen weggerissen. Sie verfällt in eine depressive Reaktion, es schnürt ihr Hals und Magen zu, ständig tauchen die Bilder der Ex vor ihrem inneren Auge auf.

Einer «normalen» Frau mit einem stabilen Selbstwertgefühl wäre das Ganze in dieser Form kaum passiert, erstens weil sie nicht so angewiesen ist auf Komplimente, zweitens weil sie darum auch keine solche Reaktion bei ihrem Partner hervorgerufen hätte, drittens weil es sie zwar einen Moment lang kränken würde, dass die Verflossene optisch eher seinem Typ entsprach, es würde sie jedoch niemals aus der Bahn werfen oder bis ins tiefste Mark treffen. *Die Unverhältnismä-ßigkeit einer solchen Reaktion ist fast immer ein Hinweis auf eine tiefer liegende Störung.*

«Und so ähnlich wie bei Xenia ist es auch bei Ihnen», erkläre ich Udo, «nur auf das Sexuelle bezogen». Wie so oft widerspricht er mir: *«Sehen Sie denn nicht, wie Elke mich vorgeführt hat mit ihrer Demonstration? Ein Mann sucht seine Bestätigung doch immer in der Befriedigung der Frau – einfach gesagt, ist sie der Spiegel für seinen Erfolg. Ist sie nicht zufrieden, ist er es auch nicht. Dann sieht er das als sein Versagen und strengt sich immer mehr an.»*

Udo will damit sagen, dass er «ganz normal tickt», schließlich wäre jeder Mann von dieser technischen Demonstration genauso erschüttert; doch unbeabsichtigt liefert er uns genau hier eine ganze Ansammlung falscher Glaubenssätze. Denn es ist nicht zutreffend, was er über «den Mann» verallgemeinert (und es ist auch nicht wünschenswert!). Es trifft sehr wohl auf Udo zu und auf etliche andere auch, aber mindestens die Hälfte der Männer sieht das anders. Ich kann das so sicher behaupten, weil mir schon Tausende über ihre Sexualität und ihre Einstellung dazu berichtet haben.

Genau solche falschen Glaubenssätze, wie Udo sie uns hier aufzeigt, führen oft zu Störungen, wenn die Frau nicht «mitspielt».

Um wieder einen guten Zugang zur eigenen Sexualität zu finden, muss man in erster Linie einfach mal lockerlassen sowie die derzeitige Ungeduld oder innere kleine Panik loslassen! Stattdessen sollte man lieber in die Vergangenheit schauen und Zusammenhänge erkennen.

In seiner langen Ehe hatte Udo sehr gründlich gelernt: Egal, wie wenig es sonst passt, und egal, wie schlecht wir uns verstehen, beim Sex sind wir immer glücklich! Das heißt: Bisher war der Sex seine persönliche Insel des Friedens, des Glücks, der Liebe – etwas, wohin er sich immer retten konnte, wenn es Probleme, Konflikte oder Unfrieden gab. Sex war das, von dem er glaubte, es hielte eine Beziehung im Innersten zusammen. Im Umkehrschluss befürchtet sein

Inneres jetzt: «Wenn ich das meinen Frauen und mir nicht mehr geben kann, ist es aus mit mir und der Liebe.»

«Ihre sexuelle Vitalität und Ihren inneren Frieden können Sie durchaus zurückerlangen», sage ich ihm, «aber nur wenn es Ihnen gelingt, sich von der Vorstellung zu lösen, der Superlover zu sein, der alle Frauen befriedigen kann und der vor allem deswegen geliebt und bewundert wird. Solange Ihr Selbstbild und Ihr Selbstwertgefühl so stark davon abhängen, sind Sie sehr verletzbar. Und selbst wenn es Ihnen gelänge, dieses bestimmte Ereignis zu verdrängen, kämen in Zukunft doch wieder andere Situationen, die Sie gleichermaßen verstören könnten. Ihr Körper zwingt Sie gerade, sich auch noch über etwas anderes zu definieren als fast ausschließlich darüber.»

Udo ist noch nicht bereit dazu. Er glaubt nicht, dass das, was ihn so aus der Bahn geworfen hat, in ihm selbst begründet ist. Welche Frau könne schon nachvollziehen, wie niederschmetternd der Potenzverlust für einen Mann sei, sagt er.

«Ich denke, so manche Frau könnte das durchaus», widerspreche ich. «Aber die größere Frage ist, ob es jeder *Mann* nachvollziehen könnte.»

In meinem Leben gab es auch eine Phase, in der ich meine Identität als Frau unter anderem daran knüpfte, ob man mich für «gut im Bett» hielt. Zum Glück lernte ich mit der Zeit, dass das Unsinn ist – unter anderem dank Männern, die mir vorlebten, dass man sich auch dann «vollwertig» fühlen darf, wenn sexuell nicht alles wunschgemäß läuft. Und durch Menschen, die damit anders umgehen, wie der Brief einer meiner Leserinnen illustriert:

«Mein Mann ist 48, gesund, ein rundum toller Mann, und was ich an ihm am schönsten finde, ist seine innere Ruhe und Gelassenheit, aber er ist dabei keineswegs apathisch oder gleichgültig, sondern voller Interesse und Wärme.

In den ersten drei Monaten unserer Beziehung hatte er eine massive Erektionsstörung. Und zwar so massiv, da regte sich gar nichts. Wir hatten Sex, reichlich, mit allen anderen geeigneten Körperteilen, wir hatten Lust aufeinander, alles vorhanden, bis auf seine Erektion. Drei Monate lang! Doch das hat weder ihn noch mich nervös gemacht oder ihn z. B. dazu gebracht, an sich zu zweifeln oder Ängste zu entwickeln, und auch ich entwickelte nichts dergleichen. Genau deswegen hat es sich bald gelegt und kommt heute nur noch selten vor.»

Etliche Frauen würden in so einer Situation befürchten, dass der Mann auf einen anderen Frauentyp steht oder dass sie im Bett etwas falsch machen. Etliche Männer würden sich mit dem Gedanken quälen: «Ich kann sie nicht befriedigen, sie betrachtet mich als einen Loser, sie schaut jetzt auf mich herab, ich bin ja auch ein Loser und nicht mehr so viel wert wie vorher.»

Udo beharrt darauf: Verstört habe ihn einzig und allein Elkes brutale Demonstration.

Meine Hausaufgabe an ihn lautet: «Wie könnte man Elkes Aktion gefühlsmäßig anders einordnen?»

Dass das durchaus möglich ist, deutet seine Antwort an: «Ist ja eigentlich gut zu sehen, wie es bei ihr klappt, und den Vibrator vielleicht anzuwenden, während ich in ihr bin – sagt der Verstand ... der Pillermann meint aber etwas anderes.»

Der Pillermann spricht in diesem Fall für etwas, das tief in Udo drin ist – unter anderem das Gefühl, ausgeschlossen zu sein: Die Frau erklimmt den letzten Gipfel ihrer Lust nicht nur mit Hilfe eines Geräts anstatt mit ihm, sondern auch noch auf eine Art, die ihm fremd ist und die nichts damit gemein hat, wie er vorgehen würde. Gerade in dem Bereich, in dem er sich normalerweise der Frau nah und für sie wichtig fühlt, ist er nun ausgeschlossen. Das geht so tief und ist so schmerzhaft für ihn, dass er ernsthaft an Trennung denkt.

Wenn etwas in Sachen Sex Sie verstört, lautet eine wichtige Frage: Welche Ängste stehen mit dem ganzen Geschehen wie auch mit einzelnen Teilen der Problematik im Zusammenhang? So z. B.:

«Ab jetzt werde ich ...», «Ab jetzt könnte es passieren, dass ...»
«Wenn das so weitergeht, dann ...»
«Mein Partner hat mir gezeigt, dass ... und daher ...»

Dann überlegen Sie sich mindestens vier andere Deutungs- und Wahrneh-
mungsmöglichkeiten und wie man reagieren könnte.

Auch die Botschaften des Körpers helfen Ihnen weiter. Ein rebel-
lisches Sexorgan will seinem «Herrchen / Frauchen» meist etwas
mitteilen. Hierzu lautet eine der Schlüsselfragen: *Hat die Störung*
(in Udos Fall die ausbleibende Erektion) irgendeinen Nutzen? Dazu zählen auch
verborgene und / oder indirekte Vorteile, die sich nicht gleich entschlüsseln lassen.

Udo fällt dazu nichts ein: «Was könnte daran schon ein Vorteil
oder Nutzen sein?»

«Na, es wäre zum Beispiel ein Weg, die Frau zu bestrafen: für ihre
Gedankenlosigkeit und dafür, dass sie Ihnen klargemacht hat, dass
sie Sie zu ihrer Befriedigung nicht braucht. Und um sich selbst vor
einer weiteren Konfrontation mit der eigenen ‹Nutzlosigkeit› zu bewahren.»

Eine weitere wichtige Frage: *«Welche Funktion hat Sex in unserer Bezie-*
hung?»

Bei Udo und Elke war er der Klebstoff der Beziehung – und stand
so sehr im Vordergrund, dass einiges in den Hintergrund geriet: Eigentlich passten die beiden nicht besonders gut zusammen. In seiner
vorigen Beziehung war das ganz ähnlich gewesen.

Was mir an Udo vor allem auffiel, war, dass er ständig die Führung
übernehmen und alles steuern wollte (selbst in der Arbeit mit mir).
Er zieht sehr viel Selbstwert daraus, dass er es ist, der der Frau
hilft, oft nach dem Motto «Ich weiß, was gut für dich ist», und den
sie «braucht». Sprich: Er neigt dazu, sich zu sehr zu kümmern – wodurch er die Autonomie und Selbstbestimmung seiner Frauen überschreitet. So jemand wird oft als übergriffig empfunden. Das löst
auf Frauenseite (bewusste oder unbewusste) Gegenreaktionen und
Widerstände aus, etwa, indem Elke ihm ihre Autonomie resolut vor
Augen führt. Der «Kümmerer» wiederum fühlt sich dann unnütz und
weggeworfen.

Wie ich bereits betonte: Es ist nicht gut, Ihr Selbstwertgefühl davon abhängig zu machen, wie Ihr Partner auf Sie reagiert oder ob Sie

ihn zufriedenstellen können. Für Udo ist es kaum vorstellbar, gelassen zu bleiben, wenn die Frau ihm zeigt, dass sie seine Sexversiertheit zwar ganz nett findet, aber darauf eigentlich genauso wenig angewiesen ist wie auf ihn.

Bis jetzt lebte Udo zudem in der schönen Vorstellung, jede Frau sowohl sexuell als auch in allen anderen Belangen beglücken zu können, sowie immer Herr über seinen Körper zu sein. Der Vibro-Schock war die Vertreibung aus seinem persönlichen Paradies sowie eine Konfrontation mit der Unkontrollierbarkeit der Dinge. Damit muss Udo sich erst einmal versöhnen. Diese Versöhnung ist der Schlüssel zur Heilung. Sie klappt aber nur, wenn man seine bisherigen Einstellungen und Glaubenssätze hinterfragt und teilweise auch revidiert. (Wie man das anstellt, steht im nächsten Kapitel.)

Frage an Sie: *Was bedeutet Sex für Sie?*

Denken Sie mal einen Tag lang darüber nach. Und fragen Sie, wenn möglich, auch Ihren Partner.

Kapitel 7

WAS BEHINDERT UNSERE EROTISCHE (SELBST-)ENTFALTUNG?

Tja, was ist es, das uns daran hindert, unser ganzes sexuelles Potenzial zu entwickeln und auszuschöpfen? Die Ursache dafür wird, wenn man nicht gerade zu denen gehört, die sich notorisch selbst kleinmachen, am häufigsten beim Partner gesucht: Er will zu viel oder zu wenig oder er ist nicht sensibel genug. Das liegt zwar nahe, aber letztlich haben die Entfaltungs-Hemmnisse eher mit uns selbst zu tun; es sind vor allem folgende Faktoren:

- Unangenehme Empfindungen (Schmerz, auch seelischer; Scham; Probleme damit, Grenzen zu setzen, wodurch der Sex oder die Paardynamik in eine ungute Richtung gehen kann).
- Angst vor oder Erwartung von unangenehmen Empfindungen.
- Unrealistische Ansprüche (siehe Kapitel 6).
- Problemfixiertheit (siehe ab S. 163).
- Unbewusste sowie bewusste Widerstände – die wiederum sehr eng verknüpft sind mit diesem Punkt:
- Entwertende, einschränkende und andere kontraproduktive Denkmuster bzw. Glaubenssätze; die Entwertung kann sich dabei auf einen selbst beziehen (etwa «Ich bin nicht gut genug»), auf den anderen (etwa «Männer sind eh nur auf das Eine aus») sowie auf Praktiken, Situationen, Zutaten (etwa «Fesseln ist doch nur etwas für diese bekloppten SM-Typen» oder «Alles, was in Richtung anal geht, ist pervers»). Nicht unbedingt entwertende, aber einschränkende Glaubenssätze können sein: «Ich darf die Kontrolle nicht verlieren», «Ich muss dieses oder jenes sein oder machen», «Ich darf nicht ... (zu geil wirken, gierig sein, mich zu sehr gehen lassen usw.)». Einen unguten Einfluss üben auch

Überzeugungen aus wie: «Ich kann nur dann in dieser Beziehung bestehen, wenn ich dies und jenes erfülle», «Wenn ich nicht mit ihm schlafe, ist er frustriert / sucht er sich vielleicht irgendwann eine andere», «Egal was ich tue, es bringt sowieso nichts».

Glaubenssätze – unsere geheimen inneren Kontrolleure

Welche Botschaften hat Ihr Hirn parat, um Sie von etwas abzuhalten oder zu bestimmten Verhaltensweisen zu bewegen? Gibt es eine innere Stimme, die Ihnen etwas einflüstert, was für Sie «normal» sein mag, aber Sie in Konflikte bringt (mit sich selbst und / oder mit Ihrem Partner)? Oder setzt es Sie vielleicht sogar unter Druck? Womöglich ist da auch so eine Art «fieses Männchen» in Ihrem Kopf, das Sie mit hinterhältigen Äußerungen blockiert und Ihnen Gemeinheiten zuflüstert (etwa «Das schaffst / kannst du eh nicht»)?

Diese «geheimen» Botschaften nennen Psychologen «Glaubenssätze» – tief verankerte, fixe und praktisch unverrückbare Überzeugungen und Normen, die man in Bezug auf sich selbst, auf andere und auf alles Mögliche hat.

Die meisten dieser Glaubenssätze kommen aus unserer Kindheit. Ein Kind ist vollkommen von seinen Bezugspersonen abhängig. Wird es abgelehnt, ausgeschlossen oder nicht mehr beachtet, muss es befürchten, nicht mehr versorgt und beschützt zu werden, also unter Umständen nicht zu überleben. Deshalb ist das, was die Bezugspersonen sagen und tun, von ungeheurer Wichtigkeit für das Kind. Also sammelt es, je nach seiner Wesensart, alle möglichen Erfahrungen und Richtlinien und macht sich seinen eigenen Reim darauf – unter anderem aus vielen nonverbalen Reaktionen der Bezugspersonen (etwa Abwendung, eisiges Schweigen, Ignorieren des Kindes, missfälliger Gesichtsausdruck, verächtliche Gesten, verurteilender Tonfall usw.) wie auch aus expliziten Hinweisen und Ermahnungen: «Stell dich nicht so an», «Lass das, sonst findet man dich blöd / peinlich, ...», «Mach uns keine Schande», «So etwas tut man nicht», «Das darfst du nicht, andere tun das auch nicht», «Jungs / Mädchen benehmen sich nicht so», «Sei still, das interessiert jetzt nicht», «Sei nicht so egoistisch», «Benimm dich nicht so blöd» usw.

Auch wenn ein Kind bestraft wurde, sobald es frech und vorwitzig war, kann sich in seinem Kopf verankern: «Sobald ich etwas wage, kriege ich eins aufs Dach.» Dementsprechend passt es sein Verhalten an: Es hält sich immer brav zurück und wartet ab. In der Kindheit hat es sich dadurch vor weiteren Bestrafungen geschützt und sicher auch vor der schmerzhaften Missbilligung der Eltern; später im Erwachsenenleben sind diese Faktoren nicht mehr relevant, dennoch wirken sie ungebrochen weiter. So dienen sehr viele Glaubenssätze als Schutzmechanismen, etwa vor Ablehnung und Verletzung, von denen wiederum ein großer Teil zur Kategorie der sogenannten Panzerungen gehört. Mit einem Panzer schützt man sich zwar erfolgreich vor Verletzungen von außen, man lässt aber auch nichts hinein, wird unbeweglich und unflexibel. Welch beschränkenden Einfluss das auf Erotik und Sex hat, kann man sich sogar bildlich vorstellen. Wobei nicht jeder gepanzerte Mensch wortwörtlich unbeweglich ist. Ein Mann, der immer heftig drauflosrammelt, will es womöglich unbewusst schnell hinter sich bringen, denn würde er langsam und gefühlvoll vorgehen, könnten viel zu viele Emotionen aufkommen (er denkt das nicht bewusst, aber es «wirkt» in ihm und treibt ihn zur Eile).

Grob gesagt, sind wir Menschen darauf angelegt, angenehme Zustände zu erhalten (etwa Sicherheit und Befriedigung) und unangenehme zu vermeiden. Dementsprechende Entscheidungen werden aber öfter im Unbewussten getroffen als mit bewusstem Denken.

Im Grunde eignen wir uns Glaubenssätze also an, um möglichst gut durchs Leben zu kommen. Die meisten prägen sich jedoch so tief ein, dass sie praktisch zur zweiten Natur werden und teilweise lebenslang unsere Denk- wie auch Verhaltensweisen steuern.

Natürlich beziehen sich längst nicht alle Glaubenssätze auf einen selbst; viele «schubladisieren» auch ihre Umwelt. Eine Mutter, die ihre Tochter immer wieder vor den bösen, triebhaften Männern warnt, will ihr Kind vielleicht vor schlechten Erfahrungen bewahren; später bewahrt es die Tochter aber auch vor guten Erfahrungen, falls sie die Warnungen zu sehr verinnerlicht hat.

Etliche Glaubenssätze sind einfach von den Eltern oder anderen Bezugspersonen übernommen worden, ohne sie zu hinterfragen. Oder es sind pauschalisierende Schlussfolgerungen aus Erfahrungen, die man später gemacht hat: «Wenn ich (regelmäßig) mit ihr schlafe, wird sie all diesen Beziehungskram von mir erwarten (wie meine Ex)». Vielleicht hatten diese Glaubenssätze irgendwann einen Nutzen, oder sie haben ihn womöglich noch immer. So könnte der heftige Rammler auch von etwas angetrieben werden wie: «Wenn ich mich nicht beeile, könnte sie den Sex abbrechen, und ich komme nicht ins Ziel» oder «Wenn ich langsam mache, könnte mein Ständer weich werden».

Das Tückische an diesen inneren Ermahnungen und Glaubenssätzen ist, dass schon winzige Schlüsselmomente reichen, um sie – völlig unbemerkt – zu aktivieren: Ein einziges Wort, eine einzige Geste können genügen, und Ihr Gehirn-Computer schaltet um auf ein ganz bestimmtes Programm. Hinzu kommt, dass die meisten davon so früh entstehen und unbewusst sind, dass es oftmals ausgesprochen schwierig ist, sie zu identifizieren. Doch erst dann kann man sie packen und in etwas umwandeln, was dem jetzigen Leben dienlicher ist.

Wer sehr viele solcher Glaubenssätze im Kopf hat und von ihnen gelenkt wird, kann in den meisten Situationen nicht mehr unbeschwert agieren oder reagieren und verbietet sich auch Etliches, vermutlich ohne sich dessen überhaupt bewusst zu sein. Dies betrifft unter anderem die Menschen, die Probleme damit haben, frei über ihre eigene Sexualität zu sprechen, sowie jene, die im Bett fast immer passiv abwartend sind oder bestimmte eingefahrene Abläufe herunterspulen, anstatt ihrer Spielfreude freien Lauf zu lassen.

Ich hatte eine Klientin, deren Körper immer dann radikal dichtmachte, wenn sie sich verliebt hatte und mit dem Mann eine richtige Beziehung im Entstehen war. Als ich sie fragte, wovor sie sich da eventuell schütze, sagte sie: «*Am Ende wird man doch eh nur verletzt, verarscht, ausgenutzt.*» Ich bat sie, ihren dazugehörigen Glaubenssatz auf den Punkt zu bringen: «*Was bedeutet es denn, zu lieben?*» Sie antwortete: «*Wer liebt, verliert.*»

Beispiele für ungute weibliche Glaubenssätze können auch sein:

«Wenn ich zu wenig Lust habe, hält er mich für frigide (und verachtet mich).»

«Nur wenn ich einem Mann Sex gebe, sooft er will, wird er mich lieben.»

«Wenn ich einem Mann Sex gebe, sooft er will, dann denkt er, er hat Macht über mich.»

Im ersten und zweiten Fall wird die Frau fast jeden Verkehr über sich ergehen lassen, selbst wenn sie überhaupt keine Lust hat. Im dritten Fall wird sie den Mann hingegen sehr oft abblocken, was dann meist auch noch zu dem berühmten Teufelskreis führt: Er hätte gern mehr Sex und drängelt, sie blockt noch stärker, er drängelt noch mehr usw.

Beispiele für ungute männliche Glaubenssätze können sein:

«Ich darf keine Schwächen zeigen, sonst hält sie mich für einen Versager.»

«Wenn ich nicht immer Lust habe, hält sie mich für schwul.»

«Ein echter Mann hat sich jederzeit komplett unter Kontrolle.»

Oftmals steuern Glaubenssätze nicht nur unser Verhalten, sondern auch unsere Wahrnehmung von der Welt, und zwar teilweise so sehr, dass wir uns die Welt zurechtbiegen, bis sie zu unseren Glaubenssätzen passt. Die oben genannte Klientin war absolut davon überzeugt, dass Männer im Grunde alle Schweine sind und eine Frau letztlich nur verlieren kann. Oder Udo glaubte steif und fest, dass er nur dann ein richtiger Mann sei, wenn er jede Partnerin zum Orgasmus bringt, und zwar möglichst jedes Mal. Ihm war kein bisschen bewusst, dass das mit seinen Glaubenssätzen zu tun hatte und Druck auf seine Freundin ausübte, was letztlich seine ganze Problemspirale in Gang setzte.

Nun könnte man ja denken, dass es ganz leicht sein müsste, seine ungünstigen Glaubenssätze, sobald man sie ausgemacht hat, über Bord zu werfen. Leider ist dem nicht so. Man muss sich immer wieder bewusstmachen, wann und in welcher Form sie auftreten, wie sie einen lenken und – dass man die meisten eben heute gar nicht mehr braucht! Eine Frau, die z. B. über längere Zeit im Bett auf die Bremse trat, weil sie glaubte, dass ihr Partner sonst zu viel von ihr fordern könnte, wird sich schwertun, nun von der Bremse zu gehen. Ich kann Ihnen nur raten: Probieren Sie's einfach mal aus! Im Notfall können Sie ja jederzeit auch mitten im Akt stopp sagen. Wenn Sie die Thematik mit Ihrem Partner besprechen und wenn er ein guter Partner ist, wird er dafür Verständnis haben, dass die Dinge unerwartete Wendungen nehmen können.

Erinnern Sie sich immer wieder daran, dass fast jeder in bestimmten Situationen dazu neigt, unbewusst-emotional auf eine frühere Ebene zu rutschen, und dann immer die zugehörigen Mechanismen aktiviert werden können. So ist das auch bei der zarten Ines, für die sich Sex oft «überfordernd» anfühlt, weil sie einerseits unsicher und nicht mit Lust dabei ist (also auch nicht von der Lust geleitet werden kann), andererseits alles richtig machen will, damit es Jens auch ja Spaß macht.

«Diese Vorgänge weisen auf mehrere Ängste hin», sage ich ihr, «ahnst du, welche?»

«Versagensangst. Angst, dass ich ihm nicht entsprechen kann und seine Erwartungen nicht erfülle», antwortet sie. Welche Sichtweise wird hier deutlich? Sie kommt «von unten»: «Ich bin klein und auf sein Urteil über mich angewiesen. Er ist derjenige, der entscheidet, was aus mir wird. Wenn er mich nicht gut findet, lässt er mich fallen. Also muss ich mich anstrengen, alles gut zu machen.»

Diese Anstrengung drückt sich in einer Anspannung aus, die sie daran hindert, völlig gelöst zu sein, und die auch das Gehirn ergreift.

Oft merkt man das selbst gar nicht mehr, weil es ein sehr gewohnter Zustand ist. Viele, die das betrifft, erleben dieses Gefühl des völligen Gelöstseins nur unter Alkohol oder Drogen. Ich würde das nie verurteilen, sondern betrachte es als gutes Zeichen: Die betreffende Person ist also durchaus in der Lage, diesen Zustand zu erreichen.

«Wie wär's, wenn du eher mal schaust, ob er *deine* Erwartungen erfüllt?», sage ich.

Diese einfache Sichtweise hat Ines bisher nie eingenommen: *«Ich habe da gar keine Erwartungen an ihn, weil mir ja gar nicht nach Sex ist. Ich habe Angst, dass ich gefühlskalt bin und keine Libido mehr habe.»*

Ich rate ihr, sich nicht zu sehr mit diesem vermeintlichen Manko niederzumachen, sondern es lieber so zu sehen: Jeder Mensch entwickelt seine eigenen Wege, um seine Ängste und inneren Konflikte irgendwie in den Griff zu bekommen. Leider entstehen aber gerade dort, wo größte Nähe besteht und uns eine Person am wichtigsten wird, also in der Liebe und im Sex, eben auch die größten Ängste vor Verletzungen. Und da wir so gestrickt sind, dass wir uns ungern aktiv mit unseren Ängsten auseinandersetzen, laufen die Bearbeitungsprogramme im Unbewussten und fabrizieren dort oft etwas Ungünstiges.

«Ja», seufzt Ines, *«manchmal überfordert mich auch die ganze Beziehung — also diese Nähe zuzulassen und mich einem Menschen so zu öffnen und dadurch auch so verletzbar zu sein.»*

«Das verstehe ich», beruhige ich sie. «Nähe- und Bindungsängste sind sehr verbreitet. Sie stehen auch deiner Sexualität im Weg. ‹Angst› kommt von ‹eng›, weil sich bei Angst vieles im Körper zusammenzieht. Bei Frauen ist das eben oft die Vagina, die sich dann nicht recht öffnen mag, weil das ein ganz verletzlicher Bereich ist, der ja auch mit Weiblichkeit, Intimität, Bindung, starker Nähe, sich ausliefern, Gefahr der Verletzung zu tun hat.»

Ines sagt, sie habe auch Angst vor der Frage, warum sie dieses Problem mit Nähe hat: *«Ich habe keine Antworten, außer dass ich in meiner Kindheit kein positives Männerbild aufbauen konnte und daher mehr Angst* habe als das Bedürfnis, ihnen nah zu sein. Und ich weiß nicht, warum ich das nicht einfach ausblenden kann.»

«Weil die ganze Thematik durch die Nähe zu Jens wieder aktualisiert wird. Es ist gut, dass du nicht davonläufst, sondern es angehen willst. Davonzulaufen würde auch nichts nützen, denn selbst wenn du Jens abserviertest, kämen dieselben Schwierigkeiten in der nächsten Beziehung wieder.»

Wie für sehr viele Menschen mit Sexproblemen, ist für Ines unter anderem «Kontrolle» ein wichtiges Thema, genauer gesagt befürchtet sie, dass die Dinge außer Kontrolle geraten könnten und dass dann etwas Unangenehmes passiert. Ich bitte sie, tief in sich hineinzufühlen und sich vorzustellen: «Was könnte denn passieren? Und was wäre so schlimm daran?»

«Dass ich Dinge, die mir auferlegt werden, nicht meistern kann», antwortet sie. (Man beachte die Wortwahl: «Dinge, die mir auferlegt werden». Wieder rutscht sie auf die Ebene des Mädchens zurück, dem von den «Großen» Aufgaben gestellt werden.) «Und wenn ich die Kontrolle verliere, dann wäre da der Gedanke, dass ich mir selbst nicht entsprechen könnte.» Und zwar, weil da dieser vertrackte Perfektionismus ist. Damit wird alles Mögliche abgewehrt, von dem ihr Inneres glaubt, dass sie das auf keinen Fall zeigen darf: alles Aggressive, alles Schmutzige, Fehler haben und machen. Und dahinter steht ja wiederum eine unserer Urängste: ausgeschlossen zu werden.

Mein Auftrag an Ines lautete: sich immer öfter erlauben, nicht perfekt zu sein, eventuell sogar Fehler zu machen und genau hinzuschauen, ob dann tatsächlich die befürchteten Folgen eintreten. Nur durch häufiges Ausprobieren und Überprüfen wird auch ihr Unbewusstes nachhaltig begreifen, dass sie nicht perfekt sein muss, sondern im Gegenteil noch mehr Sympathie erfährt, wenn sie auch mal Schwächen und menschliche Seiten zeigt. Sie könnte das natürlich mit Jens am besten ausprobieren, aber wenn ihr das zu schwerfällt, kann sie es auch erst einmal mit Freundinnen, Bekannten und Fremden testen.

Was haben Sie als Kind über Männer, Frauen, Liebe, Sex «gelernt»?

Damit meine ich keineswegs nur das, was Ihnen andere darüber erzählt haben, sondern auch welche Schlussfolgerungen Ihr junges Gehirn aus dem zog, was um Sie herum vorging – und was Sie tagtäglich mitbekommen haben – sowie die indirekten Botschaften Ihrer Bezugspersonen. Wenn ein Mädchen beispielsweise jahrelang miterlebt, dass ihre Mutter in einer Beziehung oder durch einen Mann unglücklich ist, prägt sich in ihrem Hirn ein, dass sie diese Dinge später vermeiden sollte. Oder wenn sie oft hört, dass «Männer eh nur auf das eine aus seien (nämlich Sex)», dann kann sie daraus eventuell schließen, dass Sex etwas ist, das sie dem Mann notgedrungen geben muss, weil er nur das von Frauen will – das heißt, wenn er es von ihr nicht bekommt, hat er keinen Grund zu bleiben.

Welche Positionen haben hier (abstrakt betrachtet) die Frau und der Mann? Die Frau ist das Opfer, der Mann der Täter. Er aktiv, sie passiv. Er fügt ihr Leid zu, sie muss es erdulden. Obwohl ihr Verstand später «weiß», dass man selbst gegensteuern kann, ist unbewusst und auf der Gefühlsebene immer noch der Gedanke wirksam: «Letztlich bin ich dem Mann ausgeliefert, denn er ist in der Lage, mich jederzeit zu verletzen und zu verlassen, und das Einzige, was ich dagegen tun kann, ist, so brav wie möglich zu sein und ja nicht seinen Unwillen zu schüren.» (Weitere interessante Beispiele liefert Kapitel 8!)

Ändern oder nicht? Sie bestimmen die Gangart

Dauerhaft erfüllten Sex zu haben ist eigentlich erst dann möglich, wenn man es schafft, sich weitgehend von körperlichen, mentalen und seelischen Einschränkungen zu befreien. Das setzt wiederum voraus, nicht nur ein paar Übungen und Tipps umzusetzen, sondern auch generell zur Veränderung der Punkte bereit zu sein, die sich bei Ihnen begrenzend auswirken. Ich verlange keineswegs von Ihnen, für *alles* offen zu sein: Sie selbst treffen die Entscheidung, welche Hemmnisse und Störfaktoren Sie loswerden oder aufweichen wollen und wann: jetzt, später oder nie. Dies kann auch in ganz kleinen Schritten geschehen, in einem Tempo, mit dem Sie sich wohl fühlen.

Ich will Sie genauso wenig dazu überreden, hemmungslos zu werden, oder Ihnen irgendwie nahelegen, dass etwas mit Ihnen nicht stimmt, wenn Sie hier oder da Hemmungen haben. Ich will Sie vielmehr dazu ermutigen, bewusster hinzuschauen: «Welche äußeren und/oder inneren Hindernisse oder einschränkenden Muster kann ich bei mir erkennen, welche will oder kann ich über Bord werfen, welche nicht?»

Wenn Sie z. B. nicht mehr ganz jung sind und wissen, dass in einigen Positionen gewisse Körperteile unvorteilhaft wirken, haben Sie ja diverse Optionen: a) Ihre Scham überwinden, b) diese Positionen weglassen, c) das Zimmer verdunkeln oder d) Ihrem Lover die Augen verbinden. Jede Variante ist okay, solange Sie Lust und Freude am Sex empfinden.

Wie Sie Schritt für Schritt behindernde Glaubenssätze loswerden

Schritt 1: Entwickeln Sie eine detektivische Spürnase für die Situationen und Punkte, in denen Sie sich bremsen, blockieren, unter Druck setzen oder sich selbst, andere oder eine Sache herabsetzen. Notieren Sie Ihre typischen inneren Monologe – und was Sie damit assoziieren. Prüfen Sie den Realitätsgehalt und suchen Sie realistischere Sichtweisen.

Hier ein konkretes Beispiel:

Situation: «Irgendwie habe ich immer den Drang, mich zu beobachten und zu kontrollieren, vor allem beim Sex.»

Meine typischen inneren Monologe: «Ich will (oder muss) es ihm besonders schön machen. Er bemüht sich so sehr. Ich muss ihm zeigen, dass ich es genieße. Klingt mein Stöhnen komisch? Hoffentlich irritiert ihn das nicht. Nein, ich will nicht nach oben, da sehe ich blöd aus.»

Damit verbundene Annahmen und Assoziationen: «Wenn ich mich ganz öffne und gehen lasse, wird er Dinge sehen, die abschreckend sind. Und dann ... wird er mich peinlich finden und etwas tun oder sagen, das mich verletzt.»

Realitäts-Check:

Wo liegen die Ursachen? «Wenn ich als Kind einfach einer Lust nachgab (z. B. im Wohnzimmer tanzte), verspotteten meine Geschwister oder auch meine Eltern mich oder machten abfällige Bemerkungen («Boah, bist du peinlich!»). Ständig haben sie nach etwas gesucht, um mich zu kritisieren oder zu frotzeln. Ich musste immer drauf achten, dass ich ihren Maßstäben gerecht wurde.»

Was ist wirklich dran? «Mein jetziger Schatz ist nicht darauf aus, mich zu verletzen.»

Realistischer: «Ich darf mich bei ihm ruhig zeigen, wie ich bin, und sollte er mal nicht wunschgemäß reagieren, bringt mich das auch nicht um – ich kann es verkraften.»

Machen Sie den Realitäts-Check auch ganz konkret in der Praxis: Was passiert, wenn ich mich ganz bewusst nicht mehr von meinen Glaubenssätzen leiten lasse, sondern etwas anderes mache?

Schritt 2: Gehen Sie jetzt weiter in die Tiefe, um regelrecht «auszubuddeln», warum sich bestimmte Glaubenssätze entwickelt haben.

Kernfragen: *Was ist das Symptom* (Lustlosigkeit, Orgasmusprobleme, Widerstände, Ehrgeiz usw.), *und was ist das Nützliche daran?* Es geht um den versteckten Nutzen, der einem selbst nicht oder nur kaum bewusst ist (vielleicht stammt der Nutzen – wie der dazugehörige Glaubenssatz – auch aus früheren Zeiten). *Können Sie den Nutzen auch auf andere Weise erlangen als über das bestehende Symptom?*

Beispiel:

Problem: «Wenn mir mein Partner oder meine Partnerin zu nah kommt, macht etwas in mir dicht, sogar beim Sex. Ich habe kaum noch Lust, mag nicht einmal mehr richtig küssen.»

Glaubenssatz: «Ich darf ihn / sie nicht so nah an mich heranlassen, denn ich muss mich schützen.»

Verborgener Nutzen: «So sorge ich immer wieder für Abstand. Ich muss mich nicht öffnen, muss meine schwachen oder peinlichen Seiten nicht zeigen und laufe dann nicht Gefahr, verachtet oder verletzt zu werden» (wie damals von meiner Mutter, meinem Vater, meinen Geschwistern o. Ä.).

Alternative, um an den Nutzen zu gelangen: «Ich könnte meinem Partner / meiner Partnerin erklären, dass ich mich nicht so leicht öffnen kann. Ich könnte gleich zu meinen Schutzmechanismen stehen, anstatt ihn / sie durch meinen Rückzug zu vergraulen.»

Konkret auf eins von Veras Problemen angewendet:

Problem: «Ich bleibe in der Opferrolle stecken, fühle mich oft klein und hilflos.»

Verborgener Nutzen: «Ich kann das kleine hilflose Mädchen und das Opfer bleiben, muss mich nicht so viel um mich kümmern, muss keine Verantwortung übernehmen, sondern überlasse sie den anderen; so vermeide ich auch, egoistisch zu wirken.»

Eine Alternative, um den Nutzen zu erhalten, braucht Vera in diesem Fall nicht: «Das hilflose Mädchen oder Opfer möchte ich nicht länger sein. Und dass ich nicht egoistisch bin, wissen Sven und ich genau.»

Schritt 3: Sind Sie bereit, den Schutz, den Nutzen, die Grundüberzeugung aufzugeben und vielleicht auch ein gewisses Risiko einzugehen? Es gilt, sich bewusst zu entscheiden, ob man die alten Einstellungen und «Vorteile» beibehalten will; ob man noch in Strukturen verbleiben will, die vielleicht eine gewisse Sicherheit vermitteln, aber Veränderungen verhindern. Wenn Sie alles beim Alten belassen wollen (vielleicht auch nur für eine Zeit), ist das vollkommen in Ordnung. Sie müssen aber auch bewusst dazu stehen, vor sich selbst und vor Ihrem Partner. Das macht vieles klarer und damit auch leichter.

Oder wollen Sie es wagen, sich dem Neuen zu stellen und mutig ins Auge zu schauen? Und Ihre Einstellungen oder Schutzmechanismen von dannen ziehen lassen? Es muss ja nicht gleich alles auf einmal sein – in kleinen Schritten geht's leichter: Nehmen Sie sich z. B. vor, nur ein einziges Mal, beim nächsten Akt, den Schutz fallen zu lassen und sich der Lust mit einer Haltung hinzugeben, die dem bisherigen Glaubens- oder Leitsatz gezielt widerspricht. Etwa «Ich lass es kommen, wenn es kommt» statt «Ich muss lange durchhalten» oder «Diesmal stöhne ich besonders laut» statt «Ich muss meinen Geräuschpegel niedrig halten».

Öffnen Sie sich auch körperlich. Benutzen Sie nicht die flache Angstatmung, sondern die kraftspendende Brust-Bauch-Atmung und die Körperatmung (siehe S. 216).

Mein Tipp: Bedanken Sie sich bei Ihrem alten Glaubenssatz oder Schutzmechanismus. «Ich danke dir, dass du mir so oft geholfen hast bei ... Aber nun brauche ich dich nicht mehr. Ab jetzt erlaube ich mir, immer häufiger ...»

Arbeit mit Widerständen

Widerstände hängen mit der Vermeidung von Unangenehmem, mit Glaubenssätzen und anderen seelischen Vorgängen zusammen. Sie entstehen natürlich nicht nur mitten beim Sex, sondern auch im Vorfeld und im Nachhinein. Auch hier sollte man genauer hin(ein)sehen: Was hat es damit auf sich? Welche Gedanken, Assoziationen, Gefühle sind damit verknüpft?

Widerstandsübung: Nehmen wir an, Sie spüren in einer sexuellen Situation ein gewisses Missbehagen, eine Sperre oder Ähnliches: Normalerweise würden Sie entweder a) versuchen, sich der Situation zu entziehen, b) dichtmachen oder c) rasch dagegen angehen. Meine Aufgabe an Sie lautet: Gehen Sie einmal keinen dieser drei Wege, sondern *bleiben Sie in der Situation, versuchen Sie sie zu akzeptieren, «auszuhalten», und beobachten Sie, was passiert – und zwar mit* klaren Sinnen, nicht mental weggetreten oder von Alkohol benebelt.

Es kann durchaus sein, dass dann großes Unbehagen und starke Emotionen zum Vorschein kommen, aber das ist auch gut so, denn sie sind Wegweiser. (Falls man nicht anders kann, als abzubrechen, ist das oft ein Zeichen, dass man es allein eher nicht schaffen wird, die Sperre zu überwinden, sondern gezielt fachliche Hilfe suchen sollte.) Auch für Ängste und für alles, was Sie versuchen von vornherein zu meiden, gilt: Anstatt es beiseitezuschieben, sollten Sie versuchen, sich den Empfindungen zu stellen, sie zuzulassen und herauszufinden, was da ist und was dahintersteckt.

Überlegen Sie: *Was alles müsste gegeben sein, damit in der betreffenden Situation für Sie nur positive und keine negativen Gefühle aufkommen?* Lassen Sie Ihren Gedanken völlig freien Lauf, schreiben Sie es dann auf und zeigen Sie es eventuell Ihrem Partner.

Spüren Sie in sich hinein, ob Sie sich besser öffnen können, wenn Sie eher passiv oder eher aktiv sind. Und ob die Widerstände auch viel damit zu tun haben, dass Sie Ihrem Partner nicht hundertprozentig vertrauen. Wenn ja, warum ist dem so? *Könnte etwas Schlimmes passieren, wenn Sie die Widerstände überwinden und auf die Kontrolle völlig verzichten?* Wenn ja, was? Und hat es mit früheren Erlebnissen zu tun oder mit dem aktuellen Partner?

Einer meiner Klienten, der kaum noch Lust auf Sex hatte und fast jede Offerte und Initiative seiner Freundin ausschlug, fand durch die Widerstandsübung heraus, dass ihm ihre dominante Art missfiel und dass er befürchtete, falls er ihr auch noch sexuell «zu Willen» wäre, würde sie komplett die Macht über ihn erlangen; zugleich stellte es seinen Widerstand gegen ihre Neigung zum Korrigieren und Besserwissen dar: Da sie dies im Alltag dauernd tat, wollte er sich nicht auch noch im Sexuellen der Gefahr aussetzen, gemaßregelt zu werden. (Dieses Phänomen kommt übrigens bei lustlosen Männern, deren Partnerin «die Hosen anhat», oft vor!)

Falls Sie jedoch Vertrauen haben und zuversichtlich sind, Ihren

Schutz wenigstens einmal weglassen zu können: Nutzen Sie die Ja-Methode: Ja, ich vertraue meinem Schatz. Ja, ich möchte jetzt Sex mit ihm / ihr haben. Ja, ich möchte mich jetzt öffnen, fallen lassen, hingeben (bitte lesen Sie hierzu unbedingt auch Kapitel 12).

Dranbleiben, bitte!

Nach den Ursachen für Probleme zu suchen und Erkenntnisse zu haben ist natürlich immer gut, aber in vielen Fällen reicht das nicht für eine Veränderung. Und selbst wenn die Einsicht dazu führt, dass Sie eine Änderung einleiten, ist noch lange nicht garantiert, dass sie von Dauer ist. Jeder Raucher oder Chocoholic, der versucht hat, sich sein Laster abzugewöhnen, weiß, wovon ich spreche. Es ist nämlich so, dass etwas, was wir sehr oft getan oder erlebt haben, unzählige Nervenverbindungen in unserem Gehirn erzeugt hat. Je häufiger, desto besser ist dann der entsprechende Bereich vernetzt. Dorthin schickt das Gehirn innere und äußere Impulse wie Müdigkeit oder Frust am liebsten, weil sie dort am schnellsten weitergeleitet und bearbeitet werden können – und schon erhalten wir eine Anweisung vom Gehirn: Eine Zigarette oder Schokolade, bitte!

Das Gehirn ist sogar darauf angelegt, unbewusste wie bewusste Inhalte, die sich bewährt haben, zu erhalten und zu sichern, weil es im Ernstfall leichter ist, auf Bewährtes zurückzugreifen, als sich etwas Neues ausdenken zu müssen. (Ob das dann auch wirklich gut und nützlich ist, steht auf einem anderen Blatt; «bewährt» meint in diesem Zusammenhang nur, dass das Gehirn eben eine schnelle Lösung parat hat). Daher ist es auch darauf programmiert, an häufig genutzten Inhalten (Denkmuster, Einstellungen, Reaktionsweisen usw.) festzuhalten und sich dagegen zu wehren, wenn man sie ändern will. Sprich: Oft ist eine große Willensanstrengung und häufige Wiederholung nötig, um die alte Datenautobahn zu eliminieren und eine neue aufzubauen. Man kann es auch mit Spurrillen in einer Straße vergleichen: je tiefer sie sind, desto eher ist Ihr Wagen geneigt, in diesen Bahnen zu fahren statt daneben. Manche Fachleute sagen, dass man ein neues Verhalten oder eine neue Einstellung mindestens siebenmal anwenden muss, andere sprechen von 21-

mal. Ich denke, es hängt stark davon ab, wie lange der gewohnte Inhalt schon besteht und wie groß die Erfolgserlebnisse beim neuen Inhalt sind.

Unser Computer im Kopf schreckt allerdings auch nicht davor zurück, Tricks anzuwenden, um am Gewohnten festzuhalten. Es könnte sein, dass er Ihnen plötzlich etwas vorgaukelt wie: «Das ist doch gar nicht so schlimm. Das machen andere auch. Andere sind noch schlimmer (dran).» Oder auch: «Wir sind doch gar nicht so schlecht dran, anderen geht's doch viel schlechter. Andere kommen auch klar mit wenig Sex, ohne Oralverkehr, …»

Wenn Sie das Alte zu oft wieder einreißen lassen, werden Sie Ihr Hirn nie überlisten. Entscheidend ist also nicht nur häufiges Wiederholen, sondern auch dranzubleiben.

Zu viel Problem = zu wenig Lösung:
Problemfixiertheit macht verkrampft

Wenn Sie ein Sexproblem haben, bringt es Sie zwar weiter, Ihre Aufmerksamkeit auf Ihren Körper, Ihre Empfindungen und Gedanken zu richten; aber es ist selbstbehindernd und lusthemmend, wenn sich Ihr Fokus zu *sehr* auf das Problem richtet und Sie Gefahr laufen, sich darauf zu fixieren, sodass Unsicherheit, Versagensängste und Selbstvorwürfe entstehen. Dies bewirkt nämlich erstens eine muskuläre Verspannung, die in den allermeisten Fällen kaum bewusst wahrgenommen wird (also auch nicht aktiv gelöst wird), aber trotzdem dazu führt, dass die Lust in diesem Bereich nicht mehr fließen kann. Zweitens geht eine solche Fixierung fast immer Hand in Hand mit einer mentalen Verkrampftheit – Empfinden, Fühlen und Denken sind zu wenig frei, um auf lustvollere Lösungen oder Alternativen zu kommen. Und die mentale Anspannung verstärkt wiederum die körperliche.

Typische Beispiele:

- Ein Mann hat ein-, zweimal (vielleicht wegen harmloser Ursachen wie Radfahren oder zu viel Rauchen) Erektionsstörungen und konzentriert sich danach so sehr darauf, ob er wieder «keinen hochkriegen» wird, dass der Blutzufluss zu seinen Schwellkörpern tatsächlich nicht optimal ist.

- Vor lauter Anstrengung, endlich zum Orgasmus zu kommen, ist bei vielen Frauen der Beckenboden zu sehr angespannt; Folge: Der ganze Vorgang stockt.

- Ein Mädchen hatte einige Male beim Verkehr Schmerzen in der Scheide. Nun erwartet sie die Schmerzen geradezu, sodass ihre Vaginalmuskeln krampfen – dann tut die Rein-raus-Bewegung des Penis erst richtig weh.

Ein Grundsatz aus der Esoterik lautet: Da, wo dein Fokus ist, ist meist auch deine Energie. Leider gilt das auch für «negative Energie». Worin besteht also ein Lösungsansatz? Einfach die Aufmerksamkeit nicht mehr dorthin zu richten? Das ist einfacher gesagt als getan, so ähnlich wie bei dem Experiment «Denken Sie nicht an weiße Mäuse!» Sobald man diese Aufforderung an jemanden richtet, wird er nicht nicht an weiße Mäuse denken, sondern sie sich mindestens für den Bruchteil einer Sekunde vorstellen. Und schon ist das Bild im Kopf.

Lösungsansätze:

- Unerwünschte Bilder mit erwünschten ersetzen. Nutzen Sie das ganze Potenzial Ihrer Vorstellungskraft!

- Auch die Formulierung, die Sie an sich selbst richten, muss positiv sein, darf also keine Verneinungen wie «nicht», «kein», «ohne» oder «un-» enthalten. Statt sich also zu sagen: «Ich denke heute nicht an mein Orgasmusproblem / meine Erektionsstörung, ...», sagen Sie sich besser etwas wie: «Ich möchte heute einfach nur Lust empfinden und meinem Partner Lust schenken, egal, was am Ende dabei herauskommt.»

- Unterbrechen Sie negative und hemmende Bilder und Gedanken sofort, sobald sie auftauchen, indem Sie laut oder in Gedanken «Stopp» sagen. Verbinden Sie dieses Stopp am besten mit einer kleinen Geste, drücken Sie z. B. die Kuppen von Ringfinger und

Daumen aufeinander oder machen Sie eine kleine wegwerfende Handbewegung. Oder schütteln Sie die Hände nach unten aus und sagen sich: «Locker lassen!» (Schütteln Sie dabei ruhig noch mehr, etwa die Arme und Schultern.) Noch effektiver, aber zeitintensiver, sind die Übungen ab S. 215.

Locker lassen gilt besonders für Personen, die dazu neigen, sich oder die Situation zu sehr kontrollieren zu wollen.

Tipp: Sich lockern, Führung abgeben, den Dingen ihren Lauf lassen. Wenn das zu einer tiefen seelischen Grundhaltung wird, fließt es auch im Körper wieder freier (Libido, Erregung, Empfindungen generell).

- Um die unguten Gedanken und Vorstellungen dann sofort zu ersetzen, legen Sie sich schon vorher positive Bilder bereit, die nicht unbedingt mit Ihrem absoluten Ziel zusammenhängen (das könnte Sie zu sehr unter Druck setzen), sondern mit Lust, Entspannung, einer spielerischen Haltung usw.

Anstatt sich auf ihren Orgasmus zu versteifen, könnte sich eine Frau beispielsweise vorstellen, dass sie vor Lust zerfließt. Das Bild sollte allerdings nicht mit ungünstigen Assoziationen verbunden sein, die blockierende Gefühle oder Ängste auslösen könnten (wie etwa Scham). Der Mann mit den Potenzproblemen sollte sich nicht unbedingt vorstellen, dass sein bestes Stück steht wie eine Eins. Auch er kann sich auf das Fließen der Lust in seinem Unterleib (besser noch im ganzen Körper) konzentrieren oder auch darauf, seine Partnerin in große Erregung zu versetzen und sie, falls erwünscht, mit Hand oder Mund zu befriedigen. Dass er während dieses Vorgangs dann vielleicht doch eine vollständige Erektion bekommt, ist davon ja unbenommen.

Generell ist eine zu starke Ausrichtung auf Ziele dem Sex nicht förderlich. Denn dann richtet sich der Fokus zu sehr auf das Ziel und dessen Erreichen, und es bleibt zu wenig Raum für das Spielerische, für Abwechslung und Kreativität. Aber genau diese Elemente gehören ja zu einer lustvollen Erotik.

Kapitel 8

WIE SIEHT IHR SEXUELLES SELBSTBILD AUS?

Bei dieser Frage geht es darum, wie wir uns selbst in sexuellen Zusammenhängen sehen, bewusst und unbewusst. Jemand kann sich z. B. für aufgeschlossen und «gut im Bett» halten – das wäre dann das bewusste Selbstbild –, aber das unbewusste Selbstbild verbietet alles Mögliche (etwa, mal eher passiv und nur empfangend zu sein). Die meisten machen sich gar keine Gedanken darüber, aber unterschwellig existieren sehr wohl eine ganze Menge an Bildern, Annahmen und Selbsteinflüsterungen. Leider sind sie viel häufiger einschränkend als erotikförderlich.

Bei aller sexuellen Freiheit, die viele Menschen heutzutage leben und die auch in der Öffentlichkeit transportiert wird, wirkt doch in den meisten von uns noch die restriktive Haltung nach, die bei unseren Großeltern und teilweise unseren Eltern noch gang und gäbe war. Klar, beim einen mehr, beim anderen weniger. Und es sind beileibe nicht nur Frauen betroffen.

Clarissa (29) hat ein ähnliches Problem wie Meike: Sie und ihr Freund David (28) haben eine liebevolle Beziehung, aber er ist sexuell sehr zurückhaltend. Sie klagt:

«Wir bewegen uns sexuell kaum von der Stelle, und wenn es nach ihm ginge, hätten wir immer noch den gleichen Sex wie am Anfang: zahm und brav, Standardprogramm. An sich schlafe ich gern mit ihm und er mit mir. Aber ich möchte mehr Lust und spontane Geilheit, mehr Abwechslung und Entwicklung, vor allem da wir so vieles noch nicht gemacht haben. Also: Ich rede, mache, tue, lobe, versuche zu motivieren, provoziere ihn, witzele drüber und biete ihm mit verzweifelter Stimme dar, was es für mich bedeutet, aber er geht höchstens ein Mal ein bisschen drauf ein und dann nie mehr.

Alle Anstöße kommen immer von mir: Spielchen mit Sahne, Augenbinde, Gleitgel, Sex in der Küche, im Freien, neue Stellungen usw. Einiges macht er auch gerne mit, aber bei vielem ziert er sich, sogar bei Sachen, die mir selbstverständlich erscheinen: Er fingert mich fast nie (obwohl ich schon zu ihm meinte, dass es vermutlich mein einziger Weg zum Orgasmus sei). Oralsex: No way! Hundestellung und mal ein bisschen härter stoßen: aber nicht doch! Ich habe ihm sogar Gutscheine für Fellatio geschenkt – es liegt ihm absolut fern, die einzulösen. Ist er zu rücksichtsvoll?

Außerdem möchte ich auch mal verführt und überrascht werden. Es kommt nie etwas von ihm. Kein ‹Hat dir das gefallen?› oder ein wenig Eigeninitiative. Ich bin es leid, darauf zu warten ... Egal wie oft ich ihn darum gebeten habe, es ist, als ob er es vergisst und es eben auch nicht wichtig für ihn ist.

Was soll ich denn noch tun? Gerade liest er (nachdem ich ihm mangelndes Interesse vorgeworfen habe) einen Erotikratgeber, aber auf die Frage, was er da gelernt habe, kam die Antwort: ‹Eigentlich nichts ... wie man fremde Frauen berührt und verführt.› Meine Bemerkung: ‹Ich sollte wohl auch mal fremd sein ...›, hat er nicht verstanden.

Warum lässt er sich nicht von mir motivieren, obwohl ihm der Sex mit mir doch gefällt? Seine Antwort: Es falle ihm halt nichts ein. Aber es gibt doch sooo viele Möglichkeiten, und einige habe ich ihm sogar vorgestellt! Man kann doch auch im Internet schauen oder mal fragen oder rumprobieren. Nein. Lieber macht er gar nichts, als Gefahr zu laufen, dass es mir nicht gefallen könnte. Egal wie oft ich ihm sage, dass er doch nichts ‹versaut› dabei, sondern dass das nun mal dazugehört und wir uns nur so entwickeln – es passiert nichts ... Ich meine, letztlich ist es doch so auch nicht perfekt. Kann ja eigentlich (pessimistisch gesagt) nur schlimmer werden. ICH BIN VERZWEIFELT!!!»

Ähnlich wie Meikes Freund Marc kriegt David es nicht auf die Reihe, respektabler Partner und «un-verschämt» zugleich zu sein. Er befürchtet, dass die Person, von der er sich Liebe und Achtung wünscht, diese dann nicht mehr aufbringt. Die einzige Form von Sex, die da passend erscheint, ist «Liebe machen». Während Marc allerdings am Anfang ja noch «die Sau rausließ», war David schon immer brav, was uns einen Hinweis darauf gibt, dass er nicht unbedingt durch die Beziehungsdynamik in die brave Rolle rutscht. Er hat eher von Haus aus ein sehr «anständiges» Selbstbild und ist daher sexuell handlungsgehemmt. Das heißt, es ist ihm geradezu unmöglich, sich selbst als jemanden zu sehen, der sexuell frech, dreist, selbstbewusst, ab und zu dominant und auch ein bisschen dirty ist; er fühlt sich dann komisch und unwohl, es passt nicht zu dem Bild, das er von sich selbst hat. Und das wird Clarissa höchstwahrscheinlich auch nicht ändern können, denn sie hat ja schon alles Mögliche versucht. «Eine neutrale Fachperson könnte ihm die Problematik mit dem Selbstbild eher nahebringen», erkläre ich ihr.

Immerhin ist David zu einem Telefonat bereit, bei dem wir das Thema ein wenig anreißen können. Unter anderem erfahre ich, dass zwei Dinge ihn zusätzlich verunsichern: Er ist recht unerfahren, denn er hatte sein «erstes Mal» erst mit 25 (und vor Clarissa nur zwei Bettpartnerinnen), zudem kommt er sehr schnell, wofür er sich schrecklich schämt. Doch an Sex ist er durchaus interessiert; auch an erotischen Phantasien mangelt es nicht.

«Wenn ich dich bitten würde, eine Liste mit zehn sexuellen Wünschen zu erstellen, die erst mal dein Geheimnis bliebe – würdest du die zehn voll kriegen?», frage ich ihn.

Die Antwort ist ein klares Ja.

«Und wenn ich dich bitten würde, die Liste mit Clarissa nach und nach umzusetzen?»

Er macht nur: «Hm.»

Ich bohre nach, bis ich eine Antwort kriege – er sagt: «Dann käme ich mir vor wie so ein Schwanzgesteuerter.»

«Wie wer?»

«Was meinst du?», fragt er verdattert.

«Wer in deinem Umfeld ist oder war denn schwanzgesteuert?», frage ich zurück.

«Hm. Halt Kerle, die dauernd nur an Sex denken.»

«Woher hast du das?», möchte ich wissen.

«Ich bin mit einer feministischen Mutter aufgewachsen, die sexualisierte Männer stets als etwas Primitives abgetan hat. Ich wollte immer ein beherrschter, die Frauen respektierender Mann sein.» (Ja, da ist sie wieder, die Mutter. Sorry, ich würde Ihnen gern etwas anderes erzählen.)

Es stellt sich heraus: Davids Mutter hatte eine verächtliche Haltung gegenüber Männern und allem, was mit Männern zu tun hat, wozu für sie in erster Linie Sex gehörte. Die Lektion, die David lernte: «Wenn ich Sex mag und mich um Sex bemühe, gehöre ich verachtet.» Und das wollte David schon als Kind um keinen Preis – denn dann hätte ihn die Mutter nicht mehr lieb. (Da er ihre Einstellung übernommen hat, glaubt er unbewusst sogar, dass er generell verachtenswert wäre, wenn er sich offen zu Interesse an Sex bekennen würde!)

Ich glaube, dieser Gedanke schwingt bei vielen Menschen mit, die sexuell so unschuldig wie möglich bleiben wollen: «Solange ich wie ein Kind bin, werde ich auch geliebt wie ein Kind (ohne dass ich viel dafür tun muss)»; oder sie wollen dem Ideal der Eltern so gerecht wie möglich werden, das brav und anständig ist und Sex verurteilt. Oder aber es steckt etwas wie bei Ines und Andreas dahinter (dazu gleich mehr). Oft treffen mehrere dieser Punkte gleichzeitig zu. David jedenfalls will nicht zu den Schlechten gehören, dagegen sperrt sich sein unbewusstes Selbstbild so massiv, dass es ihn entweder blockiert oder dazu treibt, den Sex möglichst schnell hinter sich zu bringen (einer der Gründe für vorzeitige Ejakulation).

Es ist aber auch verdammt schwierig, in der heutigen Zeit ein entspanntes, unbeschwertes Verhältnis zu Sex und zu sich selbst als «Sexsubjekt und -objekt» zu haben! Wohl denen, die sich weder von idealisierten Sexszenen in Film und Fernsehen noch von den «Mehr-wilder-heißer»-Standards der Magazine beeindrucken lassen und sich dem allgegenwärtigen Porno völlig entziehen können. Ich habe nicht vor, eine Gegenkampagne zu starten – aber wenn ich wieder etliche Stunden auf dieser großen «Erotik»-Messe in Berlin verbracht habe (die viel mit Kommerz und Schmuddel, aber nur wenig mit Erotik zu tun hat) und beobachtet habe, wie die drängelnden Massen dort auf die Bühnen und Monitore starren und was dort zu sehen ist, dann könnte mir die Lust auf Beischlaf für Wochen vergehen. Auf den vielen kleinen und größeren Monitoren werden vor allem die DVDs der Porno-Industrie gezeigt, fast ausnahmslos Hardcore. Analsex ist ganz weit vorn, jeder zweite Stand zeigt auch Hardcore-Oralverkehr: Der Kopf einer ganz realen Frau wird von einer Männerhand auf dem Penis vor- und zurückbewegt wie eine Onaniermaschine, meistens in gewalttätigem Tempo; oft krallt sich seine Hand dabei in ihre Haare. Die Darstellerinnen sehen dabei ganz und gar nicht glücklich aus, Tränen laufen ihnen über das Gesicht, das Make-up ist verschmiert. Einen Stand weiter sieht man dumpfes Gerammel in Großaufnahme, auch hier ist die Frau eher ein Gegenstand, selbst wenn sie sich Mühe gibt, Geilheit vorzutäuschen. Ich gehe nach Hause und denke: Ist es eigentlich DAS, was Männer wollen? Sonst würde es ja nicht in dieser ungeheuren, erschlagenden Fülle angeboten, oder? Der Markt bestimmt das Angebot, heißt es schließlich. Tickt meiner eigentlich auch so? Und die anderen, mit denen ich vor ihm zusammen war? (Von einigen weiß ich es sogar.) Hätte er eigentlich lieber solchen Sex, wie er da auf der Messe gezeigt wird, und verstellt sich mir zuliebe? Kein schöner Gedanke.

In dieser Verbindung bekommt Sex für mich dann tatsächlich etwas sehr Ordinäres und Abstoßendes; etwas in mir macht zu, und irgendwie schäme ich mich. Diese Gefühle sind sogar noch da, als ich ein paar Tage später mit meinem Freund intime Zärtlichkeiten austausche. Es hilft mir aber, gleich mit ihm darüber zu sprechen und festzustellen, dass ich mir keine Sorgen machen muss.

Was mich an diesem Hardcore-Zeug, mit dem ich auf der Messe bombardiert werde, so verstört, ist das Unpersönliche, Lieblose, Gefühllose. Für mich persönlich ist Sex etwas, was sich zwischen zwei Partnern abspielt, die sich gegenseitig mögen und als lebendige Menschen mit Empfindungen begreifen. Was die beiden tun, muss keineswegs immer lieb und nett sein, das kann auch hart, schmutzig, aggressiv oder kinky sein, und wenn es Teil des lustvollen Spiels ist, kann man einander auch «benutzen» – aber zugleich ist immer gegeben, dass man den anderen achtet und sich aufeinander einstellt.

Das ist natürlich mein individuelles Bild (was dann auch mein Selbstbild beeinflusst), das Ihrige kann ja ganz anders aussehen.

Erweitern Sie Ihr Selbstbild

Warum tritt jemand sexuell oft auf die Bremse, anstatt «un-verschämt» zu sein? Und z. B. die frivolen Sachen zu sagen, die Spielchen umzusetzen, die ihm in den Sinn kommen? Weil er sich seltsam dabei fühlt: «Das bin nicht ich» oder «Das passt nicht zu mir». Doch die Frage ist: Wer sagt das und wer schreibt das vor? Nehmen wir nicht in verschiedenen Lebensbereichen eh verschiedene Rollen ein? Im Beruf eine andere als bei unseren Freunden, Eltern, Kindern oder Partnern? Im Bewerbungsgespräch stellen wir uns ganz anders dar, als wenn wir uns im Gespräch mit Bekannten über rotzige Teenager aufregen usw. Also warum sollten wir nicht auch sehr unterschiedliche sexuelle Facetten ausleben?

Hier gilt kein «Entweder-oder», sondern ein *«Sowohl-als-auch»*! Wenn *beide* anerkennen, dass jemand, der beim Sex das Tier von der Leine lässt, im Alltag ohne weiteres eine respektable Person sein kann, wird der gemeinsame Sex zugleich leichter und vielfältiger.

Vorschläge:

- Fällt der Wechsel von der Alltagsperson zur / m hemmungslosen Liebhaber / in und umgekehrt schwer, können Übergangsrituale helfen: etwa beim Sex füreinander andere Kosenamen zu benutzen als sonst, eine andere Beleuchtung als sonst zu wählen (schummrig, farbig usw.), ein zärtlich-respektvolles Nachspiel zu integrieren, bei dem Sie wieder die normale Anrede für Ihren Partner verwenden und sich bei ihm bedanken oder Ähnliches.

- Kleben Sie ein Schild an Ihre Schlafzimmer-Tür, auf dem steht: «Moral, Anstand und Scham müssen draußen bleiben!»

- Ergründen Sie ehrlich Ihr sexuelles Selbstbild. Sind Sie aufgeschlossen genug, um auch Ihre schmutzigen Seiten zuzulassen? Folgen Sie Ihrem eigenen sexuellen Stil – oder Ihren Einschränkungen?
- Befassen Sie sich mit Ihren sexuellen Phantasien: Kommt es darin oft vor, dass jemand die Macht hat und Sie zum Sex nötigt? Oder haben Sie gar keine Sexphantasien? Ersinnen Sie absichtlich welche! Aber bitte nichts Liebes und Nettes, sondern Szenarien, in denen Sie hemmungslos und sehr aktiv sind.
  Übung für Fortgeschrittene: Spielen Sie «Dienen und Bedient-Werden» (den einen Tag sind Sie die oder der Dienende, beim nächsten Mal ist es Ihr Partner).
- Probieren Sie Rollenspiele aus.

Rollenspiele

Dolly Buster schrieb einmal: «Sex ist ein hervorragender Spielplatz für Rollenspiele. Unser Selbstbild beruht ja nicht nur auf dem, wer und was wir sind, sondern auch auf dem, was wir nicht sind. Und manchmal kann man seine Existenz erst dann richtig begreifen, wenn man sich völlig konträr zum eigenen Charakter verhält.»

Eine wundervolle Anregung!

Sind Sie beide – Ihr Partner und Sie – locker, mutig und phantasievoll genug für Rollenspiele? Damit können Sie spielerisch alle möglichen Rollen ausprobieren. Sie brauchen auch nicht unbedingt aufwendige «Verkleidungen» und Accessoires – obwohl sie das Schlüpfen in eine andere Identität durchaus erleichtern.

Beispiel: Ein Mann verrät seiner Liebsten eine seiner Phantasien, in der eine strenge Lehrerin vorkommt. Sie steigt drauf ein: Sie ermahnt ihn mit schneidender Stimme und erhobener Hand, seinen «Hausaufgaben» nachzukommen, die sie dann auch gleich benennt. Ein paar Tage später hat sie sogar ein Lineal im Bett dabei, mit dem sie ihm Sanktionen androht, wenn er nicht dies und jenes tut ... Und beim nächsten Mal macht sie sich einen Jux daraus: Knoten ins Haar, Brille, enger Rock, brave Bluse und Zeigestöckchen. Sie überlegt auch: Ob ich mal die Krankenschwester, das Dienstmädchen, den Vamp gebe? Sie testet die Outfits erst allein vor dem Spiegel. Das Schöne am Verkleiden ist, es macht Spaß, und der Partner bekommt mehrere Personen in einer. Rollenspiele sind aber nur dann eine feine Sache, wenn Sie sich dabei wohl fühlen. Michaela (42) erzählt:

«Frank und ich, wir sind beide sehr offen und neugierig, dadurch bleibt die Erotik lange spannend. Trotzdem lässt sie irgendwann nach. Als wir das merkten, kamen wir auf die Idee, einige unserer Phantasien umzusetzen. Er wollte gern einen Dreier, ich nicht. Stattdessen bot ich an: ‹Vielleicht können wir Rollenspiele machen? Dann fühle ich mich für dich an wie eine andere Frau.›

Frank schlug das Szenario ‹Ärztin und Patient› vor. Wir besorgten Kittel und Köfferchen, ich machte mich im Bad zurecht, dann betrat ich den ‹Behandlungs-raum›. Es war einfach unser Schlafzimmer, Frank saß auf dem Bett. Ich musste mich richtig zusammenreißen, um ernst zu bleiben: ‹Was fehlt Ihnen denn?›, fragte ich ihn. Er sagte, sein Penis wolle nicht mehr so richtig. Daraufhin bat ich ihn, sich freizumachen, untersuchte ihn, und es lief drauf hinaus, dass ich ihn mit Händen und Mund ‹wiederbelebte›. Er war dabei sehr erregt, ich gar nicht! Es kam mir so furchtbar gestellt vor. Wir redeten darüber und kamen auf die Idee, dass es vielleicht besser klappen würde, wenn wir 1. meine Phantasien um-setzen, 2. davor ein, zwei Gläser Sekt trinken, 3. an unserem Aussehen so viel wie möglich verändern (ohne dass der andere es mitbekommt) und es eventuell 4. in passender Kulisse tun.

Das versuchten wir eine Woche später als ‹Chef und Sekretärin›. Er trug einen Business-Anzug, ich ein schlichtes Kostüm, aber nichts darunter. So kam ich abends in sein (leeres) Büro, er diktierte und nebenbei gingen seine Finger auf Wanderschaft ... Schließlich taten wir's auf dem Schreibtisch. Das war schon viel besser! Wir gingen zwar nicht zu 100 Prozent in der Rolle auf aus Angst, er-wischt zu werden; andererseits war genau das auch aufregend!

Weil wir aber nicht jedes Mal extra irgendwo hinfahren wollen, spielen wir jetzt am häufigsten Pretty Woman: Ich als Luxusnutte mit Perücke, viel

Make-up und scharfem Fummel, er als reicher Schnösel. Ich mache dann «Hausbesuche». Er befiehlt alles Mögliche, und das Callgirl tut Dinge, die Michaela nicht ohne weiteres tun würde, und findet es auch noch heiß! Bin ja nicht ich ...»

Werden Sie schamlos

Keine Angst, hier geht es nicht darum, möglichst verrucht zu sein, sondern um Schamlosigkeit im wörtlichen Sinne, also dass Sie sich nicht schämen sollen. Sicher, das sagt sich leicht – aber wenn Ihr Partner Sie liebt, ist beinahe jede Scham überflüssig. Und tatsächlich schämen Sie sich doch jetzt schon für Etliches nicht: Er darf Sie morgens mit zerknautschtem Gesicht sehen und abends im alten T-Shirt. Verlassen Sie sich also drauf: Dieser Mensch verträgt ganz andere Sachen! Sie können ihm Ihre «Intimitäten» offen zeigen, Ihre Lust in jeder Form offenbaren und Ihre speziellen Bedürfnisse verraten.

Spielen Sie das «Schamlos-Spiel»

Erfinden Sie ein erotisches Alter Ego: die «sexbewusste» Person, die in Ihnen steckt! Geben Sie ihr einen Namen: er sollte für Sie frech klingen, locker, offen, unverklemmt (z. B. Lola oder Rocco). In diese Rolle versetzen Sie sich, sobald Sie spüren, wie Scham Ihre Handlungen und Ihre Lust begrenzt! Beispiel: Ihr Schatz will sich Ihre Intimzone ganz genau anschauen, und Sie möchten am liebsten die Beine schließen. Überlegen Sie, was Ihr Alter Ego tun würde. Es würde vielleicht freimütig zeigen, was es hat, und sagen: «Alles für dich!»

Mein Tipp: Weihen Sie Ihren Partner ein – und spielen Sie einfach mal diese Person. Kommen Sie schon, nur mal zum Spaß. Geben Sie absichtlich Gas, stöhnen und ächzen Sie, winden Sie sich, zerwühlen Sie das Laken. Tragen Sie ruhig dick auf, das würde die Person auch tun. Das geht Ihnen zu schnell? Schalten Sie einen Gang runter: Tasten Sie sich erst im Stockdunklen an die Rolle heran. Oder bitten Sie Ihren Schatz, sich erst mal die Ohren zuzustöpseln, bevor Sie loslegen.

Passt «erotisch» zu Ihrem Selbstbild?

An einem Beispiel zeige ich Ihnen, wie man das sexuelle Selbstbild und dessen Zusammenhänge schärfer herausarbeiten kann.

Die bildhübsche Ines sieht sich selbst nicht als erotisches Wesen: *«Das ist auch kein Attribut, das ich mir zuordnen könnte, geschweige denn ausleben.»*

«Ist es wirklich ‹könnte› – oder eher «mag»?, frage ich sie. «Passt es nicht zu deinem Selbstbild?»

«Es wirkt albern, wenn ich versuche, sexy zu sein oder betörend zu gucken», erwidert Ines. *«Ich fühle nicht, dass es aus mir herauskommt, sondern eher, dass ich mich verstellen würde. Also passt es wohl nicht in mein Selbstbild. Vielleicht weil ich in meiner Kindheit nie mitbekommen habe, dass meine Eltern Sex haben.»*

«Ich denke, das ist nicht der eigentliche Grund», widerspreche ich. *«Sehr viele Jugendliche haben von ihren Eltern sexuell nichts ‹mitbekommen›, auch keine Aufklärung, dennoch entwickeln sie eine eigene und positive Sexualität. Erstens ist es ein Grundtrieb des Menschen, auch ein Instinkt, und zweitens erhalten wir aus sehr vielen Quellen Informationen über Sex.»*

«Vielleicht sehe ich Sex unbewusst als irgendwas Fragliches an?», mutmaßt Ines. *«Als wäre es etwas Unsittliches, Schmutziges. Ich weiß ja, dass es das nicht ist. Aber ich denke auch im Alltag nicht daran, weil Sex da irgendwie nicht reingehört für mich. Auch wenn in einem Film im Kino Leute Sex haben, ertappe ich mich dabei, dass ich ganz befangen werde, wenn jemand neben mir sitzt und das auch sieht. Ich küsse auch nicht gerne in der Öffentlichkeit.»*

Ich bitte sie, mit geschlossenen Augen tief in so eine Situation hineinzugehen: *«Welche Gefühle und Gedanken kommen dabei auf?»*

«So etwas wie Scham, dass man mir womöglich unterstellt, ich wäre erregt.»

«Wieso – was wäre, wenn jemand denkt, du wärst erregt? Und was könnte konkret passieren?», hake ich nach.

«Hm ... schwer zu beschreiben», überlegt sie. *«Ich werde ein wenig nervös. Ich habe ja auch beim Sex immer die Augen zu, weil ich dann das Gefühl habe, dass ich nicht gesehen werde.»* (Anmerkung: Wie ein Kind, das sich die Augen zuhält und denkt, man sähe es dann nicht mehr!) *«Dazu fällt mir ein, dass Jens*

neulich von einer Nacht erzählt hat, in der ich wohl sehr ausgelassen und wild gewesen sein soll und wir über Stunden mehrmals Sex hatten. Am nächsten Morgen, als er mit mir darüber reden wollte, habe ich nur abgewinkt. Ich war damals wohl sehr angetrunken von einer Party nach Hause gekommen, normalerweise erinnere ich mich auch am nächsten Tag an alles. Aber an diese eine Nacht: Fehlanzeige. Das ist erschreckend. Ich dachte erst, Jens würde mich aufziehen. Wenn ich mich anstrenge, erinnere ich ein oder zwei Sequenzen. Mehr aber nicht ... Ich glaube, das ist so eine Situation, in der ich Erregung voll und ganz zugelassen habe, was mich aber im Nachhinein dermaßen gestört hat, dass ich es ausgeblendet habe.»

Hier können wir schon einen Teil von Ines' Selbstbild erkennen: Ich bin nicht jemand, der Sex hat und erregt werden kann, und ich will auch nicht so wahrgenommen werden.

«Wie willst du denn wahrgenommen werden?», frage ich sie.

«Lieber irgendwie neutral. Ich werde auch von den anderen nicht als der sexy Vamp gesehen, sondern habe eher so ein ‹reines› Image, wie ein Engel.»

«Oder wie ein unschuldiges Mädchen?»

«Vielleicht, ja.» Sie nickt.

Ines hat über ihre früheren Sex-Erlebnisse mit anderen Männern einmal gesagt: «Ich hatte dann oft das Gefühl, ich würde aus mir heraustreten und auf uns blicken. Ich fand es dann total daneben, mit einem Typen sexuell rumzumachen.»

Was da wirkt, ist ihr Über-Ich, eine Art moralische Instanz im Gehirn. Es wird vor allem in der Kindheit gebildet; dabei werden die eigenen Einstellungen, Normen und Wertvorstellungen an diejenigen der Menschen angeglichen, mit denen man sich identifiziert.

Ines' Beschreibung illustriert, wie ihr Über-Ich sie aus der Erregung und der «ungehörigen» Situation herauszieht und sie davon abhält, sich dem Sex, dem Genuss oder was auch immer hinzugeben.

«Oder wovon hält es dich ab? Und wovor schützt es dich?», frage ich.

«Zu viel zu machen, zu viel zuzulassen», antwortet sie. «Es schützt mich davor, dass ich angreifbar werde. Denn Sex und Nacktheit sind für mich eine riesige Fläche der Verletzbarkeit.»

Wir arbeiten den dahinterstehenden Glaubenssatz heraus: «Wenn du Sex hast, bist du angeschmiert; dann bist du Objekt; und angreifbar; und Frau.» Denn für Ines besteht der Unterschied zwischen einem Mädchen und einer Frau darin, dass Ersteres keinen Sex hat.

Ich weiß noch sehr gut, wie ich mit 16 nach meiner Entjungferung dachte: «Jetzt bin ich eine Frau.» Mir gefiel dieser Gedanke. Für Ines ist es kein erstrebenswerter Zustand.

Identifizieren Sie sich mit Ihrem Geschlecht?

Fühlen Sie sich als Mann, als Frau wohl?

Fühlt sich Mannsein oder Frausein für Sie leicht und selbstverständlich an oder nicht? Falls nicht: Warum?

Für Ines fühlt sich Frausein anstrengend an. Und zwar erstens, weil sie durch ihren Perfektionismus enorm hohe Ansprüche an sich selbst hat (der Körper muss superschlank und straff sein, Haare und Outfit super gestylt usw.). Zweitens kommt nun heraus, dass sie unbewusst ihre Weiblichkeit ablehnt. So erklärt sich auch, warum sie an ihrem Körper ausgerechnet ihre Brüste und Genitalien hässlich findet und warum sie in der Pubertät angefangen hat zu hungern. Bloß keine fraulichen Rundungen entwickeln, lieber knabenhaft schmal bleiben wie ein Kind!

Als ich sie frage, was so erschreckend oder bedrohlich daran sein könnte, eine «frauliche Frau» zu sein, kommen zuerst ein paar kopfgesteuerte Antworten wie «Ich finde Dünnsein halt gut, es fühlt sich gut an». Ich erwidere: «Das erklärt nicht, warum du dich als Frau nicht besonders wohl fühlst und warum du gerade deine Geschlechtsmerkmale nicht magst.»

Ich bitte sie, schnell aus dem Bauch heraus folgenden Satz zu ergänzen: «Frau sein, heißt …»

«Frau sein heißt Opfer sein», antwortet sie.

Da steht er, Ines' Kern-Satz, in all seiner fundamentalen Wucht:

«Frau sein heißt Opfer sein. Wenn ich zur Frau werde und mich dem Mann als Frau hingebe, dann wird es mir genauso gehen wie ...» (Den genauen Zusammenhang darf ich Ihnen nicht verraten; nur so viel: Es war eine Reihe unglücklicher Umstände, die bei ihr als Kind diesen Eindruck hinterließen, allerdings kein Missbrauch.)

Auch Vera lehnt ihr Frau-Sein ab; bei ihr zeigt es sich aber eher darin, dass ihr ihre Menstruation schwer zu schaffen macht, dass sie ihre Rundungen seit der Pubertät unter Schlabberklamotten verbirgt und dass sie ihre Weiblichkeit nicht unterstreicht, sondern eher wie ein Neutrum umherschleicht, so unauffällig wie möglich. (Menstruationsbeschwerden, etwa Reizbarkeit, Erschöpfung, Unterleibskrämpfe, Kreislaufstörungen, Kopf- und Rückenschmerzen, können – müssen aber nicht – ein Hinweis darauf sein, dass eine Frau es nicht gutheißt, weiblichen Geschlechts zu sein.)

«Meine Eltern förderten nicht das Mädchen- bzw. Frauenhafte in mir; so fühlte ich mich eher als Junge», erzählt Vera. *«Von meinem Vater kam zu wenig Akzeptanz und Freude, dass ich ein Mädchen bin. Und ich wollte nie werden wie meine Mutter, so hysterisch und labil.»* Vera ist nie bewusst gewesen, dass Frau-Sein für sie fast nur mit negativen Assoziationen besetzt ist: schwach, instabil, unbeherrscht.

Ich muss ihr erst einmal deutlich machen, dass es viele Frauen gibt, die sehr weiblich und gleichzeitig auf eine schöne Art kraftvoll sind; dass es «typisch weibliche» Eigenschaften gibt, die erstrebenswert sind, wie Wärme, Güte, Weichheit, Fürsorglichkeit, Einfühlsamkeit, und die durchaus vereinbar mit innerer Stärke und Gelassenheit sind.

Wir erfinden zusammen eine neue «wahre Vera», die sich aus positiven Vorbildern zusammensetzt und die so ist wie die Frau, die bereits in Vera steckt, aber noch darauf wartet, herausgelassen zu werden: frech und neugierig wie eine Göre, attraktiv, unabhängig und lasziv wie Samantha in *Sex and the City*, selbstbewusst und liebenswert zugleich wie eine ihrer Freundinnen ...

Meine Aufgabe an Vera lautet, sich an die «wahre Vera» zu erinnern, wenn sie sich unsicher fühlt, und sich zu fragen: «Was würde sie jetzt tun?»

Auch mein Klient Andreas lehnte unbewusst sein Männlichsein ab. Schon zu Anfang hatte er mir gesagt: *«Ich war nie ein Draufgänger. Werd' bloß nicht so ein notgeiler Bock, meinten die Frauen. Ich wollte nicht in diese Kategorie gehören.»*

Hier kann man erneut das verbreitete Denken in Pauschalisierungen und in Extremen sehen: Es gibt nur zurückhaltende gute Männer oder sexbesessene Playboys.

Leider denkt unser Unbewusstes bevorzugt in solchen grässlich vereinfachenden Kategorisierungen! Gut – böse, schwarz – weiß, alles oder nichts, Freund oder Feind. Ich vermute, es liegt daran, dass Kinder so denken und die Basis unseres Unbewussten nun einmal in der Kindheit angelegt wird. Außerdem geht es schneller (das angeborene Energiespar-Programm!).

Hier ist wieder einmal der Realitäts-Check angesagt. Ich frage ihn: «Welche Frauen meinten das?»

«Ähm», überlegt er, *«meine Mutter und deren Mutter, also meine Oma.»*

Auf meine Frage nach *«Mann sein, heißt …?»* erwidert er: *«Mann sein heißt Macho-Arschloch sein.»*

Genau deshalb weigert sich etwas in ihm, sich einer Frau «zuzumuten». Allzu oft erlebte er in seiner Kindheit, wie sein Vater seiner Mutter alles Mögliche zumutete und wie todunglücklich und gefangen sie in ihrer Ehe war. Sie beklagte sich bei den Kindern auch immer wieder über die lästige Pflicht des ehelichen Beischlafs. Der Junge Andreas solidarisierte sich mit ihr, aber gegen den despotischen Vater kam er damals nicht an, er wagte es auch gar nicht. Daraus entwickelte er ein tiefes Schuldgefühl gegenüber der Mutter, das sich heute darin ausdrückt, dass er bei Frauen ein Helfersyndrom hat. Er betrachtet sie als schwache, zarte Wesen, die man mit Samthandschuhen anfassen muss und denen man nichts abverlangen darf, sondern im Gegenteil etwas an ihnen wiedergutmachen muss, indem man sich aufopfert. Das hat bei Andreas auch lange gewirkt – vor allem in seiner über 20-jährigen Ehe mit Anne –, bis sein lang verdrängter Selbstbehauptungstrieb ihn dazu brachte, sich unwiderstehlich in eine andere Frau zu verlieben.

Ganz nebenbei fällt hier auf, dass Andreas nicht nur ein schiefes Männerbild hatte, sondern auch ein schiefes Frauenbild. Das hängt sehr oft miteinander zusammen.

Realitäts-Check für Sie:

Haben Sie bestimmte Männer- und Frauen-Schubladen?

Sind wirklich alle Männer und Frauen so, wie es Ihre Kategorisierungen nahelegen?

Beeinflussen diese Schubladen Ihr Selbstbild? Ist es Ihnen manchmal unangenehm, Mann bzw. Frau zu sein?

Welcher Mann, welche Frau wollen Sie sein? Wie sieht Ihr Wunschbild aus, und was hält Sie davon ab, so zu sein?

Machen Sie es nicht unbedingt an gängigen Klischees fest. Vergessen Sie auch die negativ besetzten Vorgaben, die Sie hier und da aufgeschnappt haben: Sie können Ihr Ideal selbst definieren. Denn es gibt genug Menschen, die eine nachahmenswerte Art von Männlichkeit oder Weiblichkeit verkörpern.

Es ist sehr aufschlussreich, das mal in einer ruhigen Stunde zu durchdenken und niederzuschreiben.

Übung: Wenn Sie können, machen Sie sich einmal für einen Nachmittag oder Abend so zurecht, dass Sie Ihr Weiblich- bzw. Ihr Männlichsein unterstreichen und sich zugleich gut gefallen. Dann gehen Sie aus, unter Menschen (Spazieren in der Fußgängerzone, Schaufensterbummeln in der Shopping-Mall, in eine Bar, auf eine Party) und tragen Sie Ihr Mann- oder Frausein wenigstens für ein paar Stunden mit aufrechter Haltung und Stolz durch die Welt. Setzen Sie das Gefühl «Ich bin froh, ein Mann zu sein» bzw. «Ich bin froh, eine Frau zu sein» körpersprachlich um.

Wie kann ich mich (wieder) als sexy Person fühlen? (Auch für Männer!)

Die Frage ist erst einmal, ob wirklich Sie selbst sich sinnlicher und stärker sexy fühlen wollen oder ob jemand anders Ihnen seine Vorstellungen davon aufdrängen will. Sie wollen?

Weg 1: Stellen Sie sich mit geschlossen Augen in allen Details vor, dass Sie ein erotischerer Mensch sind als derzeit. Dazu können Sie sich fragen: Gab es einmal eine Zeit oder Phase, in der Sie sich so gefühlt haben? Was war damals anders als heute? Und was könnten Sie tun, um wieder dorthin zu kommen oder zumindest in diese Richtung?

Falls das Gefühl völlig verlorengegangen ist: Finden Sie heraus, wann und wodurch – und ob Sie sich von der Ursache lösen können (auch emotional).

Weg 2: In welchen Momenten fühlen Sie sich sexy? Gehen Sie im Geiste dorthin. Wie ist dann Ihre Körpersprache? Bewegen Sie sich anders als sonst? Wie ist Ihr Gesichtsausdruck, Ihre Gestik? Tragen Sie andere Kleidung als sonst? Machen Sie etwas mit Ihrem Outfit, Ihren Haaren? Riechen Sie anders? Welches Körpergefühl haben Sie?

Und: Hält Sie etwas davon ab, sich öfter so zu geben?

Weg 3: Holen Sie die Themen Sex und Sinnlichkeit (wieder) stärker in Ihr Leben.

a) Gönnen Sie Ihrem Körper mehr Genüsse! Etwa ein Wannenbad mit schönen Duftölen, nach dem Sie sich liebevoll eincremen. Sauna, falls Sie das mögen, oder Whirlpool / Sprudelbad. Körpermassage. Ein Besuch bei der Kosmetikerin mit ausgiebiger Gesichts- und Nackenmassage (Männer sollten das unbedingt testen!). Solarium. Ein Kleidungsstück aus zartem, fließendem Stoff. Weiche, anschmiegsame und gleichzeitig sexy Unterwäsche. Sicher fällt Ihnen auch noch einiges ein!

b) Machen Sie die Sinnlichkeits-Übungen aus Kapitel 9!

c) Streicheln Sie sich selbst, und zwar am ganzen Körper! Gerne auch mit Hilfe von Dingen, wie Federn, Tüchern, Massagegeräten. Räumen Sie sich selbst nicht nur die offizielle Erlaubnis zum Masturbieren ein, sondern auch Zeit und Zutaten. Besorgen Sie sich aus dem Erotik-Handel ein schönes Gleitgel und ein paar andere nette Dinge, die Sie gerade anlachen – z. B.

etwas Vibrierendes und erotische DVDs. Haben Sie schon mal gezielt «Erotika» (heiße Literatur, Anregendes im Internet, Sexszenen in Filmen o. Ä.) genutzt, um in Erregung zu kommen? Das machen auch viele Frauen!

d) Wenn ich Männern sage, wie sie zum «Sexobjekt» werden können, haben die meisten kein Problem damit, finden es sogar eine nette Vorstellung. Frauen assoziieren damit eher etwas Negatives, Abwertendes, Bedrohliches, die Opferrolle. Das ist schade, denn eine Frau kann sich ja auch ganz bewusst in die Rolle des Sexobjekts oder «Luders» begeben, damit spielen und sogar die Überlegene sein!

e) Und ein Rat für Singles, die ihre Erotik verloren haben: Gönnen Sie sich ruhig eine/n Liebhaber/in. Sie sollten einfach nur Lust auf ihn/sie haben, nicht eine «richtige Beziehung» anstreben, denn dann können Sie's eventuell lockerer angehen und das Thema Sex ohne inneren Druck neu entdecken.

Kapitel 9

ACHTSAMKEIT FÜR SICH SELBST
UND DEN PARTNER

«Achtsamkeit» ist in letzter Zeit zu einem echten Trend geworden. Obwohl ich es meist albern finde, Trends hinterherzulaufen: Diesen hier begrüße ich sehr und halte auch all meine Klienten dazu an. Denn Achtsamkeit ist optimal, um die Beziehung zum Partner, zu sich selbst und zum Sex zu verbessern.

Achtsamkeit bedeutet: Mit seinen Sinnen und Gefühlen ganz im Hier und Jetzt zu sein, Aufmerksamkeit und Bewusstsein nach außen wie innen zu öffnen und dementsprechend mit sich und seiner Umwelt umzugehen, anstatt z. B. dumpfen Automatismen zu folgen und / oder von Gedanken und Emotionen (ab)gelenkt zu sein.

Es gibt leider viel zu viele Menschen, die Sex unachtsam oder stumpf absolvieren. Die Prototypen sind der althergebrachte Kerl, der die Frau einfach «bumst», egal ob es ihr gefällt, und die Frau, die es über sich ergehen lässt. Klaus und Karin gehören in diese Kategorie: Er geht nur seinem Sexdrang nach und hat dabei die Wahrnehmung für seine Frau sowie sein Hirnzentrum für Mitgefühl offenbar ausgeschaltet; und Karin wiederum «beamt» sich körperlich, gedanklich und seelisch völlig weg von dem, was er gerade mit ihr macht. Auf diese Art wird der Sex nicht nur armselig, sondern auch zu etwas, was Hass auf den Partner auslöst statt Zuneigung.

Klaus und Karin stellen eher die Extremform dar. Aber in softeren Formen kommt «dumpfer» Sex bei sehr vielen von uns vor: Man setzt ihn als Mittel zum Zweck ein, zieht ihn einfach routinemäßig durch oder ist nur auf die eigene Befriedigung fixiert. Der Nachteil an solchem Sex ist, dass man sich innerlich ein Stück ausklinkt, den Partner weitgehend ausblendet und mindestens einer von beiden keinen großen Spaß oder Genuss daran hat.

Zum Teil ist das vergleichbar damit, dass man sich Essen gedankenlos und nebenbei einverleibt, statt mit dem Kopf und den Sinnen dabei zu sein. Nur hat so ein Verhalten beim Sex schlimmere Folgen. Warum? Weil unsere Seele, unsere Liebe(sfähigkeit), unsere intimsten Bereiche und unsere Verletzlichkeit involviert sind. Wenn Sie zu oft achtlos essen, sind Sie am Ende schlimmstenfalls dick und nicht besonders gesund. Wenn Sie zu oft achtlos Sex haben, vergeht Ihnen oder Ihrem Partner dauerhaft die Lust auf gemeinsame Erotik – meist sogar beiden.

Das Ziel lautet also unter anderem, dass Sie (noch) mehr Achtsamkeit für sich selbst entwickeln, einen (noch) besseren Zugang zu Ihren Gefühlen und «wahren» Bedürfnissen bekommen und (noch) besser für sich sorgen (in einem sehr umfassenden Sinn) – also auch eine geschärfte Wahrnehmung: für die Dinge, die Ihnen guttun und nicht guttun, und für die Widerstände, auch für die ganz kleinen. Denn jeder davon gibt uns einen Hinweis auf unsere «wunden Punkte», unsere Schutzmechanismen, unsere eigentlichen Wünsche.

Dass ich Ihnen das nur sage, reicht allein nicht aus, denn dann erreicht es nur die oberste Schicht des Bewusstseins – es wirkt dort in aller Regel nicht nachhaltig genug, und der größte Teil verfliegt schnell wieder. Daher «vertiefen» und festigen wir es mit Hilfe von Hausaufgaben. Dazu dienen auch Übungen zur Schärfung der Sinne, etwa die folgende:

Ess-Übung

Zunächst achten Sie ein paar Tage lang strikt darauf, beim Essen nicht abgelenkt zu sein! Also: Nicht dabei fernsehen, Radio hören, lesen, sich unterhalten, herumlaufen, aufräumen oder was auch immer. Kosten Sie stattdessen Bissen für Bissen, als wären Sie Restauranttester oder als äßen Sie etwas zum ersten Mal und müssten entscheiden, ob das jetzt in Ihre Top-50-Hitliste eingeht. Versuchen Sie, jede Geschmacksnuance zu erfassen. Riechen und lecken Sie an Ihrem Essen, kauen Sie langsam und bedächtig, schmecken Sie noch einmal ganz bewusst, bevor Sie schlucken.

Ich hoffe, Sie durften als Kind wenigstens ein bisschen mit Essen spielen und experimentieren. Bei den meisten Erwachsenen ist der Essvorgang von vorn bis hinten reglementiert, angefangen bei den Zeiten und dem, was es dann jeweils gibt: keine Kartoffeln zum Frühstück, kein Müsli zu Mittag, kein Kuchen zum Abendessen. Aufs Brot gehört Butter, zum Käse passt kein Honig. Nudeln brauchen Soße, und für Joghurt nimmt man einen Löffel.

Kombinieren Sie Speisen einmal unkonventionell. Und benutzen Sie die Finger statt Besteck. Mümmeln Sie Brot und Vollkornnudeln «ohne alles». Kauen Sie etwas nicht, bearbeiten Sie es mit der Zunge und lassen Sie es so lange im Mund, bis es fast flüssig ist. Oder lassen Sie es im Mund herumwandern (hinten auf der Zunge schmeckt es anders als vorn oder seitlich!). Kauen Sie nur mit den Vorderzähnen. Essen Sie mit verbundenen Augen. Lernen Sie, mit asiatischen Stäbchen umzugehen, und essen Sie zum Spaß zwei Tage lang alles damit.

Wenn Sie etwas in der Art öfter machen, ist die Wahrscheinlichkeit höher, dass diese Haltung – also ein sehr bewusster Umgang damit, was Sie tun – sich auch auf andere Bereiche erstreckt. Achtsamkeit bedeutet nämlich auch Fürsorglichkeit. Hier ein abschreckendes Beispiel von jemandem, der gar nicht achtsam und fürsorglich mit sich selbst umgeht:

20 Jahre Diabetes ignoriert und zu viel Alkohol: Gesundheit, Körper, Penis kaputt

Rüdiger (37) schreibt: «Ich bin verheiratet, habe zwei Kinder und sexuell läuft's nicht gut. Ich bin Diabetiker Typ 1, seit 20 Jahren, habe große Probleme mit dem Penis, ständig Entzündungen unter der Vorhaut, sie geht bei Erektion nicht zurück. Habe auch bei langer, intensiver Stimulation keine ausreichende Steife. Wenn es überhaupt zum Sex kommt, halte ich auch nicht lange durch, Ejakulation geht eh nicht mehr. Anscheinend sind die Organe blockiert.

Ich will ehrlich sein: Ich halte mich an keine Regeln, ich habe die Zuckerkrankheit nie akzeptiert, komme einfach nicht damit klar. Ich trinke auch seit etwa 17 Jahren zu viel Bier (ungefähr acht bis zehn Flaschen pro Tag) und habe mich verpfuscht: Übergewicht, Bewegungsmangel, Bluthochdruck, eine angehende Polyneuropathie; deutliche Nervenschäden in den Beinen.

Gibt's da noch etwas zu retten? Was kann ich tun, damit es endlich wieder Spaß macht, mit meiner Frau zu schlafen, und nicht immer weh tut? Ich habe meine Frau leider stark vernachlässigt, was sie nur schwer ertragen hat, nun droht sie mir mit Trennung.»

Was Rüdiger macht, nennt sich in der Fachsprache «prolongierter Suizid»: Selbstmord auf Raten. Dass er noch lebt, ist fast ein Wunder. So etwas zu lesen macht mich derart wütend, dass ich am liebsten schimpfen würde: «Wenn du dich schon umbringst, dann tu es gleich, anstatt die Gemeinschaft (über die horrenden Kosten, die der Krankenkasse entstehen) und deine Familie noch weiter damit zu belasten. Deine Frau hätte schon längst gehen sollen, dann wärst du vielleicht mal früher auf die Idee gekommen, was für einen Mist du baust.» Aber natürlich darf ich das als Beraterin nicht sagen, sondern ich antworte:

«Diabetes bewirkt unter anderem, dass die Blutgefäße leiden und besonders die kleinen Gefäße gar nicht mehr durchblutet werden. Dadurch wiederum bekommt man alle möglichen Hauterkrankungen, so wie deine Entzündungen unter der Vorhaut, die zudem durch die Vernarbung des Gewebes immer enger wird. Außerdem entstehen Erektions- und Ejakulationsprobleme. Das hängt nicht nur mit der gestörten Durchblutung zusammen, sondern auch damit, dass Diabetes die Nerven schädigt. Wer nichts gegen seinen Diabetes unternimmt, wird früher oder später komplett impotent, die Nerven werden taub. Dasselbe gilt für die Extremitäten: Daher sterben bei vielen Diabetikern Finger und Zehen, ja sogar die Füße irgendwann ab und müssen amputiert werden. Ähnliches gilt für die Augen: Man erblindet.

Viele Organe gehen kaputt, wenn man Diabetes ignoriert. Es ist eine sehr ernste Erkrankung, warum begreifst du das nicht? Du riskierst nicht nur ein Absterben deines Penis, deiner Finger und Füße und eine fortschreitende Erblindung – du hast doch auch eine Verantwortung gegenüber deiner Familie! Was du ihr antust: Schaffst du es, das zu ignorieren?

Meinst du, du kannst die Krankheit (und unbewusste Todesängste) ausblenden, indem du so tust, als hättest du sie gar nicht? Du musst auf der Stelle anfangen, den Diabetes zu akzeptieren und ihm gemäß zu leben. Sonst ist dein Leben nicht mehr lebenswert – viel weniger lebenswert, als wenn du dich ein bisschen einschränkst und an die Regeln hältst. Außerdem musst du baldmöglichst zum Urologen gehen – du hast mittlerweile eine Vorhautverengung, und die muss behandelt werden, sonst wird es immer schlimmer.

Dass du Alkoholiker bist und dies die Erektionsstörung, den Diabetes, die Polyneuropathie usw. verschlimmert, ist dir schon klar, oder? (Polyneuropathie bedeutet vereinfacht gesagt: Alkohol und Diabetes haben bestimmte Nerven im Körper angegriffen, daraus resultiert eine schwere Nervenstörung, die mit Schmerzen und Bewegungsstörungen einhergeht.)

Die gute Nachricht ist: Du bist noch jung genug, dass dein Körper sich so weit regenerieren könnte, um die Lebensqualität und die Sexualität wieder merklich zu verbessern. Aber nur unter bestimmten Voraussetzungen: penibles Befolgen der Diabetes-Regeln, Alkoholentzug (am besten in einer Klinik), Abbau des Übergewichts durch Bewegung und Diät (das Körperfett und der Alkohol verstärken den Diabetes), Psychotherapie.»

Fürsorglichkeit mit sich selbst bedeutet nicht unbedingt, dass Sie sich alles Mögliche verbieten und abstellen sollen (ungesundes Essen, Rauchen und größere Mengen Alkohol), sondern dass Sie Dinge, die Sie unmittelbar betreffen, nicht mehr nebenbei (mit)machen, öfter mal innehalten und sich fragen:

- Muss ich das jetzt essen? Habe ich wirklich Hunger? Oder ist es nur Appetit? Oder nicht mal das? Braucht mein Körper wirklich diese Pommes, Süßigkeiten … – oder warum schiebe ich mir das jetzt rein? Und falls ich wirklich Hunger habe: Kann ich meinem Körper auch etwas Besseres gönnen?

- Brauche ich jetzt eine Zigarette? Soll ich die anstecken, die ich schon aus der Packung gezogen habe? Oder brauche ich jetzt eigentlich etwas anderes (z. B. eine kleine Pause)? Schmeckt mir die Zigarette, die ich grade rauche, wirklich? Rauche ich sie zu Ende, oder mach ich sie jetzt aus?

- Muss ich jetzt wirklich bis in den Abend bei der Arbeit bleiben? Muss ich 14 Stunden am Tag und sogar am Wochenende beruflich erreichbar sein? Wie viel Arbeit ist gut für mich, und wo setze ich Grenzen?

- Warum trinke ich jetzt noch ein Glas (Bier, Wein usw.), obwohl ich keinen Durst habe und schon genug angetrunken bin? Muss ich etwas betäuben, und ist es jetzt okay, das zu betäuben? Oder kann ich es auch einfach lassen? Und Ähnliches mehr.

Der gute Nebeneffekt: Je achtsamer und bewusster Sie mit sich selbst umgehen, desto besser wird auch Ihre Wahrnehmung dafür, ob Sie mit anderen achtsam und fürsorglich umgehen – und die anderen mit Ihnen!

Karin, die Frau von Klaus, geht achtlos mit sich um, wenn sie Sex zulässt, der ihr nicht guttut. Und letztlich schadet sie damit auch anderen, denn es hat nicht nur dazu beigetragen, dass Klaus ein frustrierter Gatte wurde, der massiv Druck ausübte, sondern auch dass sie nun aus der Ehe ausgebrochen ist.

Karin sagt: *«Es fällt mir schwer, zu meinen Bedürfnissen zu stehen.»*
Warum? Sie will nicht selbstsüchtig wirken, und es fühlt sich für sie «ganz komisch» an, wenn jemand sehr auf ihr Wohlbefinden achtet – weil in ihrer Kindheit und Jugend kaum darauf geachtet wurde. Im Gegenteil, die emotional labile Mutter stellte sich mit ihren vielen Problemen derart in den Mittelpunkt, dass Karin sich immer mehr angewöhnte, sich nach ihr zu richten und ihre eigenen Bedürfnisse und Gefühle hintanzustellen, nicht mehr ernst zu nehmen und schließlich nicht einmal mehr wahrzunehmen.

Die meisten von uns werden durch Erziehung, Normen und Werbung darauf getrimmt, welche Bedürfnisse sie haben sollen und wie sie zu befriedigen sind, sodass vielen gar nicht mehr klar wird, was denn nun ihre ganz eigenen Bedürfnisse sind und welche ihnen von außen eingegeben wurden. Bei manchen ist das so weit eingerissen, dass sie sich selbst kaum noch spüren und wahrnehmen. Ergebnis: Sie sind beim Sex selten mit vollem Herzen dabei, im Gegenteil kommen oftmals Gefühle von Langeweile, Entfremdung oder sogar Ekel auf.

Entspannungs- und Selbstwahrnehmungsübung:
Nehmen Sie sich zehn Minuten Zeit. Die Tageszeit ist egal, es wäre aber gut, es zu einer festen täglichen Einrichtung zu machen.
Ziehen Sie sich zurück in einen Raum, in dem Sie vollkommen ungestört sind – ohne Lärm, Telefon und andere Störfaktoren. (Das heißt auch: keine Musik! Und Telefon und Handy abschalten!) Schließen Sie im Zweifelsfall die Tür ab.
Legen Sie sich bequem hin, machen Sie die Augen zu. (Zur Not geht auch Sitzen, falls Sie sich bequem zurücklehnen können.)
Strecken Sie sozusagen «alle viere von sich», liegen Sie ein, zwei Minuten einfach nur da und nehmen Sie wahr, wie sich das anfühlt … wie sich Ihr Körper anfühlt.
Atmen Sie tief ein und aus, spüren Sie dabei, wie sich der Bauch hebt und senkt.

Gehen Sie Ihren Körper in Gedanken von Fuß bis Kopf durch, halten Sie bei jedem Bereich ein wenig inne – wie fühlt er sich grade an? (Etwa: «Füße: sind müde, tun etwas weh» – «Waden: angespannt» – «Knie: neutral» usw.) Erspüren Sie gegebenenfalls, was der jeweilige Bereich gerade möchte – etwa geschüttelt, gelockert, gestreckt werden; und machen Sie das sofort oder direkt im Anschluss an die Übung.

Verweilen Sie ganz bewusst auch in den Genitalien: Spüren Sie sie? Bewegen Sie Ihre Beckenbodenmuskeln, lassen Sie auch den Penis oder die Vagina zucken.

Am Ende ermitteln Sie, wie *Sie* sich grade fühlen. Fragen Sie sich, was Ihnen in diesem Moment guttäte. Und ob Sie es in die Tat umsetzen können (wenn ja, dann tun Sie es später auch).

Dann atmen Sie noch einmal tief durch und sagen sich dabei im Geiste oder laut: «Ich bin wieder wach und frisch!»

Bitte machen Sie diese Übung möglichst täglich (mindestens viermal pro Woche), z. B. direkt nach der Arbeit.

Stille-Übung

Um Abstand zur Welt zu kriegen, ganz zu sich selbst zu kommen und in die eigenen Tiefen vorzudringen, braucht man Ruhe. Vielleicht gehören Sie zu den Leuten, die immer eine Geräuschkulisse um sich haben: Wenn nicht grade geredet oder telefoniert wird, Kinder oder Haustiere zu hören sind, läuft entweder Musik, Radio oder der Fernseher. Dahinter steckt oft eine unbewusste Angst vor der Stille. Denn dann können die Gedanken laut und deutlich werden – auch die verdrängten.

Anleitung: Schaffen Sie bei sich zu Hause drei Stunden lang absolute Stille (wie gehabt: keine Musik, kein Radio, kein Fernseher; Handys, Telefone und Anrufbeantworter müssen abgeschaltet sein!). Tun Sie in dieser Zeit möglichst wenig. Vielleicht einfach nur auf dem Sofa liegen, sich ein bisschen treiben, die Gedanken schweifen lassen. Möglich wäre auch ein langer Spaziergang in einer sehr ruhigen Landschaft, ohne Handy, ohne Begleitung.

Und dann ... mal sehen, wie Sie sich mit der Ruhe fühlen, was Sie empfinden und denken.

Öffnen Sie Ihre «sexy» Sinne

«Sinnlichkeit» heißt so, weil man sich seinen Sinnen hingibt: dem Sehen, Schmecken, Riechen, Hören, Fühlen. Das Problem daran ist: Im Alltag wird eher das Gegenteil verlangt. Um von den unzähligen Eindrücken, die auf uns einprasseln, nicht hoffnungslos überwältigt zu werden, müssen wir sehr viel wegschalten – etwa so, wie man bei Werbung im Fernsehen wegzappt. Und diese Haltung gewöhnt man sich an: Wir gehen achtlos an Dingen und Menschen vorbei, ohne sie genau anzusehen. Wir schieben oder schütten uns etwas in den Mund, ohne zu schmecken. Musik und Geräusche gehen zum einen Ohr rein und zum anderen wieder raus. Ja, wir lassen uns sogar berühren oder küssen, ohne richtig hinzufühlen.

Unsere Wahrnehmungen laufen zu über 80 Prozent über das Sehen; allerdings sind unsere Augen oft gnadenlos überfordert aufgrund der optischen Überreizung durch Fernsehen, Internet, Großstadthektik und Ähnliches mehr. Daher ist es wichtig, ihnen tagsüber mindestens eine halbe Stunde Erholung zu gönnen, z.B. sie gelegentlich schließen und in die Natur gehen. Der Tastsinn ist heutzutage bei vielen ein wenig verkümmert, weil sie sich kaum noch die Zeit nehmen, um Dinge zu erfühlen und wortwörtlich zu begreifen. Genauso verhält es sich mit dem Riechen: Wer macht sich schon die Mühe, etwas mit der Nase zu erkunden? Der Urmensch hatte noch einen viel ausgeprägteren Geruchssinn, weil er beim Überleben mithalf. Für uns ist die Nase heute mehr oder weniger ein Luxusorgan. Bei gesunden Menschen funktioniert die instinktive Geruchsselektion noch, etwa die Auswahl von Speisen oder Partnern, das heißt, die Nase entscheidet unwillkürlich, ob sie jemanden oder etwas in sich hineinlassen oder eben nicht. Aber bei vielen ist diese Fähigkeit durch Abgase, Chemie, Parfüms u. Ä. verkümmert. Man kann aber auch diesen Sinn wieder schärfen; und zwar gelingt das, wie bei allen anderen Sinnen, durch bewusstes und häufiges Anwenden.

An kleinen Kindern können wir manchmal mal eine schöne ursprüngliche Form beobachten: Voller Hingabe betrachten sie einen Gegenstand und versuchen ihn auch mit anderen Sinnen zu erforschen: Sie befühlen ihn, riechen daran, stecken ihn in den Mund. Letzteres ist zwar für uns Erwachsene nicht immer angemessen, aber im Privaten und speziell beim Sex – warum nicht?

Mein Tipp: «Tag der Sinne». Nehmen Sie sich einen Tag vor, an dem Sie vom Aufwachen bis zum Schlafengehen nur auf Ihren Körper und Ihre Sinne achten.

Kleine Riech-Übung

Öffnen Sie gleich morgens die Nase für den Duft des Kaffees und des Brots im Toaster. Riechen Sie an allem, bevor Sie es sich einverleiben, und fragen Sie sich jedes Mal: Will mein Körper das jetzt haben? Ähnlich können Sie auch mit Ihrem Partner verfahren. Es kann sein, dass Sie an ihm oder ihr das eine oder andere erschnuppern, was Sie eigentlich nicht in den Mund nehmen würden. Die Frage ist, sollten Sie das dann an oder in andere sensible Körperregionen lassen? Es kann sein, dass Ihr Schatz erst mal ein bisschen irritiert ist, wenn Sie ihn z. B. um Zähneputzen oder Intimreinigung bitten, aber solch eine kleine Unterbrechung inklusive Irritation lohnt sich letztlich, weil Ihre Sinne und somit auch Ihr Unterbewusstsein dann noch viel besser ja zu diesem Menschen sagen können.

Das Gleiche können Sie auch für sich selbst überlegen: Ist jede Stelle Ihres Körpers so appetitlich, dass Sie gerne daran riechen oder sie ablecken würden? Wenn Sie es nicht täten, warum sollte es dann Ihr Partner tun? Sie können Ihren Schatz auch ganz direkt zum

Schnuppern und Kosten auffordern, zeigen Sie sich dann aber auch bereit dafür, dass der andere Missfallen ausdrücken darf.

Kleine Hör-Übung

Schließen Sie einen Moment lang die Augen und spitzen Sie die Öhrchen. Falls Sie auf dem Land wohnen, werden Sie vielleicht erst einmal gar nichts wahrnehmen; lauschen Sie einfach nur … Können Sie einen Vogel hören, der in weiter Ferne zwitschert, Glockengeläut, das zu Ihnen herüberweht, oder das Rauschen des Laubes in einer Brise? Wenn Sie in der Stadt wohnen, hören Sie zunächst vielleicht nur das Geräusch der vorbeifahrenden Autos auf der Straße. Doch was ist mit den darunter oder daneben liegenden Geräuschen? Etwa Stimmen auf dem Bürgersteig, die Schritte Ihres Nachbarn im Treppenhaus, Hundegebell o. Ä.

Haptische Übung

Fangen Sie schon morgens damit an: Strecken und dehnen Sie sich beim Aufwachen genüsslich, spüren Sie beim Duschen das Prickeln auf der Haut, die Borsten der Zahnbürste auf Ihrem Zahnfleisch usw. Achten Sie bewusst darauf: Wie fühlt sich Gehen an, welche Muskeln werden dabei beansprucht? Und wie schön es ist, über so einen ausgeklügelten Bewegungsapparat zu verfügen …

Wenn Sie etwas mit den Händen machen (etwa abspülen, schreiben, streicheln), dann tun Sie es mal sehr bedächtig und fokussieren Sie sich auf die Bewegungen und den Tastsinn.

Mein Tipp: Versuchen Sie mit geschlossenen oder geöffneten Augen, Ihren Partner von Kopf bis Fuß zu erfühlen. Benutzen Sie dazu nicht nur die Fingerspitzen beider Hände, sondern auch die ganze Handfläche, den Handrücken, den Unterarm und sogar größere Körperpartien wie Füße, Schenkel und Unterschenkel. Dies ist eine intensive Körpererfahrung (für beide).

Übung «Sinne schärfen»

Wenn Sie bewusst ein oder zwei Sinne ausschalten, schärfen Sie damit die übrigen. Mit *verbundenen Augen* können Sie Ihren Partner viel besser hören, seine kleinen und großen Atemstöße, die Variationen seines Seufzens, Stöhnens. Sie spüren nicht nur seinen Körper besser (etwa die Unterschiede seiner Hautoberflächen), sondern auch ihn selbst und seine Reaktionen. Diese Art von Fühlen wird *noch intensiver*, wenn Sie sich zusätzlich die *Ohren verschließen*. Dann können Sie außerdem deutlicher riechen und schmecken.

Mein Tipp: Spielen Sie gezielt mit diesem Mechanismus. Der eine von Ihnen trägt eine Augenbinde, der andere bietet ihm alle möglichen Sinnesreize (die er vorher zurechtgelegt hat) und lässt ihn raten, was es ist: Duftendes, kleine Häppchen zu essen, Berührungsvarianten (weiche Materialien, Vibrierendes, Kinderspielsachen usw.). Gehen Sie mit diesem Vorhaben im Kopf doch mal extra in ein Kaufhaus (und zwar jeder für sich) und genießen Sie die Vorfreude, wie Ihr Partner später verzweifelt zu erraten versucht, womit in aller Welt Sie ihn da gerade sanft streifen.

Mittendrin statt nur dabei

Kennen Sie das? Sie liegen mit Ihrem Schatz im Bett, sind gerade sexuell irgendwie zugange, aber aktiv ist vornehmlich er / sie, und Sie haben die Augen geschlossen … Was passiert? Sie werden müde und sind nicht ganz bei der Sache. Logische Gegenmaßnahme: selbst aktiver werden und – Augen auf!

Die meisten Leute haben ihre Augen beim Sex fast die ganze Zeit zu, als ob sie nicht richtig hinsehen wollten. Keine Frage, man kann dann zum Teil besser spüren, aber das wird ja oft wieder zunichtegemacht durch Schläfrigkeit oder abschweifende Gedanken. Insofern fördert es also Ihren gemeinsamen Sex, wenn Sie die Augen immer mal wieder öffnen, vielleicht sogar etwa die Hälfte der Zeit.

Viele Menschen empfinden eine merkwürdige Scham, wenn sie den Blick auf ihre eigenen Genitalien in Sex-Action richten. Im Wesentlichen ist das anerzogen. Wenn Sie davon ausgehen, dass der Sextrieb etwas Natürliches ist und dass Sie da gerade etwas mit Ihrem Schatz machen, was beiden Freude bringt: Warum sollte man da nicht auch hinschauen? Es kann sogar ziemlich antörnend sein, wenn man es damit abwechselt, das Gesehene vor dem geistigen Auge noch einmal ablaufen zu lassen (mit geschlossenen Augen); das ist allemal besser, als zu den Alltagspflichten oder zu unpersönlichen Bildern aus dem Internet abzuschweifen.

Schauen Sie auch beim Vorspiel hin, und falls Ihr Partner dabei verschämte Reaktionen zeigt, machen Sie ihm oder ihr Mut, ebenfalls hinzusehen.

Sie können den Fokus auch auf die angenehmen Empfindungen richten, die bei dem gemeinsamen Tun zwischen Ihnen beiden entstehen. Und falls sie nicht so angenehm sind, wissen Sie inzwischen, was zu tun ist!

Den anderen erspüren

In meine Beratung kam einmal ein sehr attraktives Paar, das bei jedem seiner Treffen ausufernden Sex hatte. Beim stundenlangen, für die Frau oft zu ausgedehnten Liebesspiel demonstrierte er sämtliche Raffinessen, die man als Mann «so draufhaben muss» – trotzdem fühlte es sich für beide irgendwie nicht befriedigend an, und beide hatten Probleme zu kommen.

Bei manchen Herren scheint es im Kopf eine vorgefertigte «Checkliste» für die Verführung und die heiße Nummer zu geben. Da fragt frau sich natürlich: Wie kommt er bloß darauf, dass er ein bestimmtes Programm abspulen muss? Vom Küssen über intensive, manchmal zu intensive Massagen ihrer erogenen Zonen bis hin zum bunten Stellungs-Allerlei. Hat er zu viele schlechte Filme gesehen, zu viele Erfahrungsberichte und «Anleitungen für guten Sex» in Männermagazinen gelesen? Das, das und das muss unbedingt mit im Verwöhnprogramm enthalten sein, sonst wird das alles nix?

Bei dem wilden Aktionismus des oben beschriebenen Paares kam die Frau die ganze Zeit nicht dazu herauszufinden, was ihr eigentlich lieber wäre. Und er nahm vor lauter Performance-Drang sowohl sie als auch sich selbst zu wenig wahr. Beide übernahmen sich unnötig und wurden nicht wirklich glücklich dabei. Ich riet ihnen deshalb, wieder «klein» anzufangen, mit ganz normalem Sex ohne Spitzenleistungen. Und natürlich: Augen und Ohren aufsperren und erfühlen, was der andere wirklich will!

Manche haben auch, genau wie dieses Paar, ein unrealistisches Bild von Leidenschaft oder Ekstase – das Ruhige, Entspannte kommt darin nicht vor, obwohl das keineswegs konträr zu Ekstase ist! Im Gegenteil, dann haben Gefühle und Erregung mehr Raum, sich zu entfalten. Viele Tantraschulen lehren sogar, dass man einen Ganzkörper-Orgasmus am besten erreicht, indem man lernt, selbst in höchster Erregung zu entspannen und mittels tiefer Atmung die Erregung im ganzen Leib zu verteilen.

So fordern und fördern Sie die Aufmerksamkeit

Was macht einen guten Film aus? Die Spannung. Aber Spannung erzeugt man nicht, indem man den Helden auf eine 90-minütige Verfolgungsjagd schickt. Er muss mal schnell unterwegs sein, mal zur Ruhe kommen. So ist es auch beim Sex. Wer einfach wild loslegt, spürt den Körper und die Schwingungen des Partners genauso wenig wie die eigenen. Und beim Herunterleiern des gewohnten Programms schaltet man zu leicht ab und weg.

Was tun? Wechseln Sie das Tempo, die Intensität, die Bewegungen, ja sogar die Lautstärke. Gehen Sie ganz langsam vor, kosten Sie es richtig aus, den anderen buchstäblich zu «erfassen», also Rumpf, Arme, Beine usw., aber auch das ganze Ausmaß und die genaue Bewegung der Genitalien des anderen. Das ist gar nicht so einfach, wenn einem der Impuls oder auch die Gewohnheit ein bestimmtes Tempo oder Vorgehen eingibt!

Lassen Sie Ihre Bewegungen nicht stärker werden, sondern kleiner und zarter, dadurch verbessert sich Ihre Wahrnehmung. So bekommen Sie auch mehr von den Mechanismen mit, die sich zwischen Ihnen beiden abspielen. Und wenn Ihr Darling schwer zu bremsen ist, stoppen Sie ihn mit Worten und Taten, etwa, indem Sie seine Hüften packen und festsetzen – bis Sie beide nicht anders können, als Vollgas zu geben.

Tolle Anregungen und Anleitungen für «Slow Sex» finden Sie in meinem Buch *Sex für Faule und Gestresste*!

Vielfach geht es auch gar nicht um bestimmte Techniken oder Handlungen, sondern um etwas Grundlegenderes. Wie Sonya (S. 79) beschreibt: «Er ist schon zärtlich ... Aber die Berührungen sind zielgerichtet, sie sollen mich erregen.»

Frage an Sie: Was möchten Sie beim Akt spüren oder fühlen? «Dass ... (du mich liebst, respektierst, ganz bei mir bist o. Ä.).»

Vielleicht würde Ihr Partner Ihnen wiederum sagen wollen: «Wenn du das so und so machst, habe ich das Gefühl, dass ...», «Ich möchte dabei eigentlich lieber spüren, dass ...», «Kannst du bitte versuchen, dieses oder jenes Gefühl in das, was du tust, hineinzulegen?»

Und wie bekommt man das hin? Das beste Hilfsmittel ist: Stellen Sie Ihre Sensoren auf vollen Empfang, erspüren Sie Ihren Liebsten, nehmen Sie Kontakt zu ihr oder ihm auf!

Sind Sie in Kontakt mit Ihrem Partner?

Erkennen Sie schon beim Lesen des Briefes von Henner (40), woran es hapert?

«Ich bin bald 20 Jahre verheiratet und habe ein Problem, das immer größer wird. Meine Frau (38) hatte nur das erste halbe Jahr Lust auf Sex, seither nicht mehr. Im Laufe unserer Beziehung haben wir dann angefangen, Pornos zu gucken, um sie anzutörnen. Das funktionierte auch ein paar Jahre lang (es gab nicht gerade üppig Sex, aber mehr als ohne). Nach einiger Zeit hatte sie dann aber keine Lust mehr auf die Filme, die Flaute im Bett ging wieder los.

Seitdem läuft es so ab, dass wir einen festen Sex-Termin pro Woche haben. Der Ablauf ist immer derselbe: 1. Sie geht in die Badewanne, 2. wir schauen uns einen Porno an, 3. ich bringe sie oral zum Orgasmus, 4. wir haben Verkehr oder sie bläst mir einen. Und das ist wirklich immer so! Es gibt keine Experimente, kein Schmusen, kein gegenseitiges Berühren. Immer erst sie, dann ich.

Natürlich haben wir schon häufig darüber geredet, auch gestritten. Aber sie hat überhaupt kein Interesse, das Problem zu lösen. Ein Buch (Befreiung zur Lust von Nancy Friday) hat sie lediglich angefangen (wozu ich sie genötigt habe) und inzwischen ganz aufgehört. So langsam werde ich wahnsinnig, mein ganzes Denken dreht sich inzwischen nur noch darum! Ich kann schon im Fernsehen keine Liebesszene mehr ansehen, weil ich dann superneidisch werde und total frustriert bin.»

Oje, sag ich da nur. Bei etwas, das nur ein paar Monate gut und fast 20 Jahre lang nicht gut lief, ist die Wahrscheinlichkeit auf eine heftige Kehrtwendung zum Guten hin sehr gering. Im ersten Jahr wäre da mit Hilfe einer Sexberatung oder Paartherapie noch etwas zu machen gewesen. Doch nach so langer Zeit von lustarmem Sex mit Krücken ... wie gesagt: oje.

Das Problem ist, dass sich bei den beiden nie eine echte Paarsexualität entwickelt hat, die sich wirklich auf den Partner bezieht und auf Freude an Sex mit genau ihm. Ähnlich wie bei Klaus und Karin handelt es sich eher um eine Art Selbstbefriedigung mit Hilfe des anderen und mit Hilfe unpersönlicher Stimulanzien (Pornos, Baden usw.). Dass Henner gern mehr hätte, ist verständlich. Die Frage ist aber auch, warum er – sowie Klaus (und ihre jeweiligen Frauen) – diesen reduzierten Sex 20 bzw. 14 Jahre lang mitgemacht haben? Das legt nahe, dass diese Form einem unbewussten Teil von ihnen entgegenkam – etwa, weil echte Intimität zu viel geworden wäre.

Wie auch immer: Ein sehr wichtiger Teil einer guten Mann-Frau-Beziehung fehlt bei beiden Paaren: Liebe auch körperlich ausdrücken. Das könnte höchstens durch eine ausführliche, intensive Therapie geändert werden. Es klingt schrecklich: Dazu sind die meisten – wenn überhaupt – erst bereit, wenn einer von beiden sich aufgrund dieses Mangels trennt.

Echter Kontakt beim Sex bedeutet:
- Ihre Aufmerksamkeit ist viel aufeinander gerichtet, Sie schauen sich auch ins Gesicht, erfassen Mimik und Körpersprache.
- Sie stellen Ihre Fühler auf Spüren, um die Bewegungen Ihres Partners (auch die winzigen), seine erotischen Schwingungen, An- und Entspannung mitzubekommen.
- Sie achten auf seine Laute, Atemstöße und Worte, öffnen sich für seine Signale und Botschaften.
- Sie haben viel Blickkontakt, reden während des Aktes auch ein wenig miteinander.
- Und je nachdem, was Sie wahrnehmen, interagieren Sie.

Dazu gehört auch, dass beide nicht nur auf Empfangen, sondern auch auf Senden schalten! Haben Sie Präsenz beim Sex? Oder wird ein Teil von Ihnen zurückgehalten, ist abgelenkt? Dann bekommt der andere zu wenige Signale und kann sich nicht auf Sie einstellen. Sprich: Man muss sich sehen, hören, spüren, schmecken lassen. Das kostet manchmal einige Überwindung!

Manche nehmen sich nicht aufgrund von Hemmungen zurück, sondern weil sie gelernt haben: Wenn sie sich richtig gehen lassen, kann das beim anderen entweder Ablehnung oder ein zu schnelles Vorpreschen auslösen (vielleicht auch einen vorzeitigen Erguss). Doch auch hier gilt: Reden hilft!

Wieder andere konzentrieren sich eher auf die Technik als auf ihr Gegenüber. Die Folge: Man kriegt nicht richtig mit, ob es dem anderen gefällt. So macht man dann eher nicht ganz das Richtige, erhält daher zu wenig positives Feedback und legt noch einen Zahn zu, wird hektisch oder mechanisch – und wundert sich, dass der Funke nicht zündet.

Merke: Lust und guter Sex brauchen beides: beim Partner sein (die Aufmerksamkeit für ihn) und bei sich sein (auf die eigenen Empfindungen und Gelüste achten). Selbst die beste Technik nützt gar nichts, wenn Sie kein *Feeling* füreinander haben! Im Zweifelsfall ist *Feeling* – erspüren, was dem anderen gefällt und was nicht – viel wirkungsvoller als jeder noch so ausgefeilte Trick.

Kapitel 10

SIE UND IHR KÖRPER – WIE STEHT'S DAMIT?

Für eine bewusste Selbstwahrnehmung und erfüllenden Sex ist ein liebevolles Verhältnis zum eigenen Körper ein unabdingbarer Bestandteil.

Ich bin immer wieder bestürzt, wie viele Menschen ihn behandeln wie eine Maschine, die man jederzeit umtauschen oder reparieren kann. Oft werfen sie auch alle möglichen Gifte (z. B. Alkohol, Nikotin und schlechte Fette) hinein, als ob sie noch ein paar Körper auf Vorrat im Schrank hätten. Die unterschwellige Missachtung mündet dann gerne auch noch in ständige Kritik: alles so aus der Form, zu wenig Muskeln, die Beine zu kurz, zu dick, die Brust zu groß, zu klein usw. Vom Partner allerdings erwarten die Betreffenden, dass er sie von Kopf bis Fuß toll findet und dem auch reichlich Ausdruck verleiht. Oder sie fordern von ihm Respekt vor ihrem Körper, den sie selbst aber nicht aufbringen. Wie passt das zusammen? Wie soll der andere von etwas überzeugt sein, das man selbst nicht glaubt und umsetzt? Fast noch paradoxer sind die Spielchen, die hieraus zum Teil entstehen, wie etwa die beliebte Frage: «Bin ich zu dick?» Eigentlich findet man sich selbst zu dick, der Partner soll einen aber davon abbringen. Damit ist eine Beziehung jedoch überfordert. Und das ist nur ein Mini-Beispiel für das, was viele Leute im Großen betreiben: Da sie sich selbst nicht mögen, wird dem anderen die unausgesprochene Aufgabe übertragen, stete Überzeugungsarbeit zu leisten. Dass sich dann die meisten Männer und auch manche Frauen irgendwann verweigern und auf stur stellen, ist nur logisch. Im Klartext: Es ist nicht die Aufgabe des Partners, jemanden von seinem schlechten Körperbild abzubringen, sondern allein seine eigene. Hier passt dieser wunderbare alte Leitspruch, der auch auf viele andere Bereiche dieses Buches übertragbar ist: *Gott gebe mir die Gelassenheit, das hinzunehmen, was nicht zu ändern ist, den Mut, das zu ändern, was ich ändern kann, und die Weisheit, das eine vom anderen zu unterscheiden.* Sprich, wenn man mit seinem Körper hadert und unzufrieden ist, sollte man genau das anwenden, statt der Partnerschaft die Last der eigenen Dauerunzufriedenheit aufzubürden.

Einer der häufigsten Punkte ist ein Zuviel an Körperfett. Wobei dies ja auch absolut relativ ist. Ines, die de facto besorgniserregendes Untergewicht hat, findet selbst 46 kg bei 1,63 m Körpergröße etwas zu viel (das nennt man «Körperschemastörung»). Dies ist typisch für Frauen mit Essstörungen wie Magersucht und Bulimie. Aber auch das Gegenteil kommt vor, nämlich dass Frauen oder Männer mit gesundheitsschädlichem Übergewicht überzeugt sind, dass sie überhaupt kein Problem haben, sondern höchstens der andere.

Sexkiller Bewegungsmangel, schlechte Ernährung, Übergewicht

Haben Sie den Film *Super Size Me* gesehen, der den Selbstversuch des US-Amerikaners Morgan Spurlock zeigt? Einen Monat lang lebte er ausschließlich von Fast Food und bewegte sich wenig. Davor bescheinigten ihm drei Arztpraxen: topfit, kerngesund, Idealgewicht. Doch schon nach 10 bis 14 Tagen merkte er selbst, dass er dauernd schlapp und müde war, sich nicht wohl fühlte, schnell zunahm.

Auch seine Freundin berichtete bereits nach zwei Wochen von deutlichen Veränderungen: «Wenn er abends nach Hause kommt, ist er sehr ausgepowert – unter anderem, weil ihn der ganze Zucker und das Koffein den ganzen Tag so aufdrehen, z. B. aus der Cola. Auch unser Sex ist viel weniger geworden. Wenn wir überhaupt mal welchen haben, hält er nicht mehr so lange durch wie vorher. Er hat auch echte Probleme, einen hochzukriegen – vielleicht behindern die ganzen gesättigten Fette schon die Durchblutung.»

Spurlocks Bilanz nach nur 30 Tagen: «Ich bin 11 Kilo schwerer, meine Cholesterinwerte haben drastisch zugenommen, mein Körperfettanteil um 70 %, das Risiko für Herzerkrankungen hat sich verdoppelt. Ich fühlte mich ständig erschöpft, depressiv, hatte schlechte Laune und kein Sexualleben mehr – keine Potenz und zu schlapp dazu.»

Wenn ich mit Klienten die komplette Nahrungszufuhr der letzten Woche durchgehe, stelle ich bei vielen Männern fest, dass es die ganzen sieben Tage lang kein einziges (!) Stück Obst gab, Gemüse nur in Mini-Portionen, meist totgekocht (Kantine), und Salat nur in Form eines Alibi-Blattes auf dem Tellerrand oder dem belegten Brötchen; bei Vollkornprodukten sieht es genauso mager aus.

Obst, Gemüse und Vollkorn liefern nicht nur eine Menge Vitamine und Mineralien, sondern auch Enzyme, Spurenelemente und sogenannte Biostoffe. Das alles braucht der Körper zur Regeneration der Körperzellen und zur Verteidigung, also für das Immunsystem, für unsere allgemeine Gesundheit und um fit zu bleiben.

Bei den Frauen ist die Obst- und Salatbilanz meistens okay, aber auch hier fehlt es gern an Gemüse und Vollkorn – sowie an Proteinen (Eiweiße)! Proteine braucht man jedoch als Baustoff für Hormone, Körperzellen, Abwehrzellen, für die Muskulatur usw.

Viele asiatische Völker sind nicht von ungefähr die zähesten Menschen mit der höchsten Lebenserwartung und der vitalsten Sexualität weltweit: und zwar die, deren Ernährung vor allem auf Gemüse, Fisch, Früchten, magerem Fleisch, Tofu und sehr wenig Fett basiert.

Logischerweise ist Übergewicht – vor allem starkes – auch für sich genommen ein böser Sex- und Lustkiller: Zum einen ermüdet man viel schneller, zum anderen machen die eingeschränkte Beweglichkeit und Schwerfälligkeit viele Aktionen schwierig oder gar unmöglich. Und viele andere Hemmnisse ergeben sich auch, wie der Brief von Dimitri (24) zeigt:

«Schon seit meinem «ersten Mal» mit 19 verfolgt mich ein Problem: Beim Sex mit einer Frau komme ich nur höchst selten zum Orgasmus, egal wie lange

ich mit ihr verkehre; manchmal wird mein Ding auch sehr schnell weich. Seither hatte ich auch erst mit ein paar Frauen Sex, da es mir äußerst peinlich ist, wenn ich so lange zugange bin, aber trotzdem nichts dabei rumkommt oder meine Erektion schon vor dem Sex ausbleibt oder eben währenddessen weggeht. Vielleicht liegt es daran, dass ich stark übergewichtig bin. Wenn ja, hoffe ich, dass es sich bald ändert, da ich dabei bin abzunehmen.

Außerdem schäme ich mich wegen meines Übergewichtes und meines zu kleinen Penis (schlaff gerade mal 5 bis 6 cm groß, erigiert ungefähr 10 bis 12 cm). Ich traue mich überhaupt nicht, auf Frauen zuzugehen.

Das erste Mal hatte ich mit einer Frau, die mich auf einer Party abgeschleppt hatte. Ich hatte bisher auch nur kurze Sexkontakte, meistens One-Night-Stands, da ich irgendwie keine Lust verspüre, eine längere Beziehung anzufangen.»

Nun ja: Übergewicht kann die Größe des Penis verringern (nicht nur weil das Unterbauchfett den Penis-Ansatz umlagert und ihn auf diese Art kürzer erscheinen lässt, sondern auch weil Übergewicht die Produktion des männlichen Sexualhormons Testosteron behindert; Testosteron wiederum beeinflusst die Lust, die Potenz und die Größe des Penis – sowie auch die Blutfülle). Und wenn der Penis zu klein ist, entsteht in der Frau vielleicht zu wenig Reibung. Diese Vorgänge könnten auch erklären, warum die Erektion während des Verkehrs abflaut.

Der Testosteronmangel lässt auch oft nicht genug Erregung aufkommen; aber die spielt eben für den Gipfelsturm eine entscheidende Rolle. Ebenso wie die Beckenbodenmuskulatur. Bei sehr vielen Übergewichtigen ist diese Muskulatur unterentwickelt und/oder wird durch das Körperfett behindert. Da schwingt nichts (mehr), und so findet der Orgasmus auch kein gutes «Sprungbrett».

Möglicherweise haben sich in Dimitris Gefäßen zudem Ablagerungen gebildet, und der Hormonhaushalt stimmt nicht mehr. Beides begünstigt sowohl Erektions- als auch Orgasmusprobleme.

Wie Dimitri selbst sagt, kommen auch noch Scham und Unsicherheit wegen des Übergewichts und der Sexprobleme hinzu. Klar, das drückt auch auf die Erregung.

Von daher freue ich mich zu lesen, dass er bereits dabei ist, abzunehmen. Ich hoffe, er setzt dabei auf eine Kombination aus Sport, Bewegung und gesunder Ernährung, denn die kurbelt auch die Sexualhormone an.

Zwei weitere mentale Faktoren, die seinen Orgasmus behindern: Er setzt sich unter Leistungsdruck, und er hat Angst davor, sich buchstäblich mit Leib und Seele auf eine Frau einzulassen. Aber vielleicht wird beides besser, wenn er das Übergewicht los ist und allmählich selbstsicherer wird.

Ausgesprochen viele Mollige klagen mir, sie könnten Sex nicht voll genießen, weil sie ihren Körper unansehnlich finden und Angst haben, dass der Partner das auch finden könnte. Was hält sie davon ab, den ungeliebten Speck loszuwerden und ihre Formen in Form zu bringen? Nun, manche halten sich mit Hilfe der Fülle auch ein wenig den anderen vom Leibe. Oder es ist ein Teufelskreis wie bei Uwe, dem Frustfresser: Als seine Freundin nach etwa einem Jahr immer seltener mit ihm schlief, interpretierte er das als Rückgang ihrer Liebe und kompensierte es mit Futtern – was wiederum unter anderem daran lag, dass er in seiner Kindheit so etwas wie Zuneigung fast nur via Essen bekommen hatte. Sprich: Er verleibte sich Liebe über Leckereien ein. Wodurch er immer dicker wurde. Wodurch sie immer weniger Lust auf ihn hatte. Wodurch er noch mehr aß.

Bei den meisten liegt es allerdings an der Trägheit. 90 Prozent der Menschen wissen viel zu wenig über Ernährung, vernünftiges Essverhalten und ihren Kalorienbedarf. Und vor allem: Viele Dicke warten ständig auf ein Wunder oder einen ominösen Tag X, an dem es ihnen plötzlich ganz leicht fällt abzunehmen. Aber dieses Wunder tritt und tritt einfach nicht ein, und so vergeht Jahr um Jahr, in dem man zu viel Gewicht, Schuldgefühle und ein beschwertes Körpergefühl mit sich herumschleppt.

«Ich habe kein Verhältnis zu meinem Körper»

Als ich die zarte Ines frage, welches Verhältnis sie zu ihrem Körper hat, sagt sie: «Gar keines, irgendwie. Viel Liebe ist da nicht.» Sie räuspert sich. «Ich finde ihn nackt einfach nicht schön. Angezogen schon.» (Hier kommt ein weiterer unbewusster Glaubenssatz heraus: Man kann nur etwas an mir lieben, das schön ist.)

«Du musst deinen Körper nicht unbedingt schön finden, um ihn zu schätzen, zu lieben und zu achten», sage ich ihr. «Kannst du das nachvollziehen?»

«Hm ...», sinniert sie, «vielleicht sollte ich ihm begegnen, wie man auch anderen Menschen begegnet. Nicht jeden seiner Freunde findet man uneingeschränkt schön, dennoch liebt man sie für das, was sie sind, und das wiederum verschönert sie. Aber bei mir selbst sind die Maßstäbe schon sehr hoch. Irgendwie habe ich das Gefühl, dass ich ihn erst während einer Schwangerschaft lieben könnte. Denn bisher ist mein Körper nur meine Hülle und hat diese vorrangig optische Aufgabe für mich zu leisten. Wenn er aber Leben schenkt und wirklich wichtig wird, ich denke, dann werde ich ihn lieben.»

Wie so viele Menschen betrachtet Ines ihren Körper nicht als etwas, das sie ist, sondern als etwas, das sie hat – fast wie einen Gebrauchsgegenstand; in ihrem Fall ein Gegenstand, der dazu dienen soll, sie gut aussehen zu lassen.

«Dein Körper ist bereits jetzt wichtig und wertvoll», sage ich, «denn er schenkt bereits jetzt einer sehr wichtigen und wertvollen Person Leben: DIR. Der Gedanke mit der Schwangerschaft ist zwar schön, aber das kann danebengehen – weil sie auch schwierige Seiten hat und weil es Komplikationen geben kann. Diese Probleme sind bei Frauen, die mit ihrem Körper nicht im Reinen sind, sogar meist stärker. Ich denke, es wäre gut, wenn du es schon vorher schaffst, dich mit ihm eins und richtig gut zu fühlen. Er ist nicht eine Hülle! Dein Körper, das bist du, und zwar in ganz irdischer und greifbarer Form. Deine Seele und dein Geist zeigen sich ja auch in ganz vielen körperlichen Dingen. Und: Wie du mit deinem Körper umgehst, so gehst du auch seelisch-mental mit dir um – z. B. wie sehr du versuchst, ihn zu beherrschen, statt in ihn hineinzuhorchen und auf ihn zu hören, ob das, was du für ihn tust (Ernährung, Erholung, Bewegung, Schlaf usw.), das Beste für ihn ist. Und das alles hat ja wiederum eine ganz starke Rückwirkung auf deine Seele, dein gesamtes Wohlbefinden und auch auf deinen Geist.»

Ines versucht unter anderem, möglichst wenig zu essen, außerdem absolviert sie eine festgelegte Anzahl von Trainingsstunden im Fitness-Studio – das klingt eher nach «Ich kontrolliere und forme meinen Körper» als nach Freude an der Bewegung. Ich frage sie «Wollen dein Körper und deine Seele dieses Fitnessprogramm überhaupt? Wenn es dir eigentlich kaum Spaß macht, rate ich dir, Sportarten (oder besser: Bewegungsarten) zu suchen, die sich gut für dich anfühlen.»

Ines' Body-Mass-Index liegt bei 17,3. Ein Wert unter 18,5 gilt für ihr Alter medizinisch als «untergewichtig» und oft schon als gesundheitlich bedenklich, ein Wert unter 17,5 wird bereits als Magersucht klassifiziert. Im gesamten Körper herrscht Mangelzustand, und das zeigt sich an vielen Stellen, so etwa:

- an den Hormonen: Das Defizit an Körperreserven (z. B. Fettdepots) signalisiert dem Körper, dass er auf keinen Fall schwanger werden darf; also drosselt er die Sexualhormone und die Libido;
- an der Scheidenbefeuchtung (die Drüsen brauchen Nährstoffe und Hormone, um zu funktionieren);
- am Immunsystem (unter anderem entsteht eine Neigung zu allen möglichen Infekten, auch der Scheide).

Vermutlich haben Ines' häufige Pilzinfektionen auch ihre Scheidenflora und die Lubrikationsfähigkeit angegriffen; daher brennt es beim Verkehr schneller.

Wie die meisten Untergewichtigen ernährte sich auch Ines mangelhaft; ich konnte sie zwar nicht dazu bewegen, zuzunehmen, aber immerhin dazu, einige Richtlinien zu befolgen, um eine ausreichende Menge der notwendigen Stoffe aufzunehmen.

Auf einer unbewussten Ebene lauern bei Ines eine Menge unbearbeiteter Probleme und Ängste, darunter auch die vor Kontrollverlust und vor dem Erwachsenwerden. Körperlich zeigen sich diese bei ihr vor allem in zwei Bereichen: im Beckenboden (der unter anderem den Blasen- und Scheideneingang reguliert) sowie im vaginalen Bereich. Der Beckenboden steht für etwas ganz Existenzielles im Menschen; hier kann sich etwa Existenz- oder Todesangst zeigen (selbst Erwachsene machen sich manchmal bei extremer Angst in die Hose).

Der vaginale Bereich steht vor allem für die Identität als Frau und für erwachsene weibliche Sexualität. Wie schon erwähnt, lehnt etwas in Ines beides ab. Nicht von ungefähr fing sie parallel zum Dünnwerden auch an, radikal kein Fleisch mehr zu essen («Ich mag's einfach nicht mehr, den Geschmack, die Konsistenz, ...») – genau in der Lebensphase, in der bei einem Mädchen die Pubertät und das Frau-Werden beginnen. Manche Frauen stellen die Lust auf Fleischgenuss ab, wenn sie auch die sexuelle Fleischeslust nicht (mehr) in ihrem Leben haben wollen.

Ich vermute, dass Ines' Beckenbodenmuskulatur fast permanent zu angespannt ist (im Normalzustand ist sie eigentlich entspannt mit einem gewissen Muskeltonus, in etwa zu vergleichen mit einem gut trainierten Bauch, der auch in entspanntem Zustand eine elastische Festigkeit hat). Diese Daueranspannung begünstigt häufigen Harndrang, die Verengung bzw. Verhärtung des Scheideneingangs und eine Einschränkung der Atmung.

Auch in diesem Fall sind Beckenbodenübungen gut geeignet, um das Gefühl für diese Muskulatur zu verbessern und zu lernen, dort lockerzulassen. So auch beim Sex – wo Ines dann auch die Führung übernehmen sollte, damit sie geduldig mit ihrer Scheide sein und ihr überlassen kann, wann sie Lust hat, Jens aufzunehmen; ich riet ihr, sie solle sich dabei vorstellen, dass diese den Penis ganz behutsam in sich einsaugt, und auch mit ihrer Vagina reden, ihr Mut machen. (Das klingt erst mal seltsam, hilft aber meist sehr gut!)

Die Aufgabe, die für Ines in erster Linie ansteht: sich mit ihrem Körper anfreunden und so achtsam und liebevoll mit ihm umgehen, wie sie auch mit sich selbst umgehen sollte.

Körperkomplexe

Wie sehr Körperkomplexe auf das Sexualleben wirken können, zeigen die beiden folgenden Briefe von Mike (unten) und Claudia (nächste Seite):

«Ich trau mich kaum an Sex und an Frauen ran», schreibt Mike (27), «weil ‹meiner› im erigierten Zustand nur 11,5 cm lang ist, was ja ziemlich erniedrigend ist! Soll ich eine OP zur Penisverlängerung machen lassen? Ich hatte schon seit Jahren keinen Sex mehr und fühle mich sehr allein!»

Ich antwortete ihm: «Meiner Meinung nach sollte man sich einer solch schweren und komplizierten Operation nur in einem echten Notfall unterziehen, und dazu gehörst du ganz sicher nicht. Mach lieber aus dem, was du hast, das Beste, denn dein Penis genügt, um den allermeisten Frauen guten Sex zu bescheren, und ist keineswegs ‹erniedrigend›. Erniedrigend ist, wenn du dein gesamtes Selbstbewusstsein und dein Lebensglück an das Teil zwischen deinen Beinen hängst.»

Einer meiner Leser schrieb mir zum Thema «Penisgröße»:

«Mein Penis ist 11,5 cm lang, ich habe bisher mit 13 Frauen geschlafen und keine hat sich jemals beschwert. Denn: Es kommt nicht auf die Länge an, da die meisten Frauen viel mehr im Eingangsbereich der Vagina spüren als irgendwo tief im Inneren. Faustregel: ‹Er› muss spürbar sein, dann klappt's auch mit … Ich denke, da geben mir wohl die meisten Frauen recht, oder?»

Ja, davon bin ich überzeugt. «Er muss spürbar sein»: Das heißt, ein gerades Rein-Raus bringt's nicht. Einer meiner Exfreunde machte das – seine Vögelei erinnerte an das mechanische Sticheln einer Nähmaschine. «Was tust du da?», fragte ich. «Bringt dir das Spaß?» (Mir brachte es nämlich null Spaß.) Er antwortete: «So kann ich länger.» Ich entgegnete: «Wozu soll das gut sein, wenn es dann für dich und mich langweilig ist?»

Karniggel-Style ist Käse; nutzen Sie Ihren Penis wie ein Liebes-spielzeug anstatt mechanisch, gehen Sie schräg oder mal halb, mal ganz rein usw. Und außerdem: Was der Lover mit seinen Händen und seinem Mund macht, ist mindestens genauso wichtig – ihrem «bes-ten Stück» messen zu viele Männer viel zu viel Bedeutung bei.

Zurück zu der Form der Genitalien: Auch einige Frauen hadern damit. In gravierenden Fällen hilft sogar eine Genitaloperation. Doch das würde ich erst befürworten, wenn die Abweichung tatsäch-lich sehr stark ist und eine Änderung gut machbar. Beispielsweise sind bei manchen Frauen die inneren Schamlippen so groß, dass sie ständig im Weg sind, an etwas reiben und dadurch schmerzen. Für solche Fälle gibt es mittlerweile spezialisierte Chirurgen.

Claudia (33) schrieb mir:

«Mein Problem ist, dass ich mich vor meinem Freund schäme und am liebs-ten nicht einmal mehr von ihm berührt werden möchte, obwohl ich ihn sehr liebe und auch Sex mit ihm haben will. Ich hasse meine Brüste, sie sehen aus wie kleine Tüten, und mein Hintern hat so eine komische, breite Form. Deshalb hasse ich auch Sex bei Licht. Kann es sein, dass ich ihn beim Sex langweile? Ich habe Angst vor anderen Stellungen als der Missionarsstellung. Reiten ist bei mir z. B. so ein Problem wegen des Busens, auch bei «a tergo» schäme ich mich so sehr, dass mir der Sex kaum noch Spaß macht. Er hat mir sogar schon einmal gesagt, ich sähe komisch aus von hinten. Manchmal kommt es mir auch so vor, als würde ich ihn nerven, wenn ich wieder einen meiner ‹Anfälle› habe. Das Vor-spiel ist auch nicht mehr so schön wie früher. Er kümmert sich eigentlich nur noch darum, was ihn ‹geil› macht. Ich hab's ihm schon gesagt, aber ich glaube, dass es ihm egal ist oder er mir gar nicht zuhört. Könnte es sein, dass er mich nicht mehr sexy findet? Außerdem habe ich das Gefühl, kein Mann interessiert sich wirklich für meine Brüste.»

Nun: Warum sollte der Mann sich dafür interessieren, wenn sie sich nicht dafür interessiert? Wenn sie ihm z. B. sagen würde, dass es ihr gefällt, wenn er ihre Brust liebkost, dann interessiert er sich ganz gewiss dafür.

Übrigens sehen fast alle Frauen, ob dick oder dünn, «von hinten komisch» aus. Ist doch egal, die Männer finden es trotzdem heiß. Wie wär's, wenn man dann einfach das Licht ausmacht?

Zusammengefasst:

1. Claudia schämt sich, weil sie zwei Körperbereiche an sich hasst, deswegen mag sie
2. kaum etwas ausprobieren beim Sex, wodurch
3. der Sex ihrem Freund langweilig wird; daher ist er
4. nicht besonders motiviert, ihr ein Vorspiel zu geben, zumal er sie nicht mehr berühren darf, von ihrem Gejammer genervt ist (sie jammert, aber ändert nichts) und weil er sie
5. möglicherweise wegen ihrer Komplexe und der Abwehr nicht mehr so reizvoll findet.

Alle fünf Gründe hängen mit einer Basis-Ursache zusammen: Claudia mangelt es an Gesamt-Selbstakzeptanz, und sie hat sich an zwei Hass-Stellen festgebissen.

Sie beschimpft ihren Körper sogar, wie auch manche Männer ihren Penis, wenn er nicht so will wie sie. Das ist, als schimpfe man ein Kind für etwas, wofür es nichts kann – es hilft nicht, sondern verschlechtert bloß das Verhältnis.

Söhnen Sie sich aus mit Ihrem Körper

Viele werten ihr Äußeres oder bestimmte Körperteile so routinemäßig ab, dass es fast zum Reflex wird. Falls Sie sich so etwas abgewöhnen möchten, holen Sie bitte gleich mal Papier und Stift.

1. Schritt: Machen Sie Inventur. Und zwar in Form einer «Ich-mag-an-mir-Liste». Zuerst notieren Sie alles, was Ihnen an sich gefällt (ausführlich beschreiben!). Etwa: **Was ich an mir mag:** «Ich habe wohlgeformte Hände mit ebenmäßigen Nägeln.» Nehmen Sie ruhig einen Spiegel zu Hilfe und halten Sie es mit Christian Morgenstern: «Schön ist eigentlich alles, was man mit Liebe betrachtet.»

Betrachten Sie sich mit Liebe!

Vielleicht fällt Ihnen auf Anhieb nicht so viel ein. Halten Sie die Liste einfach griffbereit und ergänzen Sie sie mit der Zeit.

2. Schritt: Listen Sie nun die Stellen auf, die Sie nicht mögen, unterteilen sie dabei in zwei Spalten: «Wer / Was hat mir das mitgegeben?» und «Einspruch». Sie sind ja nicht zur Welt gekommen mit der Einstellung, dass Sie optische Defizite haben. Irgendjemand oder -etwas hat sie Ihnen irgendwann mit auf den Weg gegeben – ganz ausdrücklich oder nur indirekt. Das können Ihre Eltern gewesen sein, die Sie nur neckten oder sich um Ihre Entwicklung sorgten («Kind, dass du mir nicht zu dick wirst!»), Geschwister und Schulkameraden mit ihren Hänseleien, das allgemeine Idealbild o. Ä. Zu wissen, woher diese negativen Gefühle kommen, nimmt ihnen viel von ihrer Macht, und Sie können gezielter dagegen angehen.

Beispiel: **Was ich an mir nicht mag:** «Meinen Busen». **Wer / was hat mir das mitgegeben?:** «Mein Exfreund mit seiner Schwärmerei für Frauen mit großen runden Brüsten. Vielleicht auch ich selbst mit meinem vergleichenden Blick; ich messe mich an Idealbrüsten.» **Einspruch:** «Mein Ex war ein unsensibler Rüpel. Andere Männer haben meinen Busen nie bemängelt. Fast keine Frau hat Idealbrüste.»

3. Schritt: Machen Sie ein Brainstorming, wie Sie mit den Auslösern besser umgehen können. Etwa mit Selbstbezichtigungen und Vergleichen aufhören.

Erweitern Sie die Liste ferner um «Ich schätze an mir ...» Etwa: «Ich schätze meinen Busen, weil er zu mir passt. Er ist klein und handlich. Und er schenkt mir Lust, wenn ich zulasse, dass mein Freund ihn streichelt.» Vielleicht ist das eine oder andere auch schätzenswert, weil es zu Ihren persönlichen Eigenheiten gehört?

An Tagen mit schlechtem Körpergefühl holen Sie die Liste einfach heraus.

4. Schritt: Hegen Sie Glaubenssätze, die Sie nur runterziehen, statt Sie zu motivieren? Etwa: «Bei mir machen Änderungen eh keinen Sinn (mehr)», «Was ich erreichen müsste, um zufrieden zu sein, ist einfach zu schwierig, zu spät, unerreichbar, ...» Analysieren Sie scharf: Stehen Ihnen eher Trägheit und Resignation im Weg, obwohl gewisse Änderungen durchaus machbar wären? Oder sollten Sie sich mit Ihren «Problemfeldern» aussöhnen?

Was denken Sie häufig, und was ist damit verbunden?

Beispiel: **Gedanke:** «Ich bin ja so fett.» **Annahme:** «Alle denken, ich bin verfressen, undiszipliniert und träge. Bevor ich nicht abgenommen habe, werde ich nicht richtig glücklich.» **Realistischer:** «Die Leute mögen mich, weil ich ein freundlicher, netter Mensch bin. Sie können nicht so etwas von mir denken. Ich drücke mich davor, mein Leben und mein Glück selbst in die Hand zu nehmen, und schiebe es auf mein Gewicht. Ich muss erkunden, warum ich mir kein Glück gönne.»

5. Schritt: Entspannen Sie sich (evtl. mit Hilfe der Selbstwahrnehmungsübung von S. 185). Atmen Sie tief ein. Stellen Sie sich dabei vor, Ihre Lungen mit Selbstannahme zu füllen. Atmen Sie Selbstkritik und -zweifel aus, lassen Sie sie frei.

Streichen Sie mit den Händen über die Stellen, die Sie nicht mögen. Streichen Sie die Ablehnung weg. Nun sagen Sie laut: «Obwohl ich ... (meinen Speck nicht mag, meine Brüste nicht so schön finde, ...), liebe und akzeptiere ich mich insgesamt. Es ist okay, dass nicht alles an mir perfekt ist.»

Falls es Ihnen zuerst noch etwas zaghaft über die Lippen kommt, wiederholen Sie es ein paarmal, bis es überzeugter klingt.

Mein Tipp: Schreiben Sie einen Brief – entweder an Ihren ganzen Körper oder an einen bestimmten Körperteil. Beispiel: «Lieber Bauch, es tut mir so leid, wie oft ich dich gehasst und beschimpft habe.» Dann lassen Sie Ihren Körper zurückschreiben, indem Sie Ihre nichtdominante Hand benutzen (sie hat eine stärkere Verbindung zu Ihren Gefühlen und Ihrem Unbewussten). Ihr Bauch hat möglicherweise eine ziemliche Wut auf Sie: weil Sie ihn ständig einziehen und verstecken, weil Sie ihn mal vollstopfen und mal hungern lassen.

Mehr Körperbewusstsein mit dem «Tag des Körpers»

Nehmen Sie einen ganzen Tag lang aufmerksam Ihren Körper wahr. Möchte er nach dem Aufwachen genüsslich gestreckt werden? Wie fühlen sich die kleinen Wasserstrahlen der Dusche auf der Haut an? Wie ist Ihre Körperhaltung beim Gehen, Stehen, Sitzen? Wie viele Muskeln bewegen sich wohl in Ihren Beinen, während Sie gehen oder Rad fahren? Ist es nicht toll, was für ein Wunderwerk so ein Organismus ist?

Werden Sie wachsam für seine Signale. Etwa für das mulmige Gefühl im Bauch, den Kloß im Hals, gedrückte Haltung, kalte Füße, feuchte Hände usw. Woran merken Sie, dass er müde ist und Ruhe braucht? Ist irgendwas blockiert, steif, tut etwas weh, fühlt sich etwas seltsam an? Was will der Körper Ihnen damit sagen? Wie reagiert er in bestimmten Situationen?

Mein Tipp Nr. 1: Wenn Ihr Körper signalisiert, dass etwas (für Sie) nicht stimmt – etwa durch Bauchgrummeln, Anspannung, Enge in Hals, Brust oder Unterleib, Zittern, Schwitzen u. Ä. –, dann will er Ihnen damit etwas sagen. Eine der besten Fragen, um die Botschaft zu entschlüsseln, lautet:

Was muss oder müsste ich tun, damit dieses Körperzeichen weggeht (oder nachlässt)? Oder mit Blick auf vergangene Situationen: Was hätte ich tun müssen?

Übrigens: Falls Ihre Antwort in Richtung «mich entziehen» geht: Ein Fluchtimpuls kann auch bedeuten, dass man sich vor einer unliebsamen Änderung scheut.

Optimal wäre, wenn Sie den «Tag des Körpers» auf mehrere Tage ausdehnen.

Mein Tipp Nr. 2: Achten Sie auch einen oder zwei Tage lang darauf, wie oft Sie unwillkürlich bestimmte Körperpartien betätigen. Viele Menschen tendieren in Situationen, die für sie irgendwie unangenehm sind, zu einer flachen Brustatmung und Anspannung gewisser Bereiche (Schultern, Hände, Gesichtsmuskeln, Beckenboden u. Ä.) – was die Gesamtanspannung noch verstärkt!

Übung «Entspannungsatmung»

Mit dieser Übung können Sie sich beruhigen oder «runterbringen», etwa nach einem stressigen Tag, sowie auch Ihre innere Mitte (wieder)finden, zu sich kommen, sich austarieren.

Legen Sie sich entspannt hin (später geht es auch im Sitzen), öffnen Sie den Hosen- oder Rockbund. Machen Sie die Augen zu. Legen Sie eine Hand auf die Mitte der Brust, die andere auf den Bauchnabel. Atmen Sie ein, zwei Minuten lang in dieser Position ein und aus, sodass Sie spüren, wie sich jeweils der Brustkorb oder der Bauch hebt und senkt. Atmen Sie nicht angestrengt, sondern versuchen Sie, den Atem fließen zu lassen. Verfolgen Sie den Luftstrom durch Nase, Hals, Lunge, Bauch und wieder zurück. Verbinden Sie das Einatmen im Geist mit dem Wort «ein», das Ausatmen mit «los(lassen)» oder «ruhig». Üben Sie so lange, bis Sie tatsächlich eine angenehme Ruhe verspüren. Vielleicht klappt es noch nicht beim ersten Mal – versuchen Sie es bald wieder.

Sie können die Übung auch mit angenehmen Bildern verknüpfen, etwa mit einem Blumenfeld, einem Baby, das gewiegt wird, einer schlafenden Katze. Möglicherweise gelingt es Ihnen im Laufe der Zeit, allein durch das Hervorrufen Ihres Lieblingsbildes Ihre Atmung zu beruhigen und zu vertiefen.

Mehr Zugang zu Ihrem Unterleib

Manche Menschen behandeln ihren Intimbereich, als ob er gar nicht richtig zu ihnen gehöre. Er wird täglich gereinigt und gelegentlich für Sex genutzt, aber ansonsten ist er quasi nicht da. Und manche haben ihn sich noch nie richtig angesehen, oder wenn, dann nur mit Befremden. Sie pflegen ihre Füße oder Hände (oder ihre Wohnung und ihr Auto!) liebevoll und ausgiebig, aber ihre Genitalien behandeln sie stiefmütterlich – obwohl die weit sensibler sind und so viele gute Gefühle schenken können. Tatsache ist: Wie man / frau selbst damit umgeht, so geht auch oft der Partner damit um. Denn wer ein lebendiges und sorgsames Verhältnis dazu hat, wird nie zulassen, dass etwas damit gemacht wird, was nicht guttut.

Hausaufgabe: Spüren Sie öfter am Tag bewusst hinein, wie es sich in Ihrem Intimbereich gerade anfühlt, und mindestens einmal am Tag (z. B. abends vor dem Einschlafen oder morgens nach dem Aufwachen) legen Sie eine Hand darauf und halten oder streicheln die Zone an verschiedenen Stellen – nicht unbedingt zum Zwecke der Erregung oder des Orgasmus, sondern einfach wie etwas, was Sie gernhaben und dem Sie Gutes tun wollen.

Übung «In Körperbereiche hineinatmen»

Ein Klient sagte mir einmal: «Ich habe oft das Gefühl, zwischen meinem Hirn und meinem Unterleib ist ein Strömungsabriss.» Das ist bei Männern mit Erektions- oder Orgasmusproblemen oft der Fall – genauso wie bei Frauen mit Empfindungsstörungen im Intimbereich. Doch auch viele andere haben keinen guten Zugang zu ihren Lustorganen – sie können sie nicht so deutlich spüren wie etwa den Fuß oder den Kopf. Dies gilt vor allem, wenn die Genitalien praktisch nur beim Sex wahrgenommen werden und sonst vom Körpergefühl abgespalten sind. Meist ist auch die Beckenbodenmuskulatur entweder unterentwickelt oder chronisch verspannt. Das eine behindert Lust und Höhepunkt, das andere sorgt für Schmerzen und Blockaden.

In all diesen Fällen hilft es zu lernen, bis in den Beckenboden zu atmen; dann geraten Bauch und Unterleib in Schwingung, lockern sich und füllen sich mit Vitalität. Schöne Empfindungen werden besser übertragen und die Genitalien werden lustempfänglicher.

Zuerst üben Sie es «im Trockenen», also ohne sexuellen Zusammenhang. Der Anfang der Übung ist wie bei der «Entspannungsatmung», die weiter oben auf Seite 215 beschrieben ist. Und wenn Sie eine schöne volle Bauchatmung erreicht haben, versuchen Sie so tief in den Bauch einzuatmen, dass Sie richtig spüren, wie der Beckenboden sich nach unten wölbt. Legen Sie eine Hand in den Schritt und fühlen Sie das Vorwölben. Beim Ausatmen ziehen Sie den Beckenboden wieder ein bisschen hoch. Auch das müssten Sie mit der Hand spüren können.

Sobald das gut klappt (üben Sie ruhig mehrere Tage hintereinander), stellen Sie sich vor, dass Sie in Ihre Genitalien hineinatmen ... wie der Atem durch Bauch und Unterleib bis in die Vulva oder den Penis fließt; Mutige setzen sich mit geöffneten Beinen nackt vor einen Spiegel und schauen zu, wie ihre Genitalien sich dabei bewegen.

Atmen Sie im Geiste auch Vitalität, Gesundheit und Lust in Ihren Unterleib und Ihre intimen Organe oder was auch immer Sie dort haben wollen. (Sie können übrigens auch in andere Körperbereiche atmen, etwa in die Hände und Füße!)

Wer die Unterleibsatmung schon recht gut beherrscht, kann sie auch im Alltag machen, etwa bei der Hausarbeit oder beim Fernsehen. Wenn man sie oft genug übt, geht sie einem in Fleisch und Blut über.

Nächste Stufe: Sie wenden die Unterleibsübung an, während Sie sich selbst stimulieren. Achten Sie einmal darauf, ob es Ihre Empfindungsfähigkeit verbessert (öfter probieren!).

Letzte Stufe: Sie wenden diese Atmung an, während Ihr Schatz Sie mit der Hand oder dem Mund verwöhnt oder während Sie miteinander schlafen. Weihen Sie ihn vorher ein, dann wundert er sich nicht, falls vor lauter Konzentration aufs Atmen die Erregung schwächelt.

Bewegung und Sport

Eine der wirkungsvollsten Methoden, sein Selbstbewusstsein und Körpergefühl zu verbessern, ist Sport. Manchen tut Yoga oder Pilates gut, andere brauchen eher Bewegungsarten, die schneller, «spannender» oder auch gut zum Abreagieren sind. Allein schon ein beweglicher und zugleich kraftvoller Körper fühlt sich so gut an!

Zu den angenehmen Nebeneffekten von regelmäßiger Bewegung und Sport gehören:

- Die erhöhte Körpertemperatur hilft zu entspannen, und Berührungen fühlen sich besser an.
- Die Kontrolle über den eigenen Körper erhöht auch das Gefühl der inneren Sicherheit.
- Hormone werden ausgeschüttet, die entspannt, ausgeglichen und glücklich machen sowie Stress und Angst entgegenwirken.
- Man wird stolz auf seinen Körper sowie auf die neuerworbenen Fähigkeiten.
- Der Körper wird schlanker, fester, straffer – man fühlt sich attraktiver und erotischer.

Übung «Geerdetes Stehen»

Diese Übung hilft Ihnen, sich zu «erden» und zugleich eine «aufrechte» Haltung zu finden.

Nehmen Sie einen stabilen Stand ein: Füße hüftbreit aufstellen, Rücken und Kopf gerade halten, Arme locker hängen lassen. Achten Sie auf eine symmetrische Haltung. Spüren Sie, wo Ihre Fußsohlen auf dem Boden aufliegen. Stellen Sie sich vor, Ihre Füße seien mit der Erde verwurzelt und Sie könnten über diese Wurzeln (Ver-)Spannungen in den Boden ableiten.

Stehen Sie entspannt, aber aufrecht, als ob am höchsten Punkt Ihres Kopfes eine Schnur befestigt wäre, die Sie ganz sachte nach oben zieht. Diese Schnur ist aus Ihrer inneren Kraft erwachsen. Zugleich sind Sie über die Füße erdverbunden und stabil.

Aus dieser Position heraus können Sie auch sanft mit dem Oberkörper und / oder der Hüfte pendeln und sich vorstellen, dass Ihr Körper immer wieder in seine Mitte zurückpendelt. Erspüren Sie Ihre Mitte? Wo befindet sich Ihre? Sie ist nicht bei allen Menschen an derselben Stelle.

Kapitel 11

REDEN SIE FREI ÜBER SEX?

Zur Frage, wie man den Sex verbessern kann, rät fast jeder Sexberater und fast jedes Sachbuch: Reden Sie offen darüber. Aber warum muss das wieder und wieder betont werden? Eigentlich haben wir es doch schon längst kapiert, oder? Dennoch redet über die Hälfte der Deutschen so gut wie nie über ihre eigene Sexualität, und vom Rest tun es viele auf die falsche Art: zu negativ, zu unklar, eher in Form von Witzen, Prahlereien, nebulösen Andeutungen und Beschönigungen oder als Meckern über das Unerwünschte. Zu wenige reden offen darüber, was sie in Sachen Sex wirklich bewegt, was sie ängstigt, kränkt oder ihnen fehlt. Das ist nämlich manchmal verdammt schwer. Und zwar aus vielen Gründen. Prahlen, Witzeln und Umschreiben entstehen aus Unsicherheit, undiplomatische Äußerungen unter anderem aus aufgestautem Frust und mangelnder Übung beim Sextalk. Schweigen wiederum kann damit zu tun haben, was Ines beschreibt: «*Es fällt mir unheimlich schwer, mit Jens über ‹mein Sexproblem› zu reden. Weil dann noch klarer wird, dass ICH diejenige bin, mit der was nicht stimmt. Und wenn wir explizit darüber reden und Lösungen suchen, habe ich Angst, dass er auf eine Veränderung wartet. Und das macht mir dann wieder Druck. Was, wenn sich so schnell nichts ändert?*»

Nun: Die Folgen des Nicht-Redens sind weitaus schlimmer. Und wie ich schon in Kapitel 3 gesagt habe: Wer ein Problem lösen will, muss es erst einmal akzeptieren und dazu stehen. Und wenn Ihr Partner Sie liebt, wird er sich weder von dem Problem abschrecken lassen noch davon, dass sich nicht gleich etwas tut.

Noch mehr Menschen schweigen, weil sie sich nicht trauen, ihren eigenen sexuellen Stil zu kommunizieren – man könnte damit beim

Partner ja auf Ablehnung stoßen. Dieser Glaube ist manchmal so tief verwurzelt, dass er – realistisch betrachtet – geradezu abstrus ist, wie z. B. bei David (S. 166). Oder bei Vera, die ihren Freund früher alles machen ließ, ohne je zu signalisieren, was ihr gefallen würde oder was nicht. Auf diese Weise hatten die beiden nur «seinen» Sex oder eine seltsame Mischung aus «seinem Sex plus Sex, von dem er mutmaßte, dass er ihrer sein könnte». Dass so etwas nur selten zu ekstatischen Höhenflügen führt, versteht sich von selbst.

Viele wiederum können recht gut über das reden, was sie *nicht* wollen, aber kaum über das, was sie wollen, denn dann liefe man ja Gefahr, sich eine Abfuhr zu holen, und sei es auch nur, dass der Partner halt gerade keine Lust hat. Die Angst vor dieser «Gefahr» wiegt schwerer, als sich seine Wünsche verkneifen zu müssen. Letztlich ist aber der Preis für diese Vermeidungsstrategie zu hoch, weil mindestens einer der beiden Beteiligten irgendwann mit dem Liebesleben sehr unzufrieden sein wird – noch häufiger beide.

Natürlich kann man vieles auch mit Körpersprache und Tönen ausdrücken. Dies ist aber oft nicht eindeutig genug, und es birgt noch eine Gefahr: Viele Menschen (überwiegend Frauen) denken, der Partner *müsse* doch mitkriegen, wie er vorgehen soll. Daher warten sie so lange damit, ihre Korrekturen offen auszusprechen, bis sich ein dicker Sack voller Groll in ihrem Inneren angesammelt hat, der sich dann patzig über dem armen, verdatterten Partner entlädt. Aber Vorwürfe und schnippische Bemerkungen lösen nicht grade das Bedürfnis nach Entgegenkommen aus, im Gegenteil.

Das Wichtigste an guter Sexkommunikation ist also, seine Wünsche und Korrekturen so anzubringen, dass der andere 1. seine Würde behält und dass es ihm 2. nicht zu schwergemacht wird, anderer Meinung zu sein oder etwas anderes zu wollen. Versuchen Sie es mit Charme, Feingefühl und einer Prise Verschmitztheit. Etwa: «Süßer, es ist toll, was du mit der Zunge alles so kannst, und ich finde Abwechslung super, aber auf der Zielgeraden zum O brauche ich ganz langweilig immer das Gleiche.»

Gehen Sie nicht davon aus, dass Ihr Partner über Sie oder über Sexualität speziell Bescheid wissen müsste. Natürlich sollten Sie mit ihm oder ihr auch nicht wie mit einem Anfänger reden. Doch wenn Sie merken, dass es Synchronisationsprobleme gibt, ist es immer gut, ihm oder ihr zu erklären, wie man tickt. Vor allem Frauen, die schwer in Erregung kommen und ihre Lust oder ihren Körper als kompliziert empfinden, sollten dem Mann auch während der sexuellen Aktion viele Rückmeldungen geben, z. B. dass er fester oder leichter stimulieren soll, eine andere Stelle nehmen soll (höher, tiefer usw.), dass sie mehr Feuchtigkeit brauchen (z. B. Gleitgel), dass sie eine andere Stellung testen wollen usw.

Ein weiterer Grund für das Schweigen ist mangelnde Kritikfähigkeit: Hatten Sie schon mal einen Partner, der überempfindlich auf alles reagiert, was auch nur in leisestem Ansatz nach Kritik riecht? Da wird sogar schon Ihre Hand, die seine / ihre Hand stoppt, als verletzend empfunden. Oder ein «Heute nicht, Schatz» als persönliche Zurückweisung aufgenommen. Es gibt auch viele Männer, die im Interview mit mir gerne betonen, dass sie es toll finden, wenn eine Frau ihre Wünsche äußert. Aber wehe die Bettgefährtin sagt dann mal, was ihr nicht gefällt: Dann wird sie von ebendiesem Typen gemaßregelt und muss sich Vorwürfe anhören wie etwa: «Du hast vielleicht 'ne Menge Ansprüche!», «Dir kann man's auch nicht recht machen» oder «Andere Frauen waren da aber einfacher». Es ist noch eher nachvollziehbar, wenn solche Kritik an Menschen gerichtet wird, die in einer ständigen Abwehrwehrhaltung verharren, aber manchmal stellt sich das Ganze auch ähnlich wie folgt dar:

Eine meiner Bekannten hatte einen neuen Freund, der trotz wiederholter dezenter Hinweise einfach nicht verstand, dass sie in ihrem Intimbereich nur sehr zart angefasst werden wollte. Offensichtlich fehlte ihm das Fingerspitzengefühl, denn trotz verbaler und nonverbaler Winke verfiel er immer binnen Sekunden in heftige Bewegungen, die eher an Topfschrubben erinnerten. Als sie ihn dann zum etwa zehnten Mal bat, die Bewegung sanfter zu gestalten, erwiderte er patzig: «Bis jetzt war jede Frau mit mir zufrieden, nur *du* hast dauernd etwas auszusetzen. Mach's dir doch selbst.»

Die Frage ist, ob man seine Korrekturen und Wünsche in so einem Fall *noch* vorsichtiger anbringen sollte; die Krux ist nämlich: Wer zu vorsichtig und zu indirekt spricht, wird oft nicht richtig verstanden. Außerdem fragt sich ja auch, ob ein dermaßen überempfindlicher, kritikunfähiger Partner überhaupt der richtige ist. Aber das ist ein anderes Thema. Meine Bekannte löste es schließlich so, dass sie nicht mitten in einer sexuellen Situation darüber redete, weil er sich dann zu direkt angegriffen fühlte. Sie sagte ihm stattdessen bei einem netten Abendessen, dass sie eben zur ganz zarten Sorte gehöre, und demonstrierte an seinem Arm, *wie* zart sie angefasst werden wollte. Dies musste sie zwar noch mal wiederholen, dann hatte er es aber kapiert. (Lange blieben sie trotzdem nicht zusammen.)

Geht es um konkrete Kritik (und nicht nur um Korrekturen und Wünsche), ist noch viel mehr Feingefühl verlangt. Denn wenn wir davon ausgehen, dass Kritik für die meisten Menschen schon im Alltag nicht leicht wegzustecken ist, gilt das für Kritik im intimen Bereich um ein Vielfaches. Nehmen wir mein Erlebnis mit 25: Mein Damaliger sagte zu mir: «Du bist im Bett echt langweilig, und deine Muschi ist hässlich.» Leider sind die wenigsten von uns in der Lage, dann angemessen zu reagieren – denn bei so einem Angriff schaltet unser Hirn meist automatisch auf Ducken, Verteidigung, Gegenangriff oder man hat einen Totalaussetzer. Und da man nur selten einen direkten Vergleich hat, kommt ja sofort auch die Befürchtung auf, dass die anderen das auch so sehen, nur hat es einem bisher keiner gesagt.

Die *angemessene* Reaktion wäre entweder, keine weitere Minute seines Lebens mit so einem Kotzbrocken zu verbringen und ihn rauszuwerfen, oder tief durchzuatmen (immer wichtig!) und ihm zu sagen: «Du Volldepp, wer bist du, dass du dir einbildest, du könntest mir ein vernichtendes Pauschalurteil über meine Muschi und meine Bettqualitäten um die Ohren hauen? Formuliere es gefälligst auf dich bezogen: ‹Ich finde, dass du da ein bisschen merkwürdig aussiehst und dass du im Bett immer das Gleiche machst›. Und selbst das ist noch viel zu verletzend formuliert. Wozu soll so ein Negativ-Urteil gut sein? Willst du mich niedermachen, um dich selbst besser zu fühlen? Dann stimmt mit dir etwas nicht.» (Überhaupt, diese typischen Pauschalaussagen wie «Du machst nie ...», «Du bist immer so ...» – selbst wenn die stimmen, bringen sie wenig.)

Am besten ist es, herabsetzende Aussagen ganz wegzulassen und stattdessen zu sagen, was man persönlich besser fände (also auch hier keine Pauschalformulierung verwenden!): «Für mich ist allzu viel Schamhaar kein so schöner Anblick. Meinst du, du könntest mir zuliebe einen Teil davon wegmachen?» und «Mir würde es sehr gefallen, wenn wir mehr Abwechslung in unser Liebesspiel reinbringen.»

Rede-Basics

Rede-Basic 1: Formulieren Sie erst einmal Ihr Anliegen klar und deutlich. Richten Sie dabei Ihren Fokus auf Ihre Ziele, nicht auf das Unerwünschte – und das möglichst nicht aus der Perspektive Ihres Partners, sondern aus Ihrer eigenen. Wenn Sie z. B. meinen: «Meine Frau hat nie Lust», formulieren Sie lieber: «Ich wünschte, meine Frau hätte mehr Lust.»

Jetzt noch einmal konkreter und dabei liebevoll, respektvoll, positiv: «Ich hätte gerne mehr sexuelle Aktivitäten mit meiner Frau, aber sie möchte nicht so viel wie ich.»

Und nun eine detaillierte Beschreibung:

«Ich hätte gerne etwa zweimal die Woche Verkehr und etwas mehr Abwechslung, z. B. mehr Stellungen, Sex an anderen Orten als nur im Bett, Oralverkehr. Außerdem wünsche ich mir, dass sie in mindestens einem von drei Malen die Initiative ergreift.»

Nun wissen Sie aber, dass Sie das alles Ihrer Frau nicht so platt sagen können, weil sie diese Dinge im Grunde schon weiß und Sie sie auch nicht unter Druck setzen wollen, da das ihre Lust nur noch mehr schmälert. Sie können dann entweder

a) Ihre Ziele in kleine Schritte aufteilen, die sie nicht überfordern werden (sie etwa fragen, warum sie nicht öfter die Initiative ergreift), oder

b) Sie erstellen eine Liste, auf der Sie möglichst viele Faktoren sammeln, die Ihre Frau davon abhalten, Ihnen sexuell entgegenzukommen; und dann finden Sie zu jedem Punkt mindestens einen möglichen Lösungsweg, setzen schrittweise etwas davon um und warten ab, ob sie nun mehr auf Sie eingeht.

So erhalten Sie auch die besten Grundlagen für ein Gespräch.

Rede-Basic 2: *Niemals drängeln.* Die meisten Menschen, vor allem Frauen – falls sie nicht grade eine devote Neigung haben – hassen es, zu sexuellen Dingen gedrängt oder genötigt zu werden. Sie mögen nicht einmal indirekten Druck durch wiederholte Andeutungen. Entsprechend können Sie zwar Ihre Vorlieben nennen, doch wenn sich daraufhin wenig tut, können Sie davon ausgehen, dass die Gegenseite es nicht zu geben bereit ist (zumindest nicht oft). Sie weiß bereits, dass Sie es mögen, und sie wird es Ihnen auch geben, wenn ihr danach ist, aber das ist vermutlich weniger, als Sie gern hätten. Falls Sie dann aber keine Ruhe geben, wissen Sie ja eigentlich, was passiert: Es kommt entweder zu einer Totalblockade, oder sie gibt es Ihnen widerwillig, und genau so fühlt es sich auch an.

Rede-Basic 3: Es darf niemand zum Reden genötigt werden. Wenn Ihr Bettgefährte ungern über Sex kommuniziert (ob mit Worten oder auch ohne), könnten Sie zuerst einmal versuchen, sehr vorsichtig herauszufinden, *warum* er ungern drüber redet.

Rede-Basic 4: Lösungsorientiert kommunizieren. Wenn Ihre übliche Art viel zu wenig fruchtet, dann treten Sie diese Art in die Tonne und legen sich eine zu, die vielversprechender ist. In diesem Kapitel und im Buch insgesamt finden Sie eine ganze Reihe von Vorschlägen. Generell ist es förderlich, einen eher heiklen Wunsch, eine Absage oder Kritik mit einer Begründung und einer Alternative zu verbinden (z. B. «Mir wäre lieber, ... weil ...» – «Wenn wir heute ..., dann können wir morgen ...»).

Rede-Basic 5: Falls man Ihnen entgegenkommt: Machen Sie es ja nicht zunichte, indem Sie nach dem Motto «Das wurde aber auch mal Zeit!» reagieren. *Der einzige Weg, jemanden zu motivieren und anzuspornen, ist Wert-*

schätzung. Tun Sie, als wäre etwas ganz Großartiges geleistet worden. Vielleicht finden Sie das übertrieben. Egal. Es kostet nichts und bringt enorm viel. Viele Menschen befürchten: Wenn sie sich sogar für kleine Dinge dankbar zeigen, meint der andere, er müsse sich nun nicht mehr engagieren – aber das trifft ja selten zu.

«Ich habe gar kein Problem damit, über Sex zu reden», sagte ein Klient von mir und fügte stolz hinzu: «Ich bin ein sehr direkter Mensch.» Damit meinte er: «Ich traue mich, geradeheraus zu sagen, was ich denke, will, doof finde.» Und doch hatte er Kommunikationsprobleme: Seine Partnerinnen waren oft pikiert, fühlten sich angegriffen und / oder reagierten latent aggressiv. Denn er war zu freiheraus, entließ die Worte aus seinem Munde, ohne darüber nachzudenken, wie sie vielleicht bei seinem Gegenüber ankommen könnten. Als ich ihn drauf aufmerksam machte, sagte er typischerweise: «Aber ich will mich nicht verbiegen, und ich werde doch wohl noch meine Meinung sagen dürfen.» Nun, man kann seine Meinung auf vielerlei Arten sagen: etwa grob-unüberlegt oder taktvoll-liebenswürdig. Es ist absolut möglich (und wichtig!), eine Beobachtung oder Kritik so zu äußern, dass der andere sein Gesicht wahren kann. Beispiele:

Grob-unüberlegt: «Du bist immer so passiv beim Sex – das törnt mich echt ab!»

Taktvoll-liebenswürdig: «Magst du mal versuchen, dich beim Sex ein bisschen mehr einzubringen, durch Aktivität und Ideen? Das würde mir gut gefallen!», oder «Mir fällt auf, dass du bei unserem Sex eher zurückhaltend und abwartend bist. Ist es schwer für dich, selbst aktiver zu werden, oder ist das einfach deine Art?»

Versuchen Sie auch, nicht darauf Bezug zu nehmen, was andere Leute über Sex denken oder wie sie das halten, sondern formulieren Sie es von Ihrer persönlichen Warte aus. Also nicht «Der Mann meiner Freundin streichelt sie immer stundenlang, das ist doch normal, wenn man jemanden liebt», sondern besser «Für mich ist es das

Schönste, wenn du mich lange streichelst, weil ich mich dann geliebt fühle». Vermeiden Sie die Wörter «man» und «muss».

Überhaupt: Vergleiche mit Ihren Verflossenen, mit Personen, die Sie kennen, oder solchen, die Ihnen wo auch immer begegnet sind, bringen Ihren Partner in eine unangenehme Konkurrenzsituation und geben ihm auch das Gefühl, nicht gut genug zu sein. Günstiger sind liebevolle Bitten und Vorschläge, die möglichst offen formuliert sind.

Am besten klappt die Kommunikation über sensible Themen, wenn Sie Ihren Partner ausreden lassen und das Gesagte nicht bewerten. Bedenken Sie, dass man eine Bewertung oft schon durch Mimik, Gestik und Töne abgibt. Ich führte einmal ein Beratungsgespräch mit einem Paar, das erhebliche Probleme hatte, und während der Mann seine Sicht der Dinge schilderte, saß die Frau ihm gegenüber und machte nicht nur ein unfassbar missbilligendes Gesicht, sondern gab auch ständig «Pfff»-Laute von sich.

Doch nur eine wertfreie, tolerante Gesinnung beim Zuhören ermöglicht es dem anderen, frei mit der Sprache herauszukommen, damit Sie beide überhaupt einen klaren Zugang zu Ursache und Lösung des Problems haben. Versuchen Sie auch innerlich eine offene Haltung anzunehmen, während Ihr Schatz etwas über Ihr gemeinsames Liebesleben sagt, selbst wenn es zunächst Kränkung oder Widerspruch in Ihnen auslöst. Sobald Sie merken, dass etwas sich beim Zuhören wehren oder sperren will, lehnen Sie sich zurück, atmen Sie tief durch und entspannen Sie innerlich; beschließen Sie, offen für die Worte Ihres Partners zu sein, selbst wenn er nicht in der Lage ist, sich diplomatisch auszudrücken. Widerstehen Sie mit aller Kraft dem Drang zu widersprechen oder bewertende Gesten, Worte, Laute zu machen. Ihr Gegenüber hat jedes Recht, etwas anders zu sehen und zu empfinden als Sie, denn wie Sie wissen, besteht eine gute Beziehung keineswegs darin, immer dasselbe zu wollen oder zu denken.

Falls Sie zu der verbreiteten Spezies derer gehören, die dazu neigen, dem anderen rasch ins Wort zu fallen, bitte ich Sie: Hören Sie manchmal einfach nur zu. Man muss nicht alles sofort kontern oder richtigstellen (es hat eh jeder seine eigene Wahrheit). Man kann das Gesagte auch einfach einmal unerwidert stehen lassen oder erst am nächsten Tag etwas dazu sagen. Lassen Sie es auf sich wirken und versuchen Sie, den Kern der Botschaft in Ihr System eindringen zu lassen.

Andere Menschen wiederum müssen lernen, dem Partner etwas zuzumuten, etwa ihn mit unbequemen Dingen zu konfrontieren, und dazu gehört auch, es aushalten zu können, dass man dann manchmal nicht gut dasteht – aber das ist ja nur für einen Moment. Das ist unterm Strich besser, als wichtige Botschaften und Korrekturen zu unterdrücken. Denn das Ungeklärte, Unterdrückte und Unkorrigierte fault und gärt im Untergrund und vergiftet nach und nach die Beziehung.

In der Ruhe liegt die Kraft

- Lassen Sie sich nicht von Ihrem Partner aus dem Gleichgewicht bringen. *Eine der entscheidenden Fähigkeiten in einer Partnerschaft ist, sich bei Konflikten schnell und nachhaltig zu beruhigen!*
Denn nur dann sind in Ihrem Gehirn genügend Kapazitäten frei, um Handlungsalternativen zu finden. Wenn wir angegriffen, gekränkt, gegängelt oder sonst irgendwie unschön behandelt werden, neigen wir dazu, «automatisch» zu reagieren – meist mit den Mechanismen, die wir in der Kindheit entwickelt haben. Aber die sind für eine erwachsene Partnerschaft oft ungeeignet. Ein innerliches Beruhigungs-Mantra wie «Ich bin ganz gelassen», das Sie im Geiste zu sich selbst sagen, kann dabei helfen, doch wirkungsvoller ist oft das hier:

Der «Rausgeh-Kniff»

Ziehen Sie sich aus der Situation heraus, wenn Sie merken, dass negative Gefühle in Ihnen hochkommen. Gehen Sie also kurz aus dem Raum, etwa in die Küche, um etwas zu trinken zu holen, oder ins Bad. Dort sagen Sie sich «Stopp!», atmen tief durch und dann «Ich beruhige mich – ich bin ruhig –

gaaanz ruhig ...». Überlegen Sie nun, was jetzt angesagt ist: «Was will ich und was erfordert die Situation? Was ist mein üblicher Handlungsimpuls, und wie kann ich jetzt anders, partnerschaftlich, reagieren?»
Wenden Sie diesen Kniff an, sooft er nötig ist. Teilen Sie auch Ihrem Partner mit, dass Sie ihn anwenden. Kündigen Sie eventuell an: «Ich muss jetzt mal kurz rausgehen, um mich zu beruhigen.»

- Weder Sie noch Ihr Partner werden ausschließlich von böswilligen oder rein egoistischen Motiven geleitet – sondern auch ganz stark von (meist) unsichtbaren Ängsten. Suchen Sie sie und finden Sie dadurch den Schlüssel zur Lösung vieler Dinge. Dabei hilft:

Übung: «Die Welt von oben»
Sie befinden sich grade in einer Konfliktsituation (Erinnern Sie sich: «Konflikt» bedeutet nicht unbedingt eine konkrete Auseinandersetzung mit dem Partner, sondern im Grunde «widerstreitende Interessen», vielleicht sogar nur in Ihrem Innern). Steigen Sie – egal wie es gerade wirken mag – auf einen Stuhl oder besser noch auf einen Tisch, und stellen Sie sich vor, wie es war, als Sie vorhin dort unten saßen oder standen und diesen Konflikt oder diese Missstimmung hatten. Betrachten Sie diese Szenerie von oben, wie ein Beobachter, der sich das Ganze sozusagen von einer erhöhten Warte aus anschaut. Das heißt, Sie treten auch innerlich ein Stück zurück, denn mit etwas Abstand kann man grade emotionale Situationen meist besser beurteilen. Was ist «da unten» gerade los? Warum agieren die Beteiligten, wie sie agieren? Steckt z. B. hinter der Aggression oder dem Mauern auch Unsicherheit oder Traurigkeit?

- Zügeln Sie bei Knatsch unbedingt Ihre Emotionen. Manche denken, es wäre wichtig, sie rauszulassen, und in einer Therapie können Sie das auch gerne tun. In einer Auseinandersetzung jedoch gießt es lediglich Öl ins Feuer. Selbst in friedlichen Situationen müssen wir unsere Emotionen ja so dosieren, dass der Partner sie verkraften kann.

Maßgeblich ist auch der Tonfall: Kommandieren wie ein Feldwebel, meckern wie eine Zicke oder sanft säuseln wie ein Verliebter – raten Sie mal, welche Form am ehesten auf fruchtbaren Boden fällt.

Ein anderes Problem besteht darin, die richtigen Worte zu finden. Die einen reden zu lieb und zu kindlich, da kommt dann was raus wie «Lulli» (= Penis), «Mumu» (= Vulva), «Bobbesch» (= Po) und «Kuscheln» (= Beischlaf). Manche verfallen sogar komplett in eine Kindchensprache. Auch hier rutscht man, wie so oft, auf eine infantile Ebene – als wollte man sagen: «Ich bin doch noch so klein und unschuldig, ich habe nichts Böses oder Schmutziges im Sinn – bitte denk nichts Schlechtes von mir.»

Andere wiederum reden wie im Porno. Es mag zwar in manchen Kreisen zum Teil sogar schon unter Kindern üblich sein, mit Worten um sich zu werfen wie «Fotze», «Schlampe», «Hure», «Bumsen», «Ficken», «Arschficken» usw., aber Menschen mit niveauvollerem Sprachgebrauch gefriert dabei das Blut in den Adern, vor allem wenn solche Wörter direkt an ihn oder sie gerichtet sind (Anmerkung: Ich spreche gerade von normaler Kommunikation über Sex, nicht von Dirty Talk).

Mein Tipp: Einigen Sie sich mit Ihrem Schatz auf eine Sprache, die zwar erwachsen ist, aber bei beiden nicht zu derb rüberkommt. Fragen Sie ruhig nach, welche Ausdrücke er oder sie mag und welche nicht. Bereichern Sie Ihren Wortschatz und Ihren Gesprächsstoff durch das gemeinsame Lesen von Ratgebern ...

Wie bringe ich meinem Schatz bei, dass ich Lust auf etwas Spezielles habe?

Ich erkläre es Ihnen am Beispiel von Werner (52):

«Ich hatte eigentlich schon immer eine Vorliebe für FKK, habe sie aber bisher aus Rücksicht auf meine Frau unterdrückt, denn sie hat überhaupt nichts dafür übrig. Letztes Jahr packte es mich dann aber doch, und ich ging nach der Arbeit zu einem FKK-Platz. Das war ein so tolles Erlebnis, dass ich mittlerweile schon

öfter dort war. Ich habe auch schon einige Nacktspaziergänge gemacht und lebe die inzwischen zur Leidenschaft gewordene Vorliebe so gut es geht heimlich aus. Nur habe ich diese Heimlichkeiten allmählich satt. Wie soll ich es meiner Frau beibringen, ohne einen Riesenkrach heraufzubeschwören?»

Ich schrieb ihm zurück: «Ich an Ihrer Stelle würde versuchen, meinen Partner erst einmal vorsichtig darauf anzusprechen, und zwar nach dem ‹Was-wäre-wenn-Prinzip›. Das könnte z. B. dergestalt aussehen:

‹Du weißt ja schon länger, dass ich ein Fan von FKK bin. Und mir ist klar, dass du es nicht toll findest. Das akzeptiere ich auch und erwarte auf keinen Fall, dass du dich deswegen mir zuliebe verbiegst. Aber bei mir selbst ist das Bedürfnis trotzdem nach wie vor da. Ich mag es einfach, in der Natur zu sein, so wie die Natur mich geschaffen hat – das gibt mir ein elementares Körpergefühl. Wäre es für dich okay, wenn ich ab und zu allein zu einem FKK-Platz gehe?›

Sagen Sie auf *keinen Fall*, dass Sie bereits dort waren (Ihre Frau würde sich hintergangen fühlen), erzählen Sie nicht einmal, dass Sie von so einem Platz gehört haben. Stellen Sie einfach obige Frage und sagen Sie nichts weiter. Es kann sein, dass Ihre Frau erst einmal gar nichts sagt oder ablehnend reagiert. Dann warten Sie einfach ab, mindestens zwei Wochen. Es kann nämlich sein, dass sie es dann doch in Ordnung findet. Vielleicht hakt sie auch nach, ob Sie beim FKK vielleicht andere Frauen anmachen wollen. Verneinen Sie das entschieden und bleiben Sie bei der Version mit dem elementaren Körpergefühl, dem Naturgefühl oder was auch immer am besten zu Ihrem Wesen passt. Sie können ihr dann auch vorschlagen, dass sie wenigstens einmal an ‹irgendeinen› FKK-Ort mitkommt, um zu sehen, dass dort nichts Anrüchiges geschieht.»

Kapitel 12

KÖNNEN SIE SICH FALLEN LASSEN?

«Warum kann ich mich nicht einfach fallen lassen?» Sie ahnen gar nicht, wie oft ich diesen Stoßseufzer höre! Die Antwort ist: Weil es oft nicht «einfach» ist. Sehr weit verbreitete Dinge können das verhindern, fast alle fanden bereits Erwähnung in diesem Buch. Falls das Problem nur manchmal auftaucht, fühlen Sie sich vielleicht in diesem einen Moment nicht wohl, und andere Einflüsse sind gerade stärker, etwa Stress, Ärger, Sorgen, oder auch Schmerzen, laute Geräusche, Zeitdruck, Kälte, Hitze, Durst ...

Wenn die Störfaktoren sich beseitigen lassen, dann tun Sie das, es sei denn, der wahre Grund ist, dass Ihr innerer Schalter auf Nein steht – dazu konnten Sie in Kapitel 5 schon etliches lesen. Hingabe und die Fähigkeit, sich fallen zu lassen, hängen größtenteils davon ab, ob man zum Sex, zum Partner, zur Situation und zu sich selbst (auch als sexuelles Wesen) ja sagt. Und um sich von der Lust leiten zu lassen, ist es natürlich nötig, dass Sie überhaupt genug Lust haben! Das heißt: Alles, was die Lust behindert, kann auch die Hingabe behindern.

Können Sie sich kaum oder nie fallen lassen, ist (Selbst)Kontrolle beim Sex für Sie sehr wichtig. Etwa weil etwas in Ihnen meint, aufpassen oder sich schützen zu müssen; vielleicht, weil Sie Glaubenssätze hegen, die Ihnen nicht erlauben, sich gehen zu lassen; vielleicht führt ein Mangel an Selbstwertgefühl zu ständiger Selbstbeobachtung o. Ä.

Vera hat seit Beginn der Beratung einige der Dinge geändert, die sie bisher vom Kommen abhielten, und sie kann immerhin berichten, ihre Erregung gehe inzwischen oft «bis kurz vorm Platzen», doch das letzte Quäntchen zum erlösenden Orgasmus fehlt nach wie vor.

«Können Sie sagen, wo die Erregung steckenbleibt?», frage ich sie. «Wo sitzt die größte Anspannung?»

«In Beckenbereich und Vagina», antwortet Vera. «Aber auch im Brustbereich – die Atmung wird sehr heftig und flach.»

Ich empfehle ihr die Atemtechniken, die auf S. 210 und 215 beschrieben sind. Und ich hake nach: «Was könnte Schlimmes oder Unangenehmes passieren, wenn Sie kommen?»

«Ich bin ihm ausgeliefert. Das fühlt sich irgendwie unheimlich an.»

Ein wichtiger Punkt! Bei Vera ist die *Angst vor Kontrollverlust und vor dem Ausgeliefert-Sein* in ihr selbst begründet, denn ihr Freund ist liebevoll und einfühlsam, wenn sie ihn daran teilhaben lässt, was gerade mit ihr los ist.

Was könnte passieren, wenn man die Kontrolle ab- oder aufgibt?

Hinter der Angst vor Kontrollverlust stehen meist tiefer liegende Ängste, wie die vor Ohnmacht, vor Chaos oder davor, dass einem Unangenehmes widerfährt – wobei es oft gar nicht so sehr um die Erfahrung des Unangenehmen selbst geht, sondern um ein tiefverwurzeltes Gefühl. Bei der dominant-zickigen Dörte aus Kapitel 2, die auch ein Problem mit Hingabe hat, geht es im Kern darum, dass sie das jüngste von vier Geschwistern ist und die Familie sich in Ihrer Kindheit nie nach ihr richtete, sondern sie sich immer unterzuordnen hatte. Wenn nun heute ihr Freund nicht ihrem Willen entspricht (egal ob im Sexuellen oder im Alltag), dann springt ihr Gehirn sofort auf die Gefühlsebene, auf der das «kleine Mädchen» denkt: «Man richtet sich schon wieder nicht nach mir, ich bin klein und unwichtig.» Was aber als Emotion an die Oberfläche dringt, ist selten Ohnmacht, Wertlosigkeit und Schmerz, sondern Wut, Frustration, Trotz und der Drang, die Oberhand zu behalten.

Vera hegt hingegen vor allem die Befürchtung, dass sie völlig die Kontrolle verlieren und dann verrückte Sachen machen könnte, etwa komische Geräusche von sich geben oder schreien, und Sven dann völlig befremdet und abgetörnt von ihr wäre.

Ich mache ihr klar, dass man beim Orgasmus – selbst wenn man ihn laufen und sich davontragen lässt – immer noch genug Kontrolle über sich selbst hat, um nötigenfalls seine Bewegungen und seine Lautstärke zu dämpfen oder sich eine Ecke des Kissens über den Mund zu halten.

Mein Tipp: Sie könnte – wenn die Mitbewohner nicht da sind – das Zimmer komplett verdunkeln oder ihrem Freund die Augen verbinden, die Ohren zustöpseln, und dann absichtlich Gas geben, so wie im «Schamlos-Spiel» von S. 174.

Manche fürchten das Ausgeliefert-Sein, weil sie Probleme damit haben, Grenzen zu ziehen, oder weil sie mit dem jetzigen oder früheren Partnern schlechte Erfahrungen gemacht haben. Bei Rita, von der nun die Rede ist, trifft alles drei zu.

«Sie konnte sich noch nie gehen lassen, aber ich werde sie dazu kriegen»

Rainer (50), seit zwei Jahren mit Rita (39) zusammen, nutzte meine Telefonberatung und stellte sein Problem so dar:

«Ich will, dass der Sex perfekt ist, und ich spüre, sie will das auch. Ich frage natürlich öfter mal: ‹Wie war ich?› ‹Gut›, sagt sie dann immer, aber ich merke doch, sie gibt nicht alles her. Sie kann nie ihren Kopf abstellen, ich sag's mal ganz platt: Einfach nur die Beine breit machen und sich richtig schön ficken lassen, scheint nicht zu gehen. Ich habe ihr schon mehrmals gesagt: Wer dich knackt, von dem lässt du dich auch in seine Höhle schleppen.»

Mich schüttelte es innerlich ein bisschen … wenn mir ein Mann solche Sachen sagen würde, wäre er mir nicht ganz geheuer. Aber ich blieb sachlich und fragte: «Wie oft haben Sie beide Sex?»

«Wir sehen uns alle zwei Tage und tun's meistens morgens und abends, aber mindestens einmal pro Tag», antwortete Rainer.

«Können Sie sie fragen, ob ihr das nicht zu viel ist?»

Er ging nicht wirklich auf meine Frage ein. «Sie sagte mal, sie käme auch mit weniger aus, aber: Wozu soll das gut sein? Weniger wird es schon von allein, irgendwann.»

Ich sagte ihm, dass ich gern selbst mit Rita reden wolle; er entgegnete, sie wolle ganz sicher nicht über ihr Sexleben sprechen, sie sei viel zu schüchtern dazu. Rainer und ich führten zwei längere Telefonate. Für mich wurde sein Ehrgeiz immer stärker spürbar, sie (Zitat!) «einzunehmen wie eine Festung». Rita als Projekt. Meine Hinweise, dass genau diese Dinge ihre Hingabe behindern, selbst wenn es nur unterschwellig sei, wischte er beiseite – an ihm liege es nicht. Er bat mich schließlich, ihr einen Brief zu schreiben, in dem ich sie beraten sollte, wie sie beim Sex mental besser entspannen und mehr Erregung zulassen kann. Ihre Adresse wollte er mir allerdings partout nicht verraten. Stattdessen sollte ich den Brief in einem verschlossenen Umschlag an ihn senden – und er versprach mir hoch und heilig, ihn Rita ungeöffnet zu geben.

Ich schrieb ihr:

«Liebe Rita,

weil ich ja nur mit Rainer kommuniziert habe (wenn auch sehr ausführlich), ist alles, was ich Ihnen jetzt sage, unter Vorbehalt.

Ich kann viele Ihrer Reaktionen gut nachvollziehen, und meines

Erachtens ist alles bei Ihnen im normalen Bereich. Sie hatten vermutlich das Pech, dass Ihnen durch Ihre Expartner kein guter Bezug zu Sexualität vermittelt wurde, sodass Sie sich sexuell eher verschlossen statt geöffnet haben; da ist anscheinend viel Unwohlsein und der Drang, sich zu schützen.

Rainer sagte mir, als er Sie kennenlernte, hätten Sie ‹total die Nase voll von dem ganzen Scheiß Sex› gehabt. Das lässt darauf schließen, dass Sie viel zu häufig beim Sex mitgemacht haben, obwohl Sie selbst gar keinen wollten – oder? Die Frage ist: Haben Sie diese Tendenz immer noch ein wenig? Denn Ihrer beider Sexfrequenz ist deutlich höher als bei anderen Paaren nach zwei Jahren. Das kann erfreulich sein, es kann aber auch bedeuten, dass der eine einen sehr starken Trieb hat, zugleich sexuell recht dominant ist und der andere (eher die Frau) eben mitzieht, weil man den Partner nicht vergraulen und geliebt werden will und weil man irgendwann im Leben gelernt hat: Will man ihn nicht verlieren, darf man ihn sexuell nicht abweisen. Doch so verliert man das Urvertrauen in die Liebe und den lustvollen Zugang zu seinem Körper.

Ob das bei Ihnen so ist, kann ich nicht wissen, aber ich formuliere es einmal so: Frauen, die auch von sich aus so viel und so oft Lust haben, haben kaum Probleme mit dem Fallenlassen.

Wie auch immer: Ich bitte Sie, beim Sex nichts zu tun, nur um Rainer einen Gefallen zu tun. Richten Sie stattdessen Ihre Aufmerksamkeit immer – bei jedem Akt, in jeder Minute – auf Ihre eigene Lust: ‹Fühle ich mich wohl, will ich das gerade, mag ich es? Wenn nein, was würde mir mehr Wohlbehagen und Erregung verschaffen?› Und das sagen Sie ihm dann bitte immer ganz deutlich.

Rainer erzählte mir ganz zu Anfang: ‹Ich bin von uns beiden derjenige, der die Entwicklung voranbringen will. Manchmal ist es vielleicht ein bisschen viel, aber Rita erkennt an, dass es gute Absichten sind und ich sage ihr, dass sie an sich arbeiten muss.› Das klingt nicht nur nach guter Absicht, sondern auch nach Vereinnahmen und Sex-Ehrgeiz. Lassen Sie sich davon anstecken? So etwas würde bei mir bewirken, dass ich das Gefühl bekäme, ich sei offenbar zu blöd oder zu faul, wenn es bei mir nicht klappt. Grrr! Außerdem macht Rainer keinen Hehl daraus, dass er mit sehr vielen Frauen im Bett war. Auch das kann eine Partnerin unter Zugzwang setzen – sie will ja nicht, dass er denkt: ‹Oje, meine Liebste ist da nicht so gut wie meine anderen Frauen …› Nervt Sie das nicht ein bisschen? Doch weil Sie ihn lieben und nicht enttäuschen wollen, versuchen Sie, sexuell so gut es geht mitzuhalten?

Jedenfalls sagte ich ihm: ‹Erst wenn Sie völlig lockerlassen, kann auch Rita völlig lockerlassen.› (Ich weiß nicht, ob er das verstanden hat.) Ihnen kann ich nur sagen: Strengen Sie sich bloß nicht an! Und denken Sie ja nicht schlecht über sich selbst. Sie brauchen Ihre eigene Geschwindigkeit, und die ist, wie bei fast allen Frauen, langsamer. Das müssen Sie sich beide gönnen.

Möglicherweise macht Rainer auch in anderer Hinsicht Druck, und zwar in puncto Beziehung und Nähe, weil er vielleicht mehr will als Sie, mit Ihnen herumdiskutiert und es ein wenig forcieren will, anstatt Ihnen Ihr eigenes Tempo zu lassen. Denn auch so etwas kann bei einer Frau das Gefühl hervorrufen: ‹Es wird mir zu viel, zu eng, ich will nicht eingenommen werden wie ein Besitz, ich ziehe lieber einen kleinen Schutzwall.› Und das tut sie dann genau in dem Bereich, in dem die größte Nähe entsteht (in ihrer ‹letzten Bastion›): beim Sex.

Wollen Sie sich von diesem Gefühl der Vereinnahmung frei machen, sollten Sie liebevoll, aber deutlich Ihre Grenzen ziehen, den Partner immer wieder daran erinnern und Akzeptanz einfordern.

Ganz liebe Grüße, Beatrice.»

Exakt zwei Tage nachdem ich den Brief losgeschickt hatte, bekam ich eine sehr erboste E-Mail von Rainer: «Was fällt Ihnen ein, Rita so einen Brief zu schreiben?! Ich habe ihn ihr natürlich nicht gegeben, sondern in tausend Stücke zerfetzt und weggeworfen. Ich habe Sie nicht engagiert, damit Sie ihr eintrichtern, ich wolle zu viel Sex und mache Druck!» Das sagt doch alles, oder?

Woher kommt der Drang nach Kontrolle? Indem wir versuchen, etwas oder jemanden (auch uns selbst) zu kontrollieren, meinen wir uns abzusichern gegen innere Ängste. Jemand wie Klaus oder Rainer glaubt insgeheim, indem er die Partnerin dazu bringt, möglichst häufig mit ihm zu schlafen, kann er die Gewissheit haben, dass sie a) ihn liebt und b) nicht mit jemand anderem Sex hat. Das Ganze ist auch noch mit seinem großen Liebesbedürfnis verbunden, das sich vor allem in seinem Sexdrang äußert, ferner in dem Drang, die Frau zu «besitzen».

Die Glaubenssätze hier sind unter anderem: «Wenn man liebt, will man auch miteinander Sex haben.» Umkehrschluss: «Wenn sie mir nicht viel Sex gibt, liebt sie mich nicht (mehr).» Das ist natürlich beides nicht richtig. Aber die daraus entstandenen Dynamiken sind dermaßen zum Selbstläufer geworden, dass ihm gar nicht klar wird, welche pervertierte Form das Ganze schon angenommen hat und dadurch genau das Gegenteil von dem eintritt, was er eigentlich beabsichtigt.

Schaffen Sie es, die Kontrolle gänzlich abzugeben?

Gelingt es Ihnen überhaupt einmal, den anderen einfach machen zu lassen und sich nur den lustvollen Gefühlen hinzugeben? Viele wünschen sich das (oder auch einen aktiveren Partner) – aber wenn eine gute Fee ihnen das erfüllen würde, könnte es gut sein, dass es bei einigen ein unbehagliches Gefühl auslöst, fast als ob «etwas nicht stimmt».

Bei Männern tritt das ein, falls sie für gewöhnlich die «Bett-Regie» übernehmen – denn dann können sie den Akt so gestalten, dass sie auf jeden Fall ihre Erektion kriegen, behalten und / oder den Höhepunkt erreichen. So jemand hat unter Umständen nur dann Sex mit der Partnerin, wenn er weiß, dass er genug Lust hat plus die Bedingungen, von denen er genau weiß, dass dann der Körper «wunschgemäß» funktionieren wird; oft hat er es dann auch ziemlich eilig, wie David aus Kapitel 8.

Ich kann den Wunsch, dass alles bis zum Ende klappen soll, gut verstehen. Aber wenn das zum Diktat wird und vieles andere unter den Tisch fällt, etwa spontan zu sein und sich der Partnerin und dem Moment hinzugeben, dann kommt eben oft kaum mehr heraus als Routine- und Roboter-Sex.

Bei Frauen tritt das Unbehagen eher ein, wenn sie befürchten, dass der Mann sie dann überrollen könnte, etwa: «Wenn ich das jetzt zulasse, nutzt er die Freiheiten vielleicht für ganz andere Dinge, die ich gar nicht will.» Wie stark diese Angst ist, hängt von schlechten Erfahrungen mit Sex-Dampfwalzen ab. Respektiert Ihr aktueller Partner Ihre Grenzen immer? Auch wenn Sie ihm komplett das Ruder überlassen?

Wenn Ihre Antwort Ja lautet (und das sollte sie, bevor Sie an Sexdetails feilen), können Sie Ihre Fähigkeit, die Kontrolle abzugeben, am besten testen, indem Sie: sich fesseln lassen. Sie verkrampfen schon bei dem bloßen Gedanken daran und fühlen sich unbehaglich? Üben Sie die «Verbindende Umarmung» (siehe S. 239).

Ein weiterer Aspekt des Unbehagens ist, dass manche Leute beim Sex lieber aktiv sind und geben, weil sie beim Nehmen ein schlechtes Gewissen bekommen und / oder befürchten, dass sie selbstsüchtig wirken könnten; oder es setzt sie unter Druck, dass der Körper dann «ordnungsgemäß» reagieren soll. Beispiel: Eine Frau mit Orgasmusproblemen, die im Prinzip durch Oralsex kommen könnte, aber eben längst nicht immer, lässt ihren Liebhaber das nicht tun, weil sie denkt, sie sei «verpflichtet», dabei zu kommen (was sie eben nicht garantieren kann).

Mein Tipp: Werden Sie sich darüber klar, dass Sie nicht «funktionieren» müssen! Sie sind ja kein Automat. Sie sind auch weder lasch noch egoistisch, wenn Sie sich mal zurücklehnen und nichts tun. Insofern der Partner spürt und mitbekommt, dass Sie sich genüsslich seiner Führung überlassen und körperlich «mitgehen», kann es auch für den Gebenden ein erfüllendes Erlebnis sein.

Übungen:

1. «Verbindende Umarmung»

Positionieren Sie sich einander gegenüber und stellen Sie sich beide fest auf Ihre Füße. Legen Sie nun die Arme umeinander. Umarmen kann man sich mit mehr oder weniger Nähe: nur einen Moment lang und nur mit leichter Berührung der Oberkörper wie gute Bekannte – oder eng wie Frischverliebte. Wir brauchen für diese Übung die zweite Version, das heißt, Ihre Leiber schmiegen sich in der ganzen Länge aneinander.

Konzentrieren Sie sich in der Umarmung auf sich selbst, Ihren Körper, Ihr Gefühl. Werden Sie nach und nach ruhig, ganz ruhig. Umarmen Sie Ihren Partner so, wie Ihnen danach ist, aber erspüren Sie auch, wie er gehalten werden will. Nun bleiben Sie mehrere Minuten lang so stehen, und zwar so lange, bis sich bei beiden eine spürbare Entspannung einstellt.

Erregung ist bei dieser Übung des Therapeuten Dr. David Schnarch weder wichtig noch gewollt. Doch Sie erfahren dabei unter anderem, ob einer von Ihnen sich bei großer (körperlicher oder seelischer) Nähe verspannt oder rasch zurückzieht. «Falls Sie in Ihrer Beziehung nie oder nur selten entspannte Verbundenheit erleben, werden Sie vielleicht feststellen, dass Sie sich bei der Umarmung unruhig fühlen oder irgendwie kirre werden», so Schnarch, «und dass Sie sich lösen möchten. Versuchen Sie, trotzdem dranzubleiben.»

Gleichzeitig können Sie durch häufiges Ausführen dieser Übung lernen, im engen Kontakt mit dem Partner zur Ruhe zu kommen, sich zu entspannen, seelische Verbindung mit ihm aufzunehmen, auch dann gelassen und im Gleichgewicht zu bleiben, wenn er es nicht ist. Das Gute: Diese Fähigkeiten lassen sich auch auf den Sex übertragen.

Mein Tipp: Wenn Sie mitten im Akt eine Verbindungsstörung spüren, können Sie entweder diese Umarmung im Liegen versuchen, oder Sie sagen sich im Geiste (oder laut, wenn Sie sich trauen) ein Mantra, etwa: «Ich habe Vertrauen – ich gebe mich hin – es fühlt sich schön an – alles wird gut ...» oder «Ich ergebe mich und überlasse mich vertrauensvoll meiner Lust und dir».

2. Rollentausch

Demonstrieren Sie Ihrem Schatz einmal seine üblichen Verhaltensweisen im Bett, indem Sie seine Rolle übernehmen und ihn imitieren – damit er leichter nachempfinden kann, was sich gut und was sich nicht so gut anfühlt oder was fehlt. Zeigen Sie auch, wie er oder sie es besser machen kann! Sie können dabei ruhig sprechen und Ihr Tun kommentieren.

Diese Übung ist auch toll, um sich typisches Rollenverhalten und das Gefühl von Geben und Empfangen, Aktivsein und Passivsein, Nehmen und Genommenwerden bewusster zu machen. Die Frau übernimmt den Part, den normalerweise eher er innehat – etwa die aktivere, treibende Kraft zu sein, zu verführen und zu «nehmen». Und er macht das Gegenteil davon – ist also eher empfangend und greift nicht so sehr ins Geschehen ein. Sie werden merken: Die ungewohnte Rolle kann ziemlich schwer sein!

3. Dienen und Bedientwerden

Version für Mutige und Fortgeschrittene: Bieten Sie Ihrem Schatz an (vielleicht zu seinem Geburtstag?), mal einen ganzen Tag lang seine «Dienerin» bzw. sein «Diener» zu sein: Er oder sie darf sich alles wünschen. Oder Sie spielen die «Gebieterin»/den «Gebieter» und er/sie ist dann beim nächsten Mal dran.

Geilheit oder Innigkeit, Trieb oder Seele?

Was das Herauslassen ihrer Lust betrifft, sind Männer im Durchschnitt noch zurückhaltender als Frauen. Das hängt einerseits mit dem Selbstbild zusammen, andererseits haben die meisten Männer den Gedanken im Hinterkopf, dass sie immer geistesgegenwärtig genug sein müssen, um die Frau im Auge zu behalten und wachsam zu sein für ihre Signale (etwa, wo man an Grenzen gelangt). Bei vielen Männern ist jedoch alles allzu sehr kontrolliert: Kaum ein Ton oder gar obszönes Wort dringt aus ihrem Munde, es gibt keine ausufernden Bewegungen, wenig spontane Impulse bzw. kein spontanes Umsetzen ... So wird es auch für die Frau schwer, alle Kontrolle abzugeben.

Sprich: Ob man sich fallen lassen kann, hängt auch davon ab, ob der Partner es kann; vielleicht auch, ob er sehr still oder sehr passiv ist und dem anderen fast alle Führung überlässt; gerade Frauen kann das ziemlich verunsichern. Das heißt: Zu viel Führung zu übernehmen ist nicht gut, zu wenig aber eventuell auch nicht (je nach Stil der Beteiligten). Es ist ein gegenseitiger Austausch, wie bei einem schönen Tango, bei dem sich die beiden nicht nur der Musik hingeben, sondern auch in einem fließenden Gleichklang bewegen.

Manchmal ist es (wie ich schon erwähnte) völlig okay oder sogar klasse, einfach nur seinen Trieben freien Lauf zu lassen. Das heißt, man ist mehr oder weniger selbstbezogen und lässt sich von «animalischer», ungezügelter Lust leiten. Schwimmt der Partner gerade auf der gleichen Welle – geil! Oder er / sie lässt sich davon anstecken – auch gut. Für manche Menschen ist das die einzige Form, die in ihren Augen unter «erstrebenswerten / erfüllten Sex» fällt. Für andere wiederum fällt darunter nur der liebevoll-verbundene Sex, bei dem man sich dem anderen besonders nah fühlt, mit ihm «verschmilzt».

Die Frage ist: Kann es gelingen, dass sich fast jede Form von Sex erfüllt anfühlt? Ich denke schon, aber dazu gehören Mut und Vertrauen (auch Selbstvertrauen). Denn es geht darum, dass Sie Ihrem Partner nicht nur Ihren Körper öffnen, sondern auch Ihre Seele: über die Augen, den Gesichtsausdruck, die Berührungen und indem Sie sich auf ihn einlassen. Und er tut dasselbe. Sprich: Sie lassen beim Sex alle Gefühle zu und zeigen sie. Das gilt für Liebe, Leidenschaft, Anlehnungsbedürfnis usw. ebenso wie für negativ Besetztes wie Wut, Traurigkeit, Unsicherheit, Ängste.

Das ist für viele Menschen mehr, als sie vertragen können, weil dabei oder davor einer der vielen Schutzmechanismen wirkt, von denen ich verschiedentlich in diesem Buch berichtet habe. Wenn man es aber schafft, sich dem anderen auch seelisch zu öffnen und sich gegebenenfalls überwältigen zu lassen (von Geilheit, Liebe, Traurigkeit, was auch immer), bekommt der Sex eine ungeheure Intensität und Qualität; dann fühlen sich sogar «kleine Akte», die man normalerweise als banal abtun würde, besonders an und stärken das Band zwischen Ihnen beiden.

Solcher Sex ist körperlich und seelisch so befriedigend, dass sogar der Orgasmus in den Hintergrund rücken kann (für viele Männer mag das nicht sehr erstrebenswert klingen – ich empfehle, es einmal auszuprobieren!). Was hilft, um dorthin zu gelangen: Achtsamkeit (siehe Kapitel 9), Kontaktaufnahme (siehe S. 199) und langsamer Sex (zumindest zur Einstimmung).

Übung: Öffnen Sie Ihre Augen für den Liebsten. Sehen Sie ihm ins Gesicht, während Sie stöhnen, erotische Worte austauschen oder ihn stimulieren, und legen Sie Ihren Gefühlen keinerlei Zügel an. Das kann sich zuerst seltsam anfühlen, Willenskraft kosten, sogar verwirrend sein. Denn die entstehende Intimität kann so intensiv werden, dass man sie kaum noch aushält. Vielleicht ist auch Ihr Partner irritiert, fühlt sich beobachtet usw. Beruhigen Sie ihn dann, bitten Sie ihn, es auch einmal zu versuchen. Erwarten Sie freilich nicht, dass er es sofort erwidert, man muss sich erst daran gewöhnen. Tauschen Sie sich auch verbal aus: Wie fühlen Sie sich gerade? Und wie sieht's beim anderen aus? Das müssen weder lange, ablenkende Dialoge sein noch ausgefeilter *Dirty Talk*. Schlichte Worte funktionieren am besten, etwa «Das fühlt sich gut an» oder «Ich würde dich gern noch mehr spüren».

Die körperliche Seite der Hingabe

Sich hinzugeben hat auch viel mit Weichwerden und Fließen zu tun (für Männer bedeutet das natürlich nicht, dass zwangsläufig auch ihr Penis weich werden wird!). Es geht darum, dass die körperlichen Angst-Symptome nicht da sind. Manche Menschen werden unbewusst (oder bewusst) so von Ängsten beherrscht, dass ihr ganzer Körper oder Teile davon sich in ständiger Alarmbereitschaft befinden: praktisch immer in Startposition zur Verteidigung oder Flucht, also eine Art leibliche Nervosität – manchmal äußert sich das auch nur in einer fast unmerklichen leichten Anspannung. Ich meine damit nicht etwa die dynamische (und gesunde) Muskelspannung, die auch als «Tonus» bezeichnet wird, sondern eine, die eher mit «Panzerungen» und ungesunden Vorgängen zu tun hat.

Bei manchen ist es auch wie ein «Grundrauschen» im Körper oder/und im Kopf, teilweise sogar als tatsächliches Rauschen in den Ohren. Die Betroffenen leiden auch besonders oft unter Tinnitus und anderen Ohrgeräuschen, haben Probleme mit Nacken- und Rückenschmerzen, Spannungskopfschmerzen, frieren oder schwitzen schneller usw. Natürlich überträgt sich das auch auf die sexuellen Empfindungen: Viele Reize, die eigentlich als schön empfunden werden könnten, kommen nicht als solche in der Wahrnehmung an (sondern dumpf, langweilig, unangenehm, lästig, nervig, schmerzhaft, kitzelnd, brennend, kratzig usw.).

Was tun?

1. Gehen Sie in sich: Was ist es, was in Ihrem Inneren (und Körper) Stress, also Alarm, auslöst? Wie können die Ursachen aus dem Weg geräumt werden?

2. Wenden Sie Entspannungstechniken an.

«Einfach entspannen», das hakt meist an zwei Dingen: Erstens können viele gar nicht so gut identifizieren, dass sie überhaupt Verspannungen im Körper haben und wo genau sie sich befinden (es sind meist mehrere Bereiche oder Muskelgruppen betroffen). Also gilt es, erst mal herauszufinden, wo die Anspannungen und Verhärtungen sitzen! (Etwa mit Hilfe der Selbstwahrnehmungs-Übung von S. 189.) Zweitens ist es leichter gesagt als getan, Muskeln willentlich zu entspannen, die eben nicht willentlich angespannt werden, sondern vom Unbewussten (oder vom Nervensystem). Dabei hilft:

- die Entspannungsatmung (siehe S. 215)
- in Körperbereiche hineinatmen (siehe S. 216)
- Lockerungsbewegungen einzelner Körperteile oder des ganzen Körpers (s. u.)
- Beckenbodenlockerung durch Tanzen, Schütteln, «Flummi-Hüfte» (s. u.)
- Progressive Muskelentspannung nach Jacobson (wird oft als Kurs angeboten, z. B. von Heilpraktikern oder an Volkshochschulen).

• Lockerungsübung

Wenn Sie registrieren, dass bestimmte Körperbereiche unter Spannung sind, dann stehen Sie immer mal wieder auf (Lockern einzelner Körperteile wie Arme oder Beine geht auch im Sitzen oder Liegen, dennoch ist Aufstehen meist die bessere Alternative) und schütteln sich oder die betreffenden Körperteile durch. Stellen Sie sich dazu am besten breitbeinig hin, machen Sie Ihren Körper so «wabbelig-weich» wie möglich und bringen Sie alles so richtig zum Beben und Wackeln – als seien Sie nackt und hätten lauter Wassertropfen auf der Haut, die Sie abschütteln wollten. Oder als seien Sie aus weichem Gummi gemacht und hätten eine Art «Rüttel-Anfall». Machen Sie das ein paar Minuten lang. Stellen Sie sich dabei vor, dass Sie die ganze An- oder Verspannung, inneren Stress, Ängste oder belastende Gedanken abschütteln.

Gut ist auch freies Tanzen (also frei aus dem Bauch heraus, nicht ein bestimmter Tanz): Wählen Sie eine Musik mit eher schnellem Rhythmus, drehen Sie ruhig etwas lauter und tanzen Sie sich ausgelassen und locker den ganzen Stress und Druck aus den Gliedern.

• Beckenbodenlockerung

Wie Sie schon wissen, ist nicht nur ein untrainierter (also schlapper) Beckenboden sehr ungünstig für Ihre Sexualität, sondern auch einer, der verspannt ist. Denn dann kann weder die Lust noch das Blut richtig in den Unterleib fließen, und die Muskulatur ist verhärtet. Manche Männer denken jetzt vielleicht: Super, hart ist doch gut! Nein. Hart sollen Sie nur außen werden. Und dazu brauchen Sie eine uneingeschränkte Blutzufuhr. Verspannte Beckenbodenmuskeln lassen aber entweder zu wenig Blut durch oder sorgen dafür, dass Ihr Sprungbrett ins Finale angespannt ist wie ein Flitzebogen: Sie kommen viel schneller, als Sie wollen.

Bei Frauen wirkt es sich ebenso fatal aus: Kitzler, Schamlippen und Scheide füllen sich zu wenig, sind daher auch nicht so empfänglich für Stimulation, und auch die Eigenbefeuchtung funktioniert nicht so gut.

Sie können bei Verspannungen oder Verkrampfungen im Unterleib entweder die beschriebenen Lockerungsübungen im Stehen machen und dabei besonders darauf achten, dass der Unterleib schön ins Wackeln gebracht wird wie bei einem afrikanischen Fruchtbarkeitstanz. Oder Sie tanzen tatsächlich: Anleitung ebenfalls siehe oben, nur dass Sie jetzt auch noch ganz viel «aus der Hüfte» machen wie ein Tänzer oder eine Tänzerin im brasilianischen Karneval.

• **Übung «Flummi-Hüfte»**
Legen Sie sich flach auf eine Bodenmatte oder Decke. Winkeln Sie dann die Beine an, sodass der Rücken ganz grade und entspannt aufliegt, stellen Sie die Füße dabei hüftbreit flach auf den Boden. Zuerst drehen und dehnen Sie das Becken nach allen Seiten, um Bewegung und Flexibilität hineinzubringen. Nun heben Sie die Hüfte an, so hoch es geht. Einen Moment halten. Dann lassen Sie sie fallen und stellen sich vor, die Hüfte wäre ein Gummiball («Flummi»), der nach dem Aufprall noch ein Weilchen auf und ab hüpft, ganz locker aus sich selbst heraus. (Wenn Sie können, atmen Sie dabei in den Unterleib!) Wiederholen Sie das mehrere Male, bis sich der ganze Bereich gelockert und vital anfühlt. Falls der Aufprall an Ihrem Po schmerzt, legen Sie ein flaches Polster o. Ä. unter.

Kapitel 13

WAS IST SEXUELL «NORMAL»
UND ZUMUTBAR, WAS NICHT?

«Ich bin mit meinem Mann seit 18 Jahren zusammen (15 davon verheiratet)», schrieb mir Anke (37). «Ich liebe ihn sehr. Wir hatten beide noch nie mit jemand anderem Sex. Ich war bisher der Annahme, es passt alles so, wie es ist. Wir haben ca. einmal pro Woche normalen Sex, das heißt, wir streicheln uns gegenseitig, er bringt mich meistens so zum Orgasmus, danach will ich, dass er sofort in mich eindringt, und wir lieben uns, bis es ihm kommt. Mir genügt das auch so. Doch in letzter Zeit kriselt es ein bisschen deswegen. Er möchte gerne mehr: oral, anal und ‹Spielsachen›. Oral kann ich nur ab und zu bei ihm (und dann nur, wenn ‹er› unmittelbar vorher gewaschen wurde), bei mir lasse ich ihn oral nur ganz selten ran … und wenn er mich mal geleckt hat, kann ich ihn danach nicht mehr küssen. Anal haben wir probiert, aber sein Penis tut mir zu sehr weh – ein oder zwei Finger dort, das geht. Mit Spielsachen kann ich gar nichts anfangen, mir sind Finger und Glied lieber. Er sagt, es ist okay so. Aber ist es das wirklich???

Jetzt meine Fragen, die mich quälen: Bin ich nicht normal? Oder was ist normal und was nicht? Werde ich ihn verlieren? Wie kann ich etwas ändern (oder muss gar nichts geändert werden)?»

«Bin ich normal» oder «Was ist normal» werde ich unheimlich oft gefragt, vor allem in meinen Kummerkästen, an die man sich ja auch anonym wenden kann. Warum sind diese Fragen vielen Menschen so wichtig?

Nun: Entweder weil sie wie Anke keine oder nur wenige Vergleiche aus der «Praxis» haben – Anke hatte nur mit ihrem Mann Sex, mit sonst niemandem, und anscheinend redet sie auch mit keiner Freundin darüber; sie hat keine Ahnung, ob ihr Mann die gewünschten Dinge vielleicht von jeder anderen Frau bekommen und sie deswegen verlassen könnte.

Oder aber man fragt mich, was normal ist, weil man selbst Vorlieben und/oder Wünsche hat, mit denen man vor anderen möglicherweise als «abartig» oder «pervers» dastehen könnte; oder weil man wissen will, ob der Partner vielleicht ein bisschen gestört ist. Die meisten wollen mit der Frage nach dem Normalen auch wissen, was man dem anderen zumuten kann und was nicht – oder welche seiner Ansprüche man getrost ablehnen kann. Wenn z. B. ein Mann meint, er komme nicht aus ohne Analverkehr, Pinkelspiele oder täglichen Sex, ist seine Auswahl unter den Frauen stark begrenzt – also sollte er, selbst wenn seine Partnerin sich weigert, sich gut überlegen, ob er sie verlässt oder mit zu offensiven Forderungen die Beziehung riskiert. Falls eine Frau die Hundestellung, Sex bei Licht, aktiven und passiven Oralverkehr ablehnt und sowieso nur einmal im Monat will, ist ihre Auswahl unter den Männern ebenso stark begrenzt, sie sollte also über eine Erweiterung ihrer engen Grenzen nachdenken.

In solchen Belangen nützen Sex-Umfragen durchaus – nur sollten es große, repräsentative sein! Und das sind z. B. Umfragen von Männermagazinen nicht unbedingt. Auch Kommentare im Internet, die sich hinter Nicknames verstecken, sollten Sie nicht für bare Münze nehmen. Hilfreich ist es hingegen, mit reellen Personen zu sprechen – mit Freundinnen und Freunden, Fachleuten wie mir usw. Viele tun das nämlich nicht, und Männer noch weniger als Frauen, leider! Denn es sind wesentlich öfter Männer, die «Sonderwünsche» und Spezialvorlieben haben.

Zurück zu Anke: Sie ist zwar nicht unnormal, aber die Mehrheit der Frauen ist sexuell ein wenig offener und experimentierfreudiger und hätte keine Lust, 18 Jahre lang den gleichen Sex zu haben. Wenn Anke ein wenig mehr zuließe als das Bisherige, wäre das auch bestärkend für die Liebe, denn aufregende Sexerlebnisse haben ja etwas sehr Verbindendes (wenn sie beiden gefallen). Von daher ist es gut, dass ihr Mann das offen anspricht und Wünsche ausdrückt, statt es sich heimlich woanders zu holen.

Seine Wünsche sind sehr normal. Die allermeisten Männer haben sie auch auf ihrer Wunschliste (und einiges mehr). Aber das heißt keineswegs, dass Anke alle erfüllen muss! Sie kann sich auch überlegen, welchen davon sie eine Chance geben mag, sowie eigene neue Ideen und Vorschläge einbringen, die auch in eine ganz andere Richtung gehen können. Hauptsache, es kommt mal wieder etwas Neues und Aufregendes in ihr Sexualleben.

Anke trat in einen E-Mail-Austausch mit mir:

«Mein Mann sagt, er versteht nicht, warum ich es mir noch nie selbst gemacht habe und dass ich nicht vor ihm an mir selbst herumspielen will.»

«Das sind zwei verschiedene Themen», erwiderte ich. «Vor dem Mann an sich selbst herumzuspielen ist ein typisches Element in gewissen Filmchen – in der Realität stehen die meisten Frauen nicht so darauf (oder nur mal in der Ekstase beim Akt). Aber du musst es ja nicht vor ihm tun. Probier es doch mal spaßeshalber in einer einsamen Stunde aus, wenn du ganz ungestört bist.»

«Er fragt sich auch, wieso ich mich vor meinem eigenen Muschisaft ekle.»

«Na ja, viele Frauen wollen nach dem Cunnilingus nicht geküsst werden; aber in hoher Erregung ist den meisten Frauen das egal. Vielleicht bist du nie so erregt? Oder mieft der Saft? Wenn er mieft, dann stimmt entweder deine Hygiene nicht, oder du hast einen Scheideninfekt», erklärte ich.

«Mein Mann sagt: ‹Wenn dich ein oder zwei Finger im Po geil machen, warum willst du dann nicht mehr?›», schrieb Anke.

«Weil ein oder zwei Finger meist noch nicht weh tun, aber ein ganzer Penis kann ja durchaus unangenehm sein. Du musst ihm keinen Analverkehr geben, die weibliche Mehrheit tut's auch nicht. Biete ihm lustvolle Alternativen, etwa Stellungen, bei denen er besonders viel Reibung bekommt. Und trainiere deine Scheidenmuskulatur; es macht Spaß, ihn damit zu necken», riet ich ihr.

«Außerdem fragt er, warum Oralverkehr nicht bei jedem Liebesakt dabei sein kann.»

«Ich glaube, für Männer ist es im Durchschnitt weit erregender, einer Frau Oralsex zu geben, als für Frauen, Fellatio zu machen. Oftmals ist es für uns nur anstrengend. Hinzu kommt, dass ein Penis nicht immer gut riecht. Außerdem wäre es langweilig, wenn's jedes Mal dabei wäre. Allerdings finde ich, ein-, zweimal im Monat kann frau das schon andenken. Damit hält sie sich den Mann gefügig und seine Liebe frisch. :-)»

Ein Punkt, in dem es zwischen Männern und Frauen auch häufig Differenzen gibt, ist, wie lange Sex dauern sollte.

Gaby (40) fragte: *«Ich habe vor kurzem gelesen, dass ein durchschnittliches Vorspiel 18,5 Minuten dauert. Bei uns dauert nicht einmal der ganze Akt so lang. Sind wir unnormal?»*

Der Durchschnitt bildet immer nur den Mittelwert ab. Ein paar Angeber behaupten bei Umfragen immer, dass ihr Vorspiel grundsätzlich mindestens eine Stunde geht (Wer hat so viel Zeit: Lottogewinner? Frisch Verliebte?). Die treiben den Mittelwert natürlich nach oben. Ich denke, 10 bis 15 Minuten sind realistischer. Die Frage für Gaby ist doch eher: Reicht ihr das, was sie bekommt? Wenn ja: bestens. Wenn nein: Dann sollte sie mit ihrem Partner in Ruhe besprechen, wie man das Liebesspiel etwas länger und lustvoller gestalten könnte.

Bei vielen beziehen sich die Fragen auch auf die Häufigkeit. Da immer wieder das berühmte «zweimal die Woche ist deutscher Durchschnitt» durch die Medien geistert, pochen viele Menschen auf diese Quote als Mindestmaß, wenn der Partner deutlich weniger Lust und Initiative zeigt. Eine meiner Klientinnen sagte: *«Er würde am liebsten jeden Tag, mir würde einmal im Monat reichen. Also betont er immer wieder, dass zweimal pro Woche ‹normal› ist, und deutet an, dass man sich Sorgen um die Beziehung machen müsste, wenn es weniger ist. Also zwinge ich mich in Dreiviertel der Fälle, es mit ihm zu tun und irgendwie Lust zu entwickeln. Zum Orgasmus reicht es meistens nicht.»*

Für längere Beziehungen ist diese Quote meiner Ansicht nach völliger Quatsch. Sie wird angehoben durch Personen, deren Beziehung noch frisch ist oder die viele Sexabenteuer haben (da kommt es ja durchaus mal zu 15 Akten pro Woche – das hebt den Durchschnitt natürlich rapide an!) und durch die ein oder andere Schwindelei. Hier ein typisches Beispiel aus meiner Paarberatung: Er sagt: «Wir tun es ein-, zweimal pro Woche». Sie sagt: «Wir haben ein bis drei Akte pro *Monat*.» Raten Sie mal, was davon stimmt, als wir die letzten zehn Male mittels Kalender rekonstruieren. Die Angabe der Frau trifft übrigens auf die Mehrzahl der Paare zu, die mindestens zwei Jahre zusammen sind.

Wenn spezielle Wünsche des Partners zu weit gehen

Was wir beim Sex tun, erwarten und zulassen, bemisst sich stark daran, was wir für «normal» oder für akzeptabel halten. Manche müssen sich jedoch wenig Gedanken darüber machen: Das sind die, die einen Partner haben, der so abhängig von der Beziehung ist, dass er sich kleinmacht und sich sexuell unterordnet. Das kann bisweilen bizarre Formen annehmen, etwa dass ein Mann an einer verkümmerten Form von Sex verhungert, gar keinen mehr bekommt wie Bernd (S. 100), oder dass Frauen grässliche Dinge dulden, wie etwa Jessica (20):

«*Mein neuer Freund steht unheimlich auf Seidenstrumpfhosen und lässt sie auch beim Sex an, das heißt, die Strumpfhose ist auch über seinem Penis, und er dringt so in mich ein. Ich selbst stehe nicht darauf, aber ich kann's ihm auch nicht verbieten, oder? Zwei Monate lang ging es, mit Gleitmittel. Aber vor ein paar Wochen hat so ein Jucken angefangen, das jetzt in ein Brennen übergegangen ist. Ich vermute, ich habe mir da einen Infekt eingefangen oder so etwas, aber kann der von der Strumpfhose kommen?*»

Jessicas Frauenarzt stellte fest: Ja, sie hat eine Scheidenentzündung. Bei der Entstehung wirkten drei Ursachen zusammen:

1. Das Material der Strumpfhose trocknet die Scheide aus, sodass schädliche Keime sich dort besser ausbreiten können. Gleitgel

hilft hier wenig, unter anderem weil es nicht der natürlichen Vaginalflora entspricht.

2. Da der Freund vermutlich nicht immer eine neue Strumpfhose benutzt, man diese aber nicht bei 60 oder 90 Grad waschen kann, sammeln sich jede Menge Keime an. Igitt!

3. Sie mag seine Marotte nicht, traut sich aber nicht, sie abzulehnen – also macht das an ihrer Stelle der Körper, indem er eine Entzündung entwickelt. So kann sie nämlich einfach ihrem Freund sagen: «Nein, kein Strumpfhosensex mehr», ohne die «Spielverderberin» zu sein.

Ich sage ihr, sie solle sich lieber trauen, ihm direkt zu sagen, dass der Sex mit seinen blöden Strumpfhosen sie nicht anmacht und sie keine weiteren Scheidenentzündungen haben will, bis das Gewebe dort nachhaltig geschädigt ist.

Dies ist eines der Beispiele für Sex-Eigenheiten, die man seinem Partner oder seiner Partnerin nicht unbedingt zumuten sollte. Als ich es online stellte, protestierte ein Fetischanhänger: «Er hat doch ein Recht, seine Vorliebe auszuleben!» Kann er gerne machen. Aber wenn sie diese Vorliebe nicht teilt und obendrein körperliche Schäden davonträgt, hilft nur eins: lassen. Dann kam das Argument: «Aber wenn er das braucht für seine Lust, kann er das nicht einfach lassen!» Richtig, einfach wird es vielleicht nicht. Im oben beschriebenen Fall handelt es sich vermutlich um eine seltsame Gewohnheit, und seiner Freundin zuliebe sollte er versuchen, sie sich abzugewöhnen.

Das fand der anonyme Fetischanhänger gar nicht gut: «Was, er soll seine Lust unterdrücken?!»

Nun: Ob Jessicas Freund seine Vorliebe mit sich allein auslebt, ist seine Sache. Aber Sex zu zweit darf nicht so aussehen, dass der eine seiner Lust frönt und der andere etwas erleidet. Und sexuelle Vorlieben sind beeinflussbar, das heißt, die meisten kann man sich ebenso abgewöhnen (bzw. durch etwas anderes ersetzen) wie etwa das Rauchen.

Weit übler als Jessica haben es Petra (unten) und Liane (S. 54) getroffen ...

Petra (44) schreibt: «Mein Freund und ich sind jetzt drei Jahre zusammen, seit einem Jahr wohne ich bei ihm. Anfangs stand er unheimlich darauf, mich zu lecken. Eigentlich okay, es wird aber anstrengend, wenn er nach einer halben Stunde immer noch nicht genug hat. Dann kam er mir mal auf die Toilette hinterher, hockte sich vor mich und wollte meinen Urin trinken. Da ging bei mir nichts mehr, ich konnte nicht pinkeln. Ein anderes Mal kamen wir von einer Party heim, ich war gut alkoholisiert, er wollte es wieder, und ich machte mit. Danach ließ ich mich öfter darauf ein. Mein Ding war's nicht, aber ich wollte, dass wir wenigstens noch irgendein Sexleben haben; ihn törnt so etwas tierisch an, danach schläft er immer mit mir – sonst kaum noch. Er kommt beim Verkehr sehr selten, aber er sagt, dass ihn das Spiel trotzdem befriedigt.

Seit wir zusammenwohnen, läuft fast nichts mehr. Ich habe ihn oft darauf angesprochen, und immer gibt er mir die Schuld: Mit mir sei es nicht prickelnd, ich würde ihn einengen usw. Irgendwann meinte er, ich soll mir lustige Dinge in die Scheide stecken und mich vor ihm befriedigen, das turne ihn an. Seitdem habe ich zwei Vibratoren, das hat aber auch nichts genutzt. Vor vier Monaten nahm er dann meine Hand und schob sie sich nach und nach ganz in den After. Da habe ich erst gesehen, dass sein After unnatürlich geweitet ist. Inzwischen hat er mir auch seine Sammlung selbstgebauter Dildos gezeigt. Allesamt für meine Scheide viel zu groß, aber er schiebt sie sich hinten rein und findet das geil. Er hat auch ein Klistier für seinen Darm. Er hat mich mal mit ins Bad genommen, den Schlauch hinten eingeführt und das Wasser aufgedreht. Dabei ejakulierte er aus seinem schlaffen Glied. Ich solle das auch ausprobieren, um zu sehen, wie abgefahren das ist. Kann ich nicht, finde ich abartig! Seitdem er mir sein ganzes ‹Spielzeug› gezeigt hat, geht er zwei- bis dreimal die Woche ins Bad und treibt diese Spielchen mit sich selbst. Mich fasst er nicht an. Inzwischen habe ich auf seinem Computer lauter Hardcore-Pornos gefunden, so mit Apfelsinen und noch Schlimmeres in Scheide und After stecken. (Ja, ich habe heimlich spioniert, es musste einfach sein.) In seinem Arbeitszimmer liegen häufig Tempos mit noch feuchtem Sperma rum. Er findet das nicht weiter schlimm, ich könne es mir ja auch selbst machen. Er sagt immer, er will mich nicht verlieren, und verlangt *gleichzeitig, dass ich ihn bei seinen perversen Spielen begleite, obwohl ich das einfach nur entsetzlich finde.*

Wenn ich diese Geschichte so lese, kann ich sie selbst kaum glauben, aber sie stimmt leider wirklich. Ich hätte nicht gedacht, dass mir so etwas passieren könnte. Es hat eine Weile gedauert, bis ich den Mut hatte, jemandem davon zu erzählen. Und natürlich weiß ich, dass jede andere Frau schon lange weg wäre. Aber ich habe in diese Wohnung ziemlich viel Geld investiert. Außerdem habe ich zwei Kinder (nicht von meinem jetzigen Freund). Alleine ist die Miete für mich nicht zu schaffen. Ich hänge hier irgendwie fest, in dieser völlig abstrakten Welt. Ich schaffe es nicht einmal, mit meiner besten Freundin darüber zu reden. Ich schäme mich dafür.»

Oje, was macht Petras Freund da nur?! Man könnte zwar – wohlwollend betrachtet – sein Verhalten als eine Art Angebot an sie betrachten, so à la «Schau, Petra, das ist meine Art von Sex, und wenn du sie mit mir teilen willst, gerne!» ABER … da hapert es vor allem im Zwischenmenschlichen. Erstens sollte ihm eigentlich klar sein, dass seine Vorlieben *sehr* speziell sind und nicht grade viele weibliche Anhängerinnen haben (männliche auch nicht) – allein schon deswegen wäre Vorsicht angesagt, das zu offenbaren. Vor allem wenn man von Anfang an sieht und mitbekommt, dass es so gar nicht ihr Ding ist. Zweitens, würde ein Mann, der seine Partnerin achtet, diese ganzen Abwegigkeiten vor ihr vollführen und sie obendrein dazu nötigen? Und schon gar nicht würde er *ihr* die Schuld zuschieben, von wegen mit ihr sei es «nicht prickelnd, sie enge ihn ein usw.». Also eines kann ich sagen: Männer, für die der Sex nicht mehr prickelnd ist oder die sich eingeengt fühlen, finden in der Regel andere Wege, als die ganze Hand der Partnerin in ihren Anus zu schieben.

Statt darauf zu achten, dass das gemeinsame Sexualleben auch Petra gefällt (etwas, das beziehungsfähige Männer von selbst tun), werden seine Vorlieben und Ansprüche immer noch abwegiger (ein großes Sorry an alle Anhänger von Pinkel- und Klistierspielen sowie von großen Gegenständen in intimen Öffnungen).

Sie wäre ja durchaus bereit für einiges gewesen, doch an einer richtigen Paarsexualität ist er gar nicht interessiert. Er treibt es mit sich selbst statt mit ihr – mit ihr will er es, wenn überhaupt, auch nur noch auf seine unzweisame, für Petra abstoßende Art tun.

Sie fragt mich auch: «Gibt es den Anflug einer Chance, ihn wieder auf einen normalen Weg zu bringen?»

«Nur, wenn er eine Therapie macht», sage ich, «und selbst dann ist die Chance, dass er je ‹normal› wird, nicht sehr hoch. Und du – kannst du so einen Typen noch lieben? Deine Schilderung erweckt eher den Eindruck, dass sich in dir schon ein dicker fetter Wall aus Ekel und Abwehr gebildet hat. Diesen Wall wirst du nie mehr einreißen können, zumindest nicht mehr ganz, denn du wirst all diese Bilder für immer in deinem Kopf behalten.

Du schämst dich sogar, es deiner besten Freundin zu erzählen, weil du es dir selbst längst schuldig gewesen wärst, da nicht mehr mitzumachen und einen Schlussstrich zu ziehen, aber es aus finanziellen Gründen immer noch duldest. Ist es das wirklich wert? Du opferst deine Würde und Selbstachtung dem Gedanken, dass es finanziell eng wird, wenn du ihm einen Riegel vorschiebst.

Ich denke, wenn du ihm ganz radikal sagen würdest, er soll dafür sorgen, dass du nichts mehr von seinen Sexaktionen mitbekommst, und dich damit verschonen (seinlassen wird er es nicht), dann würde er dich noch nicht einmal verlassen. Vermutlich ist er ähnlich abhängig wie du. Aber um deine Selbstachtung und deine Sexualität zu retten, solltest du lieber in den sauren Apfel beißen und Wege finden, wie du ohne ihn über die Runden kommst. (Andere alleinerziehende Mütter schaffen es auch!)»

Liane (30) schreibt: *«Mein Mann ist so unzufrieden mit unserem Sexleben, dass er mir die Pistole auf die Brust setzt. Ich müsse jetzt etwas ändern, sonst will er sich eine andere dafür suchen. Doch das würde für mich – bei aller Schuld, die ich auch daran trage – die Trennung bedeuten.*

Wir sind seit neun Jahren zusammen und haben zwei Kinder (5 und 1 Jahr alt). Zu Beginn hatten wir ein lebhaftes Sexleben, vier- bis fünfmal die Woche. Er war mein erster Mann, ich bei weitem nicht seine erste Frau. Bald fuhr er mit mir in den Sexshop und schaffte Diverses an. Zunächst fand ich das noch okay, aber je weiter die Jahre ins Land gingen, desto mehr wollte er. Pornos gucken, Analverkehr, Sexwäsche, Spermaspiele … Ob mir das recht ist, fragt er immer erst mitten im Akt, sodass ich nicht nein sagen kann, denn dann wäre ja die Stimmung im Eimer und der Akt auch. Seit er nun neuerdings davon redet, dass er einen weiteren Mann mit hinzunehmen will, der mich und ihn «durchnimmt», ist es bei mir ganz aus.

Ich habe ihm jetzt gesagt, dass ich das in der Form und Masse nicht mehr möchte, weil ich mich nicht gut dabei fühle und auch merke, er will immer mehr und mehr. ‹Alle machen das›, meint er und zeigt seine Unzufriedenheit deutlich, wenn ich ihm ‹normalem› Sex gebe. Seine ganzen Sex-Macken törnen mich mittlerweile total ab. Ihm einen zu blasen oder auch Zungenküsse finde ich so eklig, dass ich mich schon dafür schäme. Bei jedem Streit und jeder Diskussion landen wir letztlich beim leidigen Thema Sex, sodass ein normales Gespräch über etwas anderes gar nicht mehr möglich ist. Ich kann's schon nicht mehr hören.

Ich bin voll berufstätig, habe die zwei kleinen Kinder, falle abends todmüde um. Und von ihm höre ich schon tagsüber ‹Heute Abend aber – überleg dir was, wie du mich dann antörnst› oder ‹Mach dir schon mal Gedanken, dass du nachher auch bereit bist›. Dann kann ich erst recht nicht. Ich lass es über mich ergehen, damit ich wieder ein paar Tage Ruhe habe, aber es ist schrecklich. Ich kann einfach nicht mehr! Doch dass ich NULL Bock habe, kann ich nicht sagen, denn Selbstbefriedigung geht fast immer. Da mein Mann ständig stöhnt und sich beschwert, fällt es mir auch zunehmend schwer, den nötigen Respekt aufzubringen. Wie kann ich mich verändern, damit ich unsere Ehe rette? Ich habe schon Angst, wann und was er wohl das nächste Mal wieder will. Hilfe!»

Auch Lianes Mann ist sexuell ganz schön egozentrisch und extrem. Er schreckt nicht davor zurück, von seiner Frau Pornosex zu fordern, sie zu erpressen und eiskalt zu lügen (von wegen «Alle machen das!»), nur um seinen Willen durchzusetzen. Das ist unter aller Sau!

Liane und Petra wollen Sex, der auf Zuneigung und Gegenseitigkeit basiert, bei dem sich beide zugewandt sind, aufeinander eingehen, ihre Lust aus diesem Miteinander beziehen. Auch für die meisten Männer ist das wunderbarer Sex. Für Lianes und Petras Partner hingegen ist so etwas «öde»; aber sie empfinden das nur so, weil sie zu persönlichem Sex mit Seele nicht (mehr?) fähig sind. Stattdessen verlagern sie ihre Lust vom Paar weg auf unpersönliches Porno-Zeug, auf andere Personen und auf sich selbst. Und was ich besonders schlimm finde: Sie hören nicht auf, ihre Frauen unter Druck zu setzen, obwohl sie längst wissen, dass die solch eine Art von Sex nicht wollen. Logisch, dass die Frauen wütend werden und ihnen die Lust komplett vergeht.

«Heute Abend aber – überleg dir was, wie du mich dann antörnst» oder «Mach dir schon mal Gedanken, dass du nachher auch bereit bist»: Oh Graus! Allein schon beim Lesen fühle ich den Stress, den diese Sprüche auslösen; wie groß muss er erst sein, wenn man so einen Kerl live auf dem Hals hat. Vielleicht gibt es ja irgendwo auf diesem Erdenrund Frauen, die auf so etwas stehen – doch für Liane klingt es, als ob sie in seinen Augen nur noch dazu dient, dass er seine Triebe an ihr auslassen kann. Wen wundert es, dass sie sogar Zungenküsse ekeln.

Aber dass es so weit kam, liegt ein Stück weit auch an ihr. Sie hätte ihm schon viel früher die Rote Karte zeigen sollen! Stattdessen gibt sie zu oft nach – wodurch sie ihm natürlich indirekt die Erlaubnis erteilt, immer weiterzumachen. Und er wendet weiterhin die Kniffe an, die bestens funktionieren: *«Ob mir das recht ist, fragt er immer erst mitten im Akt, sodass ich nicht nein sagen kann, denn dann wäre ja die Stimmung im Eimer und der Akt auch ...»*

Das ist doch egal, oder? Denn für sie ist ja dann sowieso die Stimmung im Eimer. Aber der Sex *muss beiden gefallen*! Wenn es ihr mittendrin oder schon vorher vergeht, sollte sie nicht um des Hausfriedens willen weiter mitspielen, denn so macht man sich die eigene Sexualität kaputt. Stattdessen sollte sie es einfach abbrechen. So lernt er am besten, was er lassen soll.

Sie fragt hingegen: «Wie kann ich mich verändern, damit ich unsere Ehe rette?» Und damit meint sie eigentlich: «Wie kann ich es schaffen, meinen Mann, der mir die Pistole auf die Brust setzt, sexuell zufriedenzustellen?» Aber das ist nicht zu schaffen. Sie hat schon einen solchen inneren Widerstand entwickelt, dass sie es vermutlich nur noch im Vollrausch ertragen könnte. Und vor allem ist es doch ein Fass ohne Boden: «... er will immer mehr und mehr.» Was käme als Nächstes? Er verkauft sie an einen anderen Mann und sieht dabei zu?

Das heißt: Sowohl Liane als auch Petra müssen sich nicht verändern, um dem unersättlichen Partner noch mehr zu bieten. Was sie ändern müssen, sind die eigenen Grenzen – bzw. sie müssen sie deutlich machen.

Mein Rat: Falls Ihnen beim Sex etwas gegen den Strich geht oder es in eine ungute Richtung abdriftet, dann sagen Sie es früh genug! Schalten Sie ruhig auch einen neutralen Fachmann ein.

Schmerz, Widerwillen, Nötigung, Ohnmacht, Verärgerung

Diese Elemente haben beim Sex nichts verloren, es sei denn, die Betreffenden wünschen das ausdrücklich für sich selbst! Falls Sie Sonderwünsche haben und Ihr Partner nicht: Lassen Sie ihm seinen freien Willen und seine Würde. Und das hat nichts damit zu tun, ob jemand freiwillig in Latex oder Zaumzeug durchs Schlafzimmer fegt und dabei Tierlaute von sich gibt.

Bitte wahren Sie auch Achtung vor ihrem oder seinem Körper: Dieser ist weder Ihr Eigentum noch Ihre persönliche Spielwiese (es sei denn, wie gesagt, Ihr Partner will genau das).

Jeden Tag bedrängt er mich, dass wir seine Phantasien umsetzen

«Mein Freund und ich sind fünf Jahre zusammen», schreibt Anita (28). «Seit etwa drei Jahren hat er diese Phantasien: Er möchte swingen, zuschauen, wie ich es mit anderen treibe, er will es mit anderen Frauen tun, und ich soll dabei sein.

Es soll ja nichts hinter dem Rücken des anderen geschehen, und er möchte es auch unter Kontrolle haben. Das klingt alles super rücksichtsvoll und ganz toll, wenn der Freund einem in seiner Gegenwart ‹Fremdgehen gewährt›, dann ist es nämlich kein Fremdgehen mehr. Aha! Und der Mann sei ja von Natur aus so, dass er seinen Samen überall verstreuen müsse. Aha! Ja, er argumentiert sehr schlau, was soll man dagegen sagen?!

Jeden Abend erzählt er mir davon. Meine Reaktion ist zurückhaltend, abwehrend bis wütend. Ich bin keineswegs prüde, aber je mehr er davon spricht, desto größer wird meine Abneigung. Jetzt habe ich schon länger keine richtige Lust mehr auf Sex. Jedes Mal ist es eine Überwindung. Auch Küssen ist fast nie mehr.

Natürlich habe ich mir schon Gedanken gemacht, ob die Realisierung solcher Phantasien unser Sexleben aufpeppen könnte; ich habe ja auch welche, teils sogar ähnliche; aber dass ich wirklich mit fremden Männern schlafen soll und zusehen soll, wie er's mit anderen Frauen treibt, nein, das gefällt mir überhaupt nicht.

Ich mag ihm nicht einmal mehr meine Phantasien erzählen. Am Anfang habe ich noch mitgemacht. Jetzt aber kann ich in seiner Gegenwart meinen wilden Phantasien keinen freien Lauf mehr lassen. Er fordert mich zwar immer auf, ich soll ihm alles sagen, und es würde ihn antörnen. Aber in mir baut sich dann eine Blockade auf, und ich will einfach nicht.

Ich empfinde sehr viel Zuneigung für ihn. Dennoch habe ich ihm sogar gesagt, dass er sich doch 'ne andere holen soll, die das mitmacht. Er möchte das aber unter keinen Umständen.

Wie soll ich mit ihm umgehen? Hat unsere Beziehung überhaupt eine Zukunft?»

Ich antwortete Anita: «Kein Wunder, dass du wütend wirst und dir die Lust komplett vergeht. Und nun bedrängt er dich auch noch wegen deiner Phantasien. Warum? Weil er genau weiß, dass andere Leute darin vorkommen, und dann kann er sagen: ‹Na siehst du, du willst ja auch Sex mit anderen Menschen, es ist nur deine verquere Moral, die dich davon abhält.›

Das ist aber falsch gedacht, denn unsere Phantasien entsprechen nur selten dem, was wir sexuell realisieren wollen! Sie funktionieren am besten in unserem Kopfkino, dienen dazu, unsere Lust anzukurbeln (z. B. beim Masturbieren). Oft ist es sogar so, dass sie nicht mehr funktionieren, sobald wir sie preisgeben. Gerade weil man sie in der Realität nie machen würde, heizen sie an!

Weil er dich (täglich!) manipulieren und dir etwas aufdrängen will, wovon er längst weiß, dass du es nicht umsetzen magst, hast du inzwischen auch schon eine Blockade. Bringt er dir auch sonst zu wenig Respekt entgegen? Ich rate dir: Mach eine radikale Vollbremsung! Zeig deine Wut und sag ihm endlich klipp und klar, dass er damit aufhören soll, weil das absolut liebestötend ist – in jeglicher Hinsicht! Und wenn er dir dann blöd kommt, solltest du dir tatsächlich Gedanken machen, ob diese Beziehung überhaupt eine Zukunft hat.»

Wir kommen sexuell zu wenig auf einen Nenner

Schön und gut, wenn man selbstbewusst genug ist, seine Bedürfnisse und Eigenarten offen zu vertreten. Aber was, wenn der Partner damit überhaupt nicht zurechtkommt? Da man einem Menschen nirgends sonst so nah kommt (körperlich und seelisch) wie beim Sex, ist man hier am meisten angewiesen auf einen gewissen gemeinsamen Nenner und auf die Frage, «Was ist normal?»

Wenn ein Mann z. B. ein Hobby hat, das seine Frau nicht begeistert, teilt er es eben mit seinen Kumpels oder macht es allein. Beim Sex ist das natürlich anders. Falls er auf SM-Varianten steht, sie jedoch kein bisschen, und er sich das woanders holt, ist der Stress programmiert, und es kostet eventuell sogar die Beziehung. Will er hingegen nur etwas, was recht selbstverständlich zu erwachsenem Paarsex gehört, z. B. zweimal im Monat einen schlichten Akt, und sie will gar keinen Sex mehr, dann ist sie diejenige, die die Partnerschaft sprengt. Es gibt tatsächlich Frauen, die mir sagen, sie hätten in ihrer Ehe keine Lust mehr auf Sex, und mich allen Ernstes um Tipps bitten, wie sie ihren Mann dazu kriegen, sie mit diesem lästigen Thema endgültig zu verschonen – aber fremdgehen darf er natürlich auch nicht. Er soll einfach aufhören, Sex zu wollen. Das ist so, wie wenn ein Mann zu mir käme und sagte: «Bitte verraten Sie mir, wo ich an meiner Frau den Aus-Knopf finde, damit sie für immer aufhört zu quatschen.»

Es gilt, die beiderseitigen Wünsche in Einklang zu bringen – Akzeptanz auf der einen Seite, Grenzen setzen wie auch Entgegenkommen auf der anderen Seite. Es kommt außerdem darauf an, ob ein Partner mit «abseitigen» Neigungen auch in der Lage ist, «normaleren» Sex zu genießen, oder ob er ohne seine speziellen Praktiken nicht kann.

Sind die Unterschiede zu groß, um sie zu überbrücken, und man ist noch immer an Paarsexualität interessiert, ist Trennung oft der einzige Ausweg.

Bin ich sexsüchtig?

Auch diese Frage höre ich immer wieder. Eine Sucht ist es dann, wenn – wie bei jeder Sucht (etwa Alkoholismus) – mindestens *drei* der folgenden sechs Kriterien *gleichzeitig* zutreffen:

1. Starker, oft unüberwindbarer Drang danach (der das Denken und Handeln beherrscht).
2. Zunehmender Kontrollverlust (man tut z. B. unliebsame Dinge, die man normalerweise nicht täte).
3. Entzugssymptome, wenn der Drang nicht rasch befriedigt werden kann (z. B. Nervosität, Gereiztheit, Angst, gedrückte Stimmung).
4. Toleranzentwicklung und Dosissteigerung (um sich befriedigt zu fühlen, braucht man immer stärkere Reize oder größere Mengen).
5. Vernachlässigung anderer Aktivitäten, Vergnügen, Interessen, Pflichten (z. B. vernachlässigt man, um seiner Sucht nachzukommen, Freunde, Familie, den Partner und / oder belügt sie; es kommt zu Heimlichkeiten und Vertuschungen).
6. Der Konsum wird fortgesetzt, obwohl man sich der schädlichen Folgen und Nachteile bereits bewusst ist (z. B. investiert man mehr Zeit und / oder Geld als üblich, um an seine Befriedigung zu gelangen; die Partnerschaft leidet).

Sexsucht kann sich auf fast alle Formen von Sexualität beziehen: «normalen» Hetero- oder Homo-Sex, Fetische, Swingen, Polyamorie, notorisches Fremdgehen, Nutzen kommerzieller Angebote (Pornokonsum, Prostitution, Telefonsex, Sex-Chats usw.), Onanieren, Sonderformen wie SM usw. Für sich genommen fallen diese unterschiedlichen Formen noch nicht unter Sexsucht, sondern erst, wenn die oben genannten Kriterien zutreffen.

Insofern trifft «sexsüchtig» auch auf einige Personen in diesem Buch zu.

«Unnormale» Sexualität – wann ist Therapie nötig?
Eine Sexualtherapie ist dann ratsam, wenn jemand eine Form von Sexualität hat, die bewirkt, dass etwas drunter leidet – Leben, Gesundheit, Beziehungen, Beruf … So z. B. wenn etwas zu einer solchen Obsession wird, dass man sich zu wenig auf die Arbeit konzentrieren kann und zu viel Zeit mit diesem «Hobby» verbringt; oder wenn der Partner oder die Partnerin darunter leidet, dass man überhaupt keine Lust mehr auf gemeinsamen Sex hat oder nur noch in Verbindung mit speziellen Vorlieben.
Mein Tipp: Suchen Sie in so einem Fall jemanden mit therapeutischer Ausbildung und Spezialisierung auf Sexualität, der Sie nicht gleich in die «Abartig»-Schublade steckt.

Spezialthema Fetisch

«Fetische» sind in unserer Erotiklandschaft weit verbreitet. Eigentlich hat – zumindest unter Männern – fast jeder mindestens eine kleine Fetisch-Neigung, d. h., es gibt bestimmte Dinge oder äußere Merkmale, die ihn erotisch stärker stimulieren, als das beim «Durchschnittsmenschen» der Fall ist. Oftmals reichen sie allein schon aus, um Erregung hervorzurufen: Busen, Po, Füße, Haare, High Heels, halterlose Strümpfe etc. Auch Jessicas und Petras Partner haben Fetische: unter anderem Strumpfhosen, Klistiere und Dildos. Solange ein Fetisch nur ein kleines Zusatz-Schmankerl darstellt, ist das völlig harmlos; problematisch wird es, wenn der Betreffende Sex ohne seinen Fetisch nicht oder kaum noch genießen kann.

Hannes (35) verrät mir: «Ich liebe es, mir viele dicke Wollsocken anzuziehen, stelle viele Spiegel auf, in denen ich meine Beine, Bewegungen und alle möglichen Posen sehen kann. Und dann ganz langsam, mit geblähten Nasenlöchern ... Na du verstehst mich. Ich habe dabei die tollsten Phantasien. Immer wenn meine Freundin Nachtdienst hat, lebe ich das vollkommen aus. Ich brauche das irgendwie. Das Verwunderliche ist, dass ich mit mir selbst mehr Spaß habe als mit ihr. Wie würdest du das sehen?»

«Dass du mit deiner speziellen Sache mehr Spaß hast als mit ihr, ist schade, aber kennzeichnend für einen echten Fetischisten», antworte ich.

«Ich bin also ein echter Fetischist?»

Ich bejahe.

«Ist das nur vorübergehend?», möchte er wissen.

«Manchmal schon, meistens nicht», erwidere ich.

«Bin ich ein Fall für den Psychiater?»

«Wenn, dann eher für einen Sexualtherapeuten».

«Meinst du, ich sollte eine Therapie machen?, hakt er nach.

«Nur, wenn deine Fetischliebe dich wirklich stört oder dein Leben in irgendeiner Weise negativ beeinflusst.» (Ich sage ihm, wann eine Therapie angezeigt ist – siehe Kasten auf S. 261). «Du kannst trotzdem probehalber mal ein, zwei Stunden bei jemandem nehmen, schon allein um zu herauszufinden, wo deine Vorliebe herkommt. Vielleicht würde das am Ende auch deine Lebens- und Beziehungsqualität verbessern.»

«Ist so ein Fetisch typisch männlich?», fragt Hannes.

«Dein spezieller Fetisch: nein. Die allgemeine Neigung zu einem Fetisch: ja. Von den knapp 300 E-Mails zum Thema Fetisch, die ich bisher in meinen Kummerkästen erhielt, waren nur zwei dabei, in denen Frauen von ihrem Fetisch berichteten.»

«Ist mein Sexualverhalten narzisstisch?»

«Unter anderem, ja. Bei vielen Menschen gehört Narzissmus mit zur Lust.»

«Werde ich eine Frau finden, mit der ich das ausleben kann?», fragt er.

«Das ist schwierig. Am ehesten findest du eine ansprechende Professionelle, die du dafür bezahlst.»

«Dann wird das mit Sicherheit meine parallele sexuelle Tätigkeit neben meiner Beziehung sein», konstatiert er.

«Für viele Männer mit Fetisch-Neigung ist das Normalität», erkläre ich. «Warum auch nicht? Man kann ja durchaus neben dem Paar-Sex auch noch eine eigene Sexualität pflegen – und die muss man dem Partner nicht unbedingt aufdrängen, wenn sie nicht dessen Sache ist. Manchmal trägt ja gerade die Geheimhaltung zum sexuellen Reiz bei.

Allerdings wenn du einen sehr starken Wunsch hast, deiner Neigung mit einer (Liebes-)Partnerin nachzugehen, so wäre schon zu überlegen, ob du dich deiner Freundin nicht einmal vorsichtig offenbarst. Du darfst dabei halt nicht mit der Tür ins Haus fallen; bring es ihr in kleinen Häppchen näher. Und wenn du auf Widerstand stößt, gehst du erst einmal einen Schritt zurück und bei anderer Gelegenheit wieder einen kleinen nach vorn.»

Sie geht auf meinen Fetisch ein, aber es ist mir zu wenig

«Ich bin ein Nylon- und Stilettofetischist», vertraut mir Christof (35) an. «Das reicht bis in meine Kindheit zurück. Bis heute ziehe ich mir manchmal solche Dinge an und befriedige mich darin.

Ich bin hetero, meine Frau und ich sind seit mehreren Jahren glücklich verheiratet. Ich hatte ihr bereits am Anfang unserer Beziehung von meiner Neigung erzählt, und sie geht auf meine Wünsche in Bezug auf Nylon ein.

Was sie allerdings nicht akzeptiert, ist, dass ich ihre Kleidung anziehe. Und bei den Schuhen gehen unsere Vorstellungen recht weit auseinander. Aber immerhin ist sie bereit, ihre High Heels für mich anzuziehen. Mein Problem ist: Es sind nicht die Schuhe, die ich ihr aussuchen würde – es reicht mir nicht. Ich habe ihr mal welche gekauft, doch die will sie nicht tragen.

Für mich ist in dieser Sache der gemeinsame Sex ziemlich ausgereizt, und ich will den Bogen nicht überspannen. Sie sagt, sie wird nicht alle meine Wünsche erfüllen können – womit sie sicherlich recht hat.

Unser Sexleben ist sehr wechselhaft. ‹Mit Fetisch› geht's gut, ‹ohne› habe ich oftmals Startschwierigkeiten – ich bin eben nicht so erregt. Ich will ihr aber nicht ständig sagen, dass sie sich etwas Bestimmtes anziehen soll. Aber dann denke ich doch an meine Fetischsachen und dass sie nicht ganz auf mich eingeht; dann blockiere ich, und sie sagt wiederum, ob ich sie nicht auch ‹ohne› begehre. Das will ich ja auch, aber dann geht es erst recht schief. Worauf sie mir sagt, dass ich sagen soll, was ich will. Aber was soll ich dann sagen? Das, von dem ich weiß, dass sie es für mich tun würde, oder das, was ich eigentlich will?

Was mache ich, wenn ich sie nicht dazu bringen kann, meinen Fetisch mit mir auszuleben? Soll ich es verdrängen? Um meine Frau nicht ständig zu nerven und meinem Trieb zu frönen, surfe ich öfters im Internet und befriedige mich mit Hilfe entsprechender Bilder. Außerdem trage ich doch manchmal ihre Unterwäsche – sowie die Schuhe, die sie nicht tragen möchte. Danach fühle ich mich jedoch schlecht.»

Wie seine Frau selbst schon angedeutet hat: Ein Beziehungspartner ist nicht dafür da, um alle Bedürfnisse zu erfüllen. Christof hat sowieso schon riesiges Glück, eine Frau gefunden zu haben, mit der er eine gute Ehe führt und die zugleich auf seine Fetische eingeht (wenn auch nur teilweise). Die meisten Frauen hätten nämlich wenig Lust dazu. Ich verstehe seine Frau auch gut, wenn sie ihn fragt: Genüge ich dir so, wie ich bin, denn nicht? Bin ich ohne diese Zutaten sexuell unattraktiv?

Er sollte sich im Klaren darüber sein, dass es für sie wahrscheinlich einfach wäre, einen Partner zu finden, der ihre Art von Sexualität teilt; aber für ihn ist es ganz und gar nicht einfach!

Das Dilemma besteht unter anderem darin, dass sie findet: «Ich beweise meine Liebe doch schon genug, indem ich ganz schön weit auf ihn eingehe. Wenn er mich wirklich lieben würde, würde er mich wenigstens mit dem Extrem-Kram verschonen.»

Er wiederum blockiert ab und zu, weil er denkt: «Wenn sie mich wirklich lieben würde, dann würde sie die Sachen tragen.» Meines Erachtens wird er mit diesem Denken nur den eigenen Frust erhöhen, weil sie ihm schon so weit entgegenkommt, wie es für sie noch irgend geht; mehr würde ihre Lust eindämmen. Seine Frau weiß ganz genau, was er sich wünscht. Von daher lautet meine Antwort auf die Frage vieler Fetischisten «Soll ich es ihr immer wieder sagen?» ganz eindeutig *Nein*! Damit treibt man sie eher in die Total-Blockade.

«Verdrängen» ist wiederum der beste Weg, um es zu einer Besessenheit werden zu lassen. Christofs Lösungsvorschlag: «Soll ich lieber im Internet surfen und mir die Sachen selbst anziehen?» Es spricht nichts dagegen, solange es nicht zu Unfrieden in der Beziehung führt. Oder man stellt es sich nur in der Phantasie vor. Das tun ja die meisten Menschen, die wissen, dass sie von ihrem Partner nicht alle Wünsche erfüllt bekommen können.

Christof kann auch überlegen, ob er eine entsprechende Absprache mit seiner Frau treffen möchte: Er behelligt sie nicht weiter mit seinen extremeren Vorlieben, geht ihnen aber ab und zu für sich alleine nach – und bittet sie um Toleranz dafür. Sie wird sowieso schon ahnen, dass er auch heimlich allerlei treibt. Von daher wäre es vielleicht besser, es sozusagen mit ihrem Segen zu tun. Bloß eines darf er auf keinen Fall: ihre Sachen anziehen! Er sollte sich lieber eine eigene «Kollektion» zulegen.

Ich möchte normalen Sex genießen, kein SM und Fetisch mehr

Martin (42) wandte sich an meinen Kummerkasten:

«Ich war 12 Jahre verheiratet. Der Sex war nie wirklich erfüllend. In den letzten Jahren der Ehe flüchtete ich in SM-Fantasien, in denen ich den devoten Part übernahm. Als Fetisch erkannte ich für mich Füße, Beine, Damenschuhe und -mieder. Ich sammelte Bilder dominanter Frauen, und der Sex mit mir selbst wurde erfüllender als die wenigen Male mit meiner Frau. Ich begann mir zum Onanieren Damenmieder anzuziehen, putzte darin das Haus, fotografierte mich darin in devoten Posen und fertigte mir digitale Bilder, in die ich mich zu Füßen der dominanten Frauen hineinkopierte, oder ich fesselte mich selbst. Der Kick verschaffte mir noch intensivere Orgasmen. Meine Ehe kippte. Wir gingen zu einer Eheberatung, bei der auch Sex-Phantasien zur Sprache kamen. Ich äußerte sie offen. Meine Frau war empört. Sie durchstöberte das Haus und den PC und fand schließlich meine Bilder und Sachen. Sie kam damit nicht klar und ließ sich scheiden.

Ich versuchte dann, meine Phantasien mit dominanten Frauen auszuleben, hatte zwei private Beziehungen mit Dominas. Der Sex war toll, aber es fehlte etwas, es war nicht das, was ich wirklich suchte.

Ich habe jetzt eine Frau kennengelernt, die ich sehr liebe. Das Leben mit ihr ist so, wie ich es mir wünsche. Wir machen normalen Sex, ich vermisse meine Phantasien nur noch bedingt. Aber: Ich habe Erektionsprobleme, die ich mit Viagra überdecke. Zudem komme ich nicht zum Orgasmus. Meine Freundin bemüht sich sehr, doch es klappt nicht. Ich habe ihr nicht von meinen SM-Phantasien erzählt, das möchte ich auch nicht. Ich sagte ihr, meine Probleme hingen mit meiner Scheidung zusammen und würden sich irgendwann von selbst lösen. Kannst du mir raten, wie ich damit weiter umgehen kann? Ich möchte normalen Sex genießen, kein SM und Fetisch mehr.»

Im Rahmen meines Kummerkastens konnte ich Martin kaum helfen. Denn es ist ja nicht so, als ob er mir schreibt: «Ich komme zu schnell, was hilft da?» Bei ihm – das muss man ehrlich feststellen – tun sich gewisse Abgründe auf, und die können wiederkommen, wenn seine Beziehung in ruhigere Fahrwasser gerät (und der Reiz des Neuen abflaut). Zumal es sich ja jetzt schon andeutet: «Probleme, die ich mit Viagra überdecke». Und, nun ja, es sind nicht nur Erektionsprobleme, die da überdeckt werden.

Dass der Sex in seiner geschiedenen Ehe nicht erfüllend war, ist auch nicht der eigentliche Grund dafür, dass seine Erotik in eine extreme Richtung abgedriftet ist (die Neigung dazu schlummerte vermutlich schon vorher in ihm). Denn bei Millionen Deutschen ist der Sex nicht erfüllend, und trotzdem entwickeln sie sich nicht in eine solche Richtung. Daher riet ich ihm, falls er es wirklich ändern will, zu einer Sexualtherapie.

Kapitel 14

WIE VIEL TUN SIE FÜR IHR LIEBESLEBEN?

Ich hoffe, mein Buch hat Ihnen schon einige wertvolle Erkenntnisse beschert; nun möchte ich Ihnen noch ein paar ganz konkrete Anregungen mit auf den Weg geben. Der Kerngedanke in diesem abschließenden kleinen Kapitel ist, dass ein lebendiges und beiderseits erfülltes Liebesleben sich nur sehr selten «von allein» ergibt, vor allem nicht in längeren Beziehungen.

Die meisten von uns kennen es, dass Überlastung, Stress, Schlappheit, Erschöpfung u. Ä. schon mal die Erotik lahmlegen. Das braucht an sich nicht besorgniserregend zu sein, wenn es nur ab und zu vorkommt. Bei sehr vielen Leuten reißt es aber ein. Ich schätze, dass mindestens zwei Drittel aller Paare, die zwei Jahre und länger zusammen sind, ihr Liebesleben verschlampen lassen, einige lassen's sogar ganz versiegen. Manche kommen sogar damit zurecht, weil andere Faktoren sie ausreichend aneinander binden. Aber: Ein Paar ist nun mal keine Insel. Tagtäglich begegnet man anderen Menschen. Und wenn man keinen Sex mehr hat oder auch so lahmen Sex, dass man ihn ebenso weglassen könnte: Dann ist die Gefahr extrem hoch, dass man Gelüste auf jemand Drittes entwickelt. Und das kann, wie wir alle wissen, sogar «bombenfeste» Beziehungen sprengen.

Auch Andreas, dem braven Mann aus dem ersten Kapitel, hätten ganz schlichte Dinge gereicht, die für die meisten Leute in ihrem Sexleben selbstverständlich sind. Es wäre also durchaus möglich gewesen, diese Ehe und die Familie zu erhalten – wenn die beiden sich früh genug bewusstgemacht hätten, dass man *zumindest ein bisschen tun muss, um die Paarbeziehung und die Erotik beizubehalten.*

Andreas erwiderte auf meine Frage, wie es sein konnte, dass sich sein eheliches Liebesleben völlig unmerklich in eine Sackgasse bewegte: «Wir haben uns nicht mehr als Liebespaar gesehen, sondern sie sich als Hausfrau-Mutter und ich mich als der Versorger, der die materielle Grundlage für die Familie sichern muss. Stunden oder gar Tage nur für uns beide gab's praktisch nicht mehr.»

Wer sich dafür keine Zeit nimmt, spürt sich und den anderen auch kaum noch und kommt nie auf die Idee, das Ganze mal Revue passieren zu lassen: *Wie fühlt sich meine Beziehung an? Wie fühle ich mich damit? Was läuft gerade nicht so gut? Und wie können wir da eine Änderung einleiten?*

Haben Sie auch schon einmal drüber nachgedacht, was das berühmte «Kribbeln» ausmacht? Es entsteht aus Spannung, und zwar auch im wortwörtlichen Sinn, nämlich aus einer ganz leichten inneren Anspannung, körperlich wie auch seelisch, die sich aber noch in einem angenehmen Bereich befindet, ganz ähnlich dem Thrill, wenn wir uns spannende Filme anschauen. Und was ist für uns spannend? Dinge, die eigentlich ein bisschen Angst machen – aber eben nur ein bisschen. Und dazu gehört vor allem das Unberechenbare.

Kurzum, das Kribbeln in der Erotik wie auch beim Verliebtsein gründet eigentlich auf kleinen Ängsten. Wenn die Angst überhandnimmt, kippt das Ganze zwar, aber in einem für das «System» des Einzelnen erträglichen Ausmaß sorgt sie für Schmetterlinge, Aufregung und eben auch Erregung.

Das heißt, je mehr Unbekanntes und Unberechenbares Sie für Ihr Liebesleben zulassen, desto höher ist Ihre Chance auf kribbelnde Erotik. Genau deswegen wirkt auch ein neuer Partner meist viel auf- und erregender als jemand, den man meint in- und auswendig zu kennen. Ist das nun das Erotik-Todesurteil für Langzeit-Paare? Nicht unbedingt, aber es verlangt schon ein gewisses Maß an Bewusstmachung und aktivem Zutun, um das Prickeln auch noch nach vielen Jahren hervorzurufen: Neue Praktiken und Techniken, neue Orte für Sex, neue Umgebungen, optische Veränderungen, neue Herangehensweisen an Sex (etwa Quickies oder Tantra-Elemente), Zutaten (auch harmlose Dinge wie Massageöl, Düfte und Gegenstände zum

Streicheln), Rollenspiele, neue Wege, seine Zuneigung zu zeigen usw. Nicht zu vergessen die wichtigste Voraussetzung: Man empfindet noch immer Zuneigung zum Partner und findet ihn oder sie noch einigermaßen begehrenswert.

Denn für guten Sex muss ja auch Lust auf den Partner da sein. Die tollsten Denkanstöße und die heißesten Tipps bringen nichts, wenn Sie zu Hause jemand sitzen haben, den Sie nicht mal mehr küssen mögen, geschweige denn schmutzige kleine Sachen machen. Oder vielleicht geht es Ihrer / m Liebsten ja so mit Ihnen?

Und damit meine ich nicht die überhöhten Ansprüche, die manche Leute an die Sexyness ihres Partners haben (etwa was das Äußere oder die Ausstrahlung betrifft), sodass da kaum jemand bestehen kann. Wenn bei einem Paar echte Liebe und gegenseitige Anziehung besteht, muss man nicht ständig auf eine Top-Figur, Top-Styling und Top-Gepflegtheit achten – bei den meisten tut's ein Mittelmaß. Aber was man erstens nicht vergessen darf, ist, dass Männer auf weibliche Attribute reagieren, Frauen auf männliche (vorausgesetzt, man ist hetero), denn da spricht unser biologisches Erbe: ja, er / sie gehört zum andern Geschlecht; die Attribute senden Schlüsselreize aus, die auch das Unbewusste und das Körperliche aktivieren (oder eben nicht aktivieren, wenn sie fehlen).

Zweitens, es gibt definitiv auch echte Abtörner, und wenn etwas davon auf Sie oder Ihren Schatz zutrifft, sollte das nicht mit einem Achselzucken oder dem Hinweis auf Toleranz vom Tisch gewischt werden. Sprich: Im Bett sollen Sie sich ruhig gehen lassen, aber in der Pflege Ihrer äußeren Erscheinung bitte nicht allzu sehr ... *Wenn Sie sich das Begehren Ihres Partners erhalten wollen, sollten Sie in puncto Figur, Outfit, Gepflegtheit ungefähr die Grundlagen bewahren, die Sie am Anfang der Beziehung hatten* – denn das ist die Optik, die ihn anzog.

Auch ein anderer Punkt lässt im Verlauf sehr vieler Beziehungen nach, nämlich der Einsatz, der im Bett gezeigt wird. Vor allem von Frauen höre ich oft Klagen wie: «Mein Freund gibt sich beim Sex kaum noch Mühe» oder «Er kürzt das Vorspiel auf ein Minimum ab».

Wenn ich dann nachhake, stelle ich oft (nicht immer, aber oft) fest, dass die Betreffende ihrerseits ebenso wenig auf ihn eingeht. Vielleicht gibt sie ihm auch nur das, was sie selbst gern hätte (etwa Rückenstreicheln), aber nicht wirklich das, was ihn motivieren würde, mehr auf sie einzugehen. Im Klartext: *Seinen Wünschen muss ebenso entgegengekommen werden wie ihren.*

Apropos ...

Drei wichtige Eigenschaften gehen bei deprimierend vielen Paaren im Lauf der Zeit verloren, und zwar gegenüber dem Partner: Humor, Großzügigkeit und Flexibilität im Umgang miteinander. Die meisten kriegen das gegenüber Außenstehenden durchaus noch hin. Und ich bekomme oft zu hören: «Aber ich mach innerhalb der Beziehung auch immer noch eine Menge Witze und auch Geschenke!» Geschenke haben mit der emotionalen Großzügigkeit, die ich meine, aber wenig zu tun, und Humor im Umgang miteinander hat mit Witzen nichts zu tun, außer man macht sie über sich selbst. Witze über den Partner oder ironische Bemerkungen machen eher etwas kaputt. Ich schildere Ihnen einmal zwei Beispiele für liebevollen Humor und wohlwollende Großzügigkeit im Umgang miteinander:

Am Freitagabend wollten mein Freund und ich zusammen kochen. Ich bat ihn, auf seinem Heimweg kurz in den Gemüseladen zu gehen und eine Aubergine mitzubringen, weil ich ein bestimmtes Rezept testen wollte. Was er mitbrachte, war eine Avocado. Ich hätte nun sauer sein und ihm Vorhaltungen machen können, dass er beim Einkaufen oft das Falsche mitbringt, oder eine ironische, herablassende Bemerkung fallen lassen. Jedoch ich lachte, und zwar von Herzen, und sagte: «Danke, dass du eine Avocado mitgebracht hast, das fordert mein Improvisationstalent heraus», und gab ihm einen Kuss (ich bin von uns beiden die Köchin, er assistiert aber gerne).

Er wiederum könnte von mir genervt sein, weil ich oft lange brauche, bis ich mich endlich entscheiden kann – etwa was ich anziehen soll. Im Sommer wollten wir auf eine sehr schicke Gartenparty, und wir hätten längst losgemusst. Aber ich löcherte ihn mit Fragen: «Die grünen Sandaletten oder die roten? Das Kleid hier oder das andere? Oder das da? Und welche von den Taschen?» Die meisten Männer hätten ungeduldig oder ungehalten reagiert, die Stimmung für den Abend wäre hinüber gewesen. Aber mein Süßer holte die Reisetasche, sagte «Lass das an, was du gerade anhast, das sieht super aus, den Rest nehmen wir mit, und du kannst unterwegs oder sogar auf der Party noch überlegen, ob du dich umziehen möchtest», sprach's und warf die anderen Sachen in die Reisetasche.

Mein Tipp: Sagen Sie Ihrem Partner ruhig öfter mal, wie viel er Ihnen wert ist. Erwarten Sie dann nicht direkt eine «Belohnung», etwa dass er Ihnen etwas Ähnliches sagt. Lassen Sie es einfach im Raum stehen.

Mir ist klar, dass es schwierig ist, Wärme oder Kreativität zu zeigen, wenn der Partner z. B. vorwurfsvoll und belehrend ist. Dann nicht auch in provokative Ironie zu verfallen, sondern liebevoll und partnerschaftlich zu bleiben, ist ausgesprochen schwer, aber es geht – und darin zeigt sich wahre Größe.

Übung: Nehmen Sie ein paar Beispiele aus der jüngsten Vergangenheit, bei denen es zu Vorwürfen, bissigen Bemerkungen, Zurechtweisungen und genervten Reaktionen kam, und versuchen Sie im Nachhinein, humorvolle, kreative, flexible und wohlwollende Alternativen zu erfinden.

Wenn man als Paar lernt, dauerhaft so miteinander umzugehen, verbessert sich nicht nur die Stimmung im Alltag enorm – und damit auch die Bereitschaft zu intimer Nähe –, sondern diese großzügige und humorvoll-flexible Art überträgt sich auch auf den sexuellen Umgang miteinander. Eine wunderbare Grundlage für eine erfüllte Erotik!